西藏文化传承发展协同创新中心系列丛书

西藏经济社会发展·2017

刘 凯 ◎ 主编
陈敦山 ◎ 副主编

中山大学出版社
·广州·

版权所有　翻印必究

图书在版编目（CIP）数据

西藏经济社会发展·2017/刘凯主编；陈敦山副主编．—广州：中山大学出版社，2019.5
（西藏文化传承发展协同创新中心系列丛书）
ISBN 978-7-306-06582-7

Ⅰ.①西…　Ⅱ.①刘…②陈…　Ⅲ.①区域经济发展—研究报告—西藏—2017　②社会发展—研究报告—西藏—2017　Ⅳ.①F127.75

中国版本图书馆 CIP 数据核字（2019）第 036258 号

XiZang JingJi SheHui FaZhan 2017

出 版 人：	王天琪
策划编辑：	嵇春霞
责任编辑：	杨文泉
封面设计：	曾　斌
责任校对：	袁双艳
责任技编：	何雅涛
出版发行：	中山大学出版社
电　　话：	编辑部 020-84110283，84113349，84111997，84110779
	发行部 020-84111998，84111981，84111160
地　　址：	广州市新港西路 135 号
邮　　编：	510275　　传　真：020-84036565
网　　址：	http://www.zsup.com.cn　E-mail:zdcbs@mail.sysu.edu.cn
印 刷 者：	虎彩印艺股份有限公司
规　　格：	787mm×1092mm　1/16　16.25 印张　280 千字
版次印次：	2019 年 5 月第 1 版　2019 年 5 月第 1 次印刷
定　　价：	56.00 元

如发现本书因印装质量影响阅读，请与出版社发行部联系调换

前　言

2017年是党的十九大胜利召开之年,是西藏自治区"十三五"加快推进之年,全区上下高举习近平新时代中国特色社会主义思想伟大旗帜,在以习近平同志为核心的党中央的坚强领导下,全面贯彻落实中央第六次西藏工作座谈会精神,认真践行习近平总书记"治国必治边、治边先稳藏"重要战略思想和"加强民族团结、建设美丽西藏"重要指示精神,统筹推进"五位一体"总体布局,协调推进"四个全面"战略布局,坚持以人民为中心的发展思想,牢固树立新发展理念,坚持稳定是第一责任、发展是第一要务、民生是第一导向、生态是第一红线,正确处理"十三对关系",奋力推进长足发展和长治久安,形成了攻坚克难补短板、开拓创新求突破、精准脱贫见实效、坚定信心奔小康的协同共进合力,开创了科学发展、和谐稳定、民族团结、民生改善、生态良好、边疆巩固的大好局面,为西藏决胜全面建成小康社会、谱写中华民族伟大复兴中国梦的西藏篇章打下了坚实基础。

面对西藏科学发展、和谐稳定、民族团结、民生改善、生态良好、边疆巩固的大好形势,为切实提高西藏民族大学(以下简称学校)对西藏地方经济社会发展的服务能力,进一步巩固提高2011西藏文化传承发展协同创新中心在西藏经济社会领域的智库作用,为社会各界提供坚持习近平新时代中国特色社会主义思想、符合理论遵循和政策要求、体现理论研究客观规律的社会科学研究成果。在学校党委的坚强领导下,在学校科研、教学及各二级学院的大力支持下,2017年2011西藏文化传承发展协同创新中心整合科研力量,围绕西藏科学发展、和谐稳定、民族团结、民生改善、生态维护、边疆巩固的热点问题、关键问题和难点问题,分赴西藏各地广泛开展实地调查,形成多篇接地气、见实效的研究成果。为进一步发挥这些研究成果对西藏经济社会发展的支持作用,2011西藏文化传承发展协同创新中心按照原创性、规范性、实用性要求,从提交的众多研究成果中精选出15篇结集出版,内容涉及西藏经济发展、社会进步、文化传承、公共治理等,为了能综合反映这些研究成果全貌,编委会将书名选定为《西藏经济社会发展·2017》。

本书是 2011 西藏文化传承发展协同创新中心的第三部年度研究成果，是 2016 年研究成果的延续。在收录汇编过程中，考虑到成果撰写人员的研究领域、研究视角、研究方法和依托课题项目差异，编委会将本书分为"西藏经济发展"与"西藏社会发展"两部分。上述成果涉及西藏经济社会文化发展多个领域，其中部分成果已通过《成果要报》或其他形式上报国家、自治区党委政府及相关部门，取得了良好的社会反响。

本书是 2011 西藏文化传承发展协同创新中心相关专家过去一年研究的缩影和辛勤劳动的展示，可以为专家学者研究西藏经济社会问题提供借鉴，可以为政府部门进行经济社会决策提供支持，也可以为民族院校研究生、本科生了解西藏经济社会发展提供帮助。由于众多主客观因素的共同影响，我们相信书中一定存在不妥之处，敬请广大读者批评指正。

编　者

2017 年 12 月 30 日

目录

上编　西藏经济发展

关于西藏特色优势工业发展情况调研　毛阳海等 / 3

西藏企业供给侧结构性改革调研　张志恒　赵莹 / 40

西藏乡村旅游扶贫开发调研　黄葆暄　刘强 / 53

西藏在南亚大通道建设过程中的有关问题与对策思考　狄方耀 / 75

西藏国有企业履行社会责任状况调研　张传庆 / 87

基于信息化的山南市城乡一体化建设项目调研报告　赵莉 / 101

西藏决胜脱贫攻坚战推进全面建成小康社会问题调研　陈鹏辉 / 118

下编　西藏社会发展

西藏小学"一专多能"型教师需求调研　杨小峻　王毅 / 135

关于西藏中小学及高等学校的德育情况调研　陈敦山　高峰 / 147

增强西藏自治区政府"放管服"改革针对性和协同性调研
　　王彦智 / 158

西藏时政外宣翻译存在的问题与对策　彭萍　郭彧斌　周江萌 / 174

西藏自治区定结县陈塘镇夏尔巴人社会发展的现状、问题及对策
　　马宁 / 187

西藏自媒体发展与网络舆情转变调研　陈航行　王旭瑞 / 197

西藏乡镇基层公务员胜任力现状、问题与对策调研　王建伟 / 222

关于西藏公共图书馆服务体系建设现状调研
　　冯云　孔繁秀　丹增卓玛 / 238

上编 西藏经济发展

关于西藏特色优势工业发展情况调研[①]

毛阳海等[②]

一、调研背景与基本情况简介

(一) 调研背景

2017年7月上旬，负责人毛阳海（以下称笔者）接到本课题任务。之后一周，笔者成立由杨昆（第二负责人，我校旅游研究所研究人员）、赵毅（我校财经学院博士）、陈朴（西藏社会科学院经济战略研究所副研究员）、董改改（笔者带的2016级少数民族经济专业研究生）及笔者组成的5人课题组，并确定了由笔者、杨昆、董改改组成的暑期进藏调研组。在之后一周内，我们完成了调查问卷、调研计划以及与西藏相关单位联络等准备工作。

在此次进藏调研前，笔者从2011年至2016年，因主持国家社科基金课题"生态安全与西藏新型工业化研究（2011—2014）"、西藏哲社专项项目"新丝绸之路战略与西藏经济环向对接研究（2015—2018）"，参与西藏工商联委托课题"西藏非公经济发展报告（2012—2013）"，先后5次进藏调研，走访过西藏工信厅、发改委、财政厅、统计局、工商联、国资委及拉萨、日喀则、山南、林芝、昌都等地市的工信局、发改委、财政局、统计局、工商联等部门，拉萨的经济技术开发区、堆龙德庆羊达工业园区、达孜工业园区和文化产业园区和日喀则、山南等地市的工业园区，实

[①] 基金项目：本调研报告系西藏民族大学2011西藏文化传承发展协同创新中心2017年委托课题"基于比较优势的西藏特色产业体系优化与发展研究"（课题编号：XT-WT201711）的阶段性成果。

[②] 作者简介：毛阳海，西藏民族大学2011协同创新中心管委会副主任、教授，主要研究方向为民族经济；杨昆，西藏民族大学西藏旅游研究所副科级科研秘书、副教授，主要研究方向为旅游目的地管理；赵毅，西藏民族大学财经学院商贸教室主任、博士，主要研究方向为西藏文化经济和企业商业模式；董改改，西藏民族大学2016级少数民族经济专业在读硕士生。

地调查过甘露藏药、奇正藏药、拉萨地毯厂、高天水泥、天路集团、山南地毯厂、远征包装等20余家国企、民企，日喀则的边境口岸和边贸市场，对西藏的特色产业尤其是特色工业的发展目标和发展重点、产业布局、园区发展、企业经营管理等有了基本了解，为此次进藏调查打下了坚实的基础。2017年暑期围绕本课题需要的进藏调研，是在以往调研的基础上，主要就西藏的特色产业体系构建、特色优势产业发展进行调查研究，其中特色农牧业、特色工业、特色旅游业、特色文化产业是关注的重点之一。

（二）基本情况

1. 调查人、调查时间和地点

此次调研分三批次：①第一批次调查。调查人系笔者，时间是2017年7月24日至7月30日，调查地点是拉萨市。②第二批次调查。调查人是杨昆，时间是2017年8月1日至8月10日，调查地点是拉萨市、山南市错那县。③第三批次调查。调查人是董改改，时间是2017年7月24日至9月5日，地点是拉萨市、日喀则市、日喀则市昂仁县和吉隆县，一起参与研究生暑期实践的同学张文彬、李亚宁、王依然、黄敬梅等协助问卷调查。

2. 调查对象、主要内容、主要成果

笔者主要走访西藏工信厅、农牧厅、发改委、国资委、财政厅、人社厅，拉萨发改委，参观拉萨经济开发区、甘露藏药，采访拉萨市发改委副调研员严俊峰、格拉丹东旅游公司周冠宇总经理、西藏农牧厅产业处处长胡芮林等专家。从委厅局收集了较多的关于西藏特色农牧业、特色工业、拉萨市特色产业等方面的规划、总结、项目执行情况评估报告等资料。杨昆主要走访了西藏自治区旅发委、西藏自治区山南市旅发委，并深入到山南市错那县、加查县的旅游部门、旅游景点和"吃旅游饭"的农户开展实地调查。其间陪同我校旅游研究所朱所长等人和自治区旅发委开展座谈。通过走访旅游部门收集了自治区特色旅游业发展的面上资料，通过旅游景点实地调查、入户调查，了解了西藏旅游企业发展、旅游景点营运、农牧民"吃旅游饭"等情况。董改改在拉萨市、日喀则市参观了一些文化街区、文化产业园区、旅游景点，并利用赴日喀则昂仁县实习的机会，带着课题调研任务，深入了解了日喀则市县域特色产业发展现状以及县级财政支持特色产业发展的政策，并走访了该县的卡嘎镇、秋窝乡等地，增强了对县域特色农牧业发展的感性认识。3个小组共发放有关西藏特色产业发展的调查问卷100份，收回问卷90余份。3个小组收集的面上资料目录见表1。

表1 2017年暑期进藏所收集的课题面上资料目录

资料名称	形态（纸质或电子）	收集地点或提供人	备注（作者、发文单位、收集人、时间等）
《加大金融支持力度 发展西藏特色产业》	纸质	西藏社科院（经战所陈朴）	中国人民银行拉萨中心支行、2016年8月3日
《西藏自治区人民政府办公厅关于大力推进文化与旅游深度融合加快发展特色文化产业的意见》	纸质	西藏社科院（经战所陈朴）	藏政办发〔2015〕91号
《拉萨市以旅游与文化融合为引领大力推进旅游产业快速发展》	纸质	西藏社科院（经战所陈朴）	西藏自治区党委办公厅《工作情况交流》〔2015〕第23期、2015年11月19日
《西藏自治区"十三五"工业发展总体规划（评审后修订版）》	纸质	西藏社科院（经战所陈朴）	西藏自治区工业和信息化厅、2017年5月
《拉萨"十三五"特色产业发展规划》	电子（光盘）	拉萨市发改委	笔者和陈朴于2017年7月28日收集（得到市委曹秘书长帮助）
《西藏自治区农牧业特色产业项目执行情况调查评估》	电子（光盘）	西藏农牧厅产业处	笔者于2017年7月28—29日收集
《西藏特色农牧业规划（修订稿）》	电子（光盘）	西藏农牧厅产业处	笔者于2017年7月28—29日收集
《拉萨市"十三五"时期国民经济和社会发展规划纲要》	纸质	拉萨市发改委	笔者和陈朴于2017年7月28日收集（得到市委曹秘书长帮助）

续表1

资料名称	形态（纸质或电子）	收集地点或提供人	备注（作者、发文单位、收集人、时间等）
《全区国资国企基本情况》	纸质	拉萨市发改委	笔者于2017年7月28—29日收集
《西藏自治区"十二五"时期国有企业改革和发展规划》	纸质	拉萨市发改委	笔者于2017年7月28—29日收集
《西藏自治区"十三五"旅游业发展总体规划（评审后修订版）》	纸质	西藏旅发委	杨昆于2017年8月从旅发委收集

二、调查问卷分析

为了解西藏各阶层人士对西藏环境资源优劣势、西藏特色产业体系的认识和了解，同时为本课题的研究提供参考依据，特开展此项问卷调查。

调查时间：2017年7月23日—11月13日，主要分为表2中五个不同时间段。

调查说明：此次调查所采用的方法主要为问卷调查和访谈交流，并分为五个阶段，调查对象主要为科研人员、政府机关与事业单位公务员等人士，样本单位分布较集中的地区和单位为日喀则昂仁县财政局、发改委、统计局、纪委、林业局、专项办、人民政府、安居办、如萨乡；日喀则吉隆县发改委、财政局、扶贫办、商务局、人社局；位于拉萨城关区的西藏自治区社科院、自治区人社厅社保局；那曲地区行署、社保局；拉萨市旅发委、拉萨市城关区旅游局、日喀则仲巴旅游局、林芝工布江达县旅游局和米林县旅游局、林芝巴宜旅发委、阿里札达县旅发委、那曲旅发委、那曲班戈县旅发委、阿里旅发委、阿里普兰县旅游局、昌都芒康县旅游局、昌都市旅发委等单位。

调查问卷共发放100份，收回91份，回收率为91%，经审核回收问卷均为有效问卷。回收的 91 份问卷的填写人（或受访者）情况：科研人员 14 人，占调查总人数的 15.4%，非研究人员占调查总人数的 84.6%；藏族人 24 人，占调查总人数的 26.4%，汉族人数 65 人，占 71.4%，还有壮族、土家族各 1 名，占 2.2%；大专及大专以下学历人数为 21 人，占 23.1%，本科学历 55 人，占调查总人数的 60.4%，硕士及硕士以上学历 15 人（其中博士 4 人），占 16.5%。表 2 为调查问卷发放与回收的基本情况：

表 2　调查问卷发放与回收基本情况

时间	调查对象地区	发放数量（份）	回收数量（份）
2017 年 8 月 22 日—9 月 3 日	日喀则昂仁县财政局、发改委、统计局、纪委、林业局、专项办、人民政府、安居办、如萨乡等	20	20
2017 年 8 月 10—24 日	日喀则吉隆县发改委、财政局、扶贫办、商务局、人社局等	10	8
2017 年 7 月 28 日—8 月 2 日	拉萨市城关区、西藏社科院	20	19
2017 年 7 月 27 日	那曲人民政府、社保局	20	19
2017 年 11 月 13 日	拉萨市旅发委、拉萨市城关区旅游局、日喀则仲巴旅游局、林芝工布江达县旅游局和米林县旅游局、林芝巴宜旅发委、阿里札达县旅发委、那曲旅发委、那曲班戈县旅发委、阿里旅发委、阿里普兰县旅游局、昌都市芝康县旅游局、昌都市旅发委等	30	25
合　计	—	100	91

调查内容主要分为三个部分：第一部分是关于西藏环境资源优劣势的认识调查，第二部分是关于西藏特色工业的认识调查，第三部分是关于西藏打造特色工业体系的建议调查。

（一）关于西藏环境资源优劣势的认识调查分析

整理有效问卷得知，接受调查的91人中，有23人表示久居西藏，对西藏的自然地理和生态环境很熟悉，占比为25.6%；有61人是长年在西藏工作，对其比较熟悉，占比为67.8%；其余的仅限于到过或听说过西藏，对其并不了解。具体情况如图1所示。

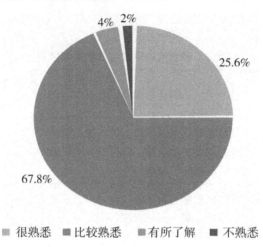

图1 对西藏自然地理和生态环境了解程度

调查发现，受访者普遍认为水资源、矿产资源、地热资源、太阳能和风能、森林和天然牧场、动植物资源是西藏的优势资源，支持率分别为81.1%、85.6%、62.2%、84.4%、56%、46.7%，其中回答"利用率低、开发受限程度大"的人数排前三的是水资源、太阳能和风能、森林和天然牧场，如图2所示。

受访者对西藏环境优劣势的总体评价：大多数人认为西藏的资源优势明显，且优势大于劣势；有56.7%的人认为潜在优势明显但没有发挥出来，如图3所示。人们普遍认为，总体来说西藏的资源优势明显，但受某些因素的影响，开发受限，发展潜力巨大。

如前所述，受访者多数是长年在西藏工作的人或者是本地人，因此对西藏的自然地理和生态环境是比较熟悉的，并且对西藏自然生态环境优劣势的认识较为清楚。他们普遍认同水资源、矿产资源、地热资源、太阳能和风能、森林和天然牧场、动植物资源是西藏的优势资源，但是，由于受

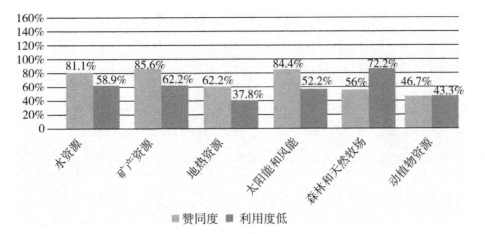

图2 优势资源及低利用率

某些因素的影响,利用率低,大多数人认为西藏环境资源的优势大于劣势,并且潜在优势明显没发挥出来。

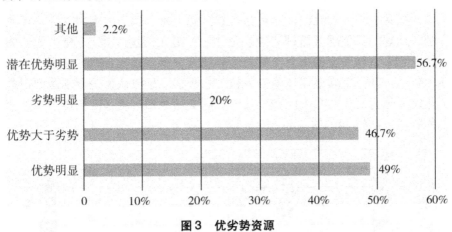

图3 优劣势资源

(二)关于西藏特色优势工业的认识调查分析

受访者认为,西藏特色产业体系可以包括的行业有:旅游业,矿产和能源产业(水电、地热电、光电、风电),农牧业和农牧产品加工业,矿泉水、青稞啤酒等饮料业,民族手工业,藏医药产业,文化产业以及其他特色产业,其中人们的支持率占比分别为92.2%、63.3%、73.3%、

81.1%、74.4%、74.4%、62%、2.2%，如图4所示。

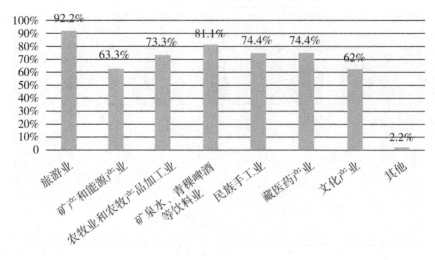

图4　特色产业体系包括的行业

西藏特色工业发展的优势包括自然资源丰富、政府的大力支持、市场广阔、地理位置优越（毗邻印度、尼泊尔，五个边境口岸），受访者认为自然资源丰富和政府的大力支持的优势较为突出，其支持率占比都达到了78.9%。并且，交通地理环境劣势和人才资金不足被认为是限制西藏特色工业发展最为明显的两个因素，其中赞同交通地理环境是限制性因素这个说法的占比达到74.4%。如图5所示。

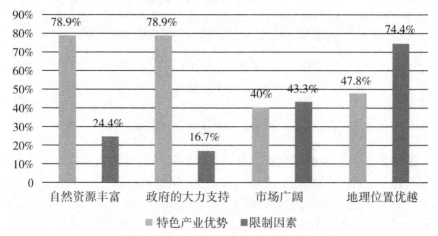

图5　特色工业发展优势及限制因素

在受访者中，34.4%的人认为西藏当前特色工业发展规模较小，认为发展规模一般的占48.9%，认为发展规模较大且在继续发展的占15.6%；并且84.4%的人认为西藏特色工业发展潜力较大，认为一般的占11.1%，认为发展停滞的占3.3%。如图6所示。总体而言，大多数人认为西藏当前特色工业发展规模一般，但未来发展潜力巨大。

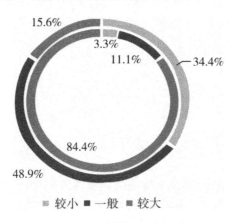

图6　西藏特色工业发展规模和发展前景

西藏发展特色工业，必须做好以及应当改善的条件包括保护生态环境、加大政府支持力度、加快创新研发和高新技术应用、保护传统文化、提供良好的教育资源、完善基础设施等。据调查得知，保护生态环境和完善基础设施是人们认为发展特色工业最应做好和改善的条件，支持比率分别达到88.9%和82.2%，如图7所示。

总之，调查结果显示：受访者认为西藏的特色产业体系可以包括旅游业、特色工业中诸多行业、特色农牧业、文化产业等，其中旅游业支持率最高，达到90%以上，其次是特色工业中的矿泉水等饮料业，支持率达到80%以上；西藏特色工业发展最凸显的优势是自然资源丰富和政府的大力支持，而限制西藏特色工业发展最突出的因素是地理环境劣势和人才资金的不足；对当前特色工业发展状况的评价，多数人的看法是规模一般，但未来发展前景比较看好，发展潜力大；绝大多数人认为，西藏发展特色工业，必须做好且应当改善的条件是保护生态环境和完善基础设施建设。

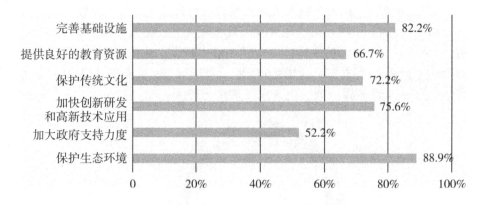

图7 发展特色工业体系应该改善的条件

（三）关于西藏促进特色优势工业发展的建议的调查分析

1. 对于西藏在保护和利用特色优势资源方面的建议

综合受访者的建议，人们认为西藏在环境保护方面，要尽可能地将资源优势转化为经济优势；在开发与发展的同时要注重对环境的保护，政府要统筹兼顾，进行分级保护和利用，以生态为基础，坚持适度原则进行开发，积极发展低碳经济和循环经济，增加森林碳汇；在保护原始资源环境的基础上，加大开发力度和投入，增加高科技产业的投入量，并且要加大对资源开发项目的环保审批和否决的力度。

在资源利用方面，受访者认为，要始终坚持合理开发利用和保护资源并重的原则，提高资源利用效率。要加快水力、地热、太阳能、风能等资源开发利用，发展水力、光力、风力发电，发挥耐用自然资源的优势；对矿产资源要保护和开发兼顾，建设国家"重要的战略资源储备地"，合理有序开发矿产资源，发展特色优势矿产业；要利用国内国外两种资源，开拓国际国内两个市场；要保护生态环境，抵制违法、无序开发资源；要利用当地特色资源，开发旅游商品；在利用文化资源优势时，要坚持保护、传承和开发并重，可以大力发展文化产业，包括大力发展文化产品加工业，促进文化产业和旅游业、特色农牧业、特色工业融合。

2. 对于西藏促进特色优势工业长足发展的建议

综合受访者看法，一是认为特色工业发展要依靠先进的科技、企业管理和产品营销，这些都离不开优秀的人才。在西藏，科技与教育比较落后，传统与前沿科技结合不足，优秀的企业人才极为缺乏。要加大对教育和科技的投入力度，注重科技创新和招商引资；要普及科教文化知识，加强职业技能教育，加大对专业人才的培养与引进，吸引专业人才到西藏投资兴业，加大研发投入、促进科技创新，发挥科技在自然资源开发利用中的作用；要完善和促进人才在城乡、区域、行业间的优化配置。

二是认为在环境方面要注意加强环境保护和环境净化、美化，确保国家和地区生态安全。一切工业项目的建设和运营，都要以生态安全、生态文明为大前提，重视绿色环保和节能降耗，走可持续发展和低碳发展之路。

三是在政策方面，认为要加强和改善政府的宏观调控，要在特色优势资源开发方面，给予偏在（特殊）性产业优惠政策，扶持特色优势工业发展。

四是在产业管理方面，要加强对特色优势工业发展过程中的评价、监督、考核，努力防止特色优势工业在政策呵护下竞争力下降，变得特而不优、特而不强。

五是建议采用"互联网+特色优势工业"的发展模式，加快电子商务尤其是跨境电子商务发展。

六是在投融资方面，建议采用公共政府部门与民营企业合作的PPP融资模式，加大招商引资与合作开发的力度，缓解特色优势工业发展的资金短缺困难。

七是建议加强基础设施建设，扩展和完善交通、邮政通信、物流等网络建设；促进产业要素集聚，各地市要抓住特色优势工业发展上的特色和优势，推动地市间的区域联动和协同，培育和发展特色产业集聚带、特色产业园区。

八是加大特色产业、特色产品宣传力度，拓展产业宣传渠道、产品营销渠道。要创新产品类型，树立品牌意识，推进知名品牌建设，建立健全高原特色工业标准体系；要加大外宣力度，如充分利用网络宣传，要使特色产品营销渠道从单一化向多元化转变；要增加产业类型、增加产品品种，培育规模经济，促进特色优势工业加快发展。

九是推动旅游业、文化产业、特色农牧业和特色优势工业融合发展。建议适当将部分天然自然景观改造成旅游景点，加大旅游开发，创建一些低碳环保型的旅游产品加工业，增加当地居民收入；鼓励、支持当地百姓发展休闲观光农牧业、民族手工业和乡村旅游业，同时要注意统筹兼顾本民族文化的保护和特色文化资源的开发，避免民族文化过于商业化和民族文化资源只保护不开发的两个极端；要立足资源和文化优势，打造知名品牌；健全特色工业地方标准体系，依据标准开发特色产品；促进生态、文化与产业适度结合，实现产业规模化、现代化、生态化发展。

三、对西藏特色优势工业发展情况的认识

除了上述问卷调查分析外，基于负责人多次进藏调查西藏特色优势工业发展及新型工业化发展，从有关委厅局、工业园区和工业企业所获取的"面上资料"，及对西藏工业园区、工业企业的实地考察，我们从以下几方面就西藏特色优势工业发展谈一些认识。

（一）西藏为什么要重视发展特色优势工业

基于对西藏生态环境的极端重要性和脆弱性的认识，特别是自20世纪80年代，西藏对许多缺乏原料和技术、经济效益差的工业企业进行过较集中的"关停并转"后，在一个较长时期内，对西藏发展工业和工业化持悲观态度和反对意见的人士居多。直到2002年党的十六大提出中国走新型工业化道路后，人们的看法才有些改变。一个有趣的现象是：质疑、反对西藏发展工业和工业化的声音主要来自西藏区外的学者，而在藏长期工作或长期关注、研究西藏经济的学者，则大多倾向于支持西藏发展特色优势工业和有西藏特色的新型工业化。时至今日，我们提起西藏要不要发展工业尤其是特色优势工业的话题，似乎仍不显得过时，我们对西藏发展特色优势工业和有特色的新型工业化，是持支持态度的。

1. 发展特色优势工业，是满足当地居民基本生活的需要

作为青藏高原主体部分的西藏高原，总体上高寒缺氧、环境恶劣，世代生活于此的当地居民形成了较独特的饮食、穿着、居住、日常用具、文化、医药等生活需求，吃、喝、穿、住、用、烧、行等基本生活需求都离不开本土农牧业、农牧产品加工业、民族手工业、清洁能源、藏药制造等产业的产品。尤其要靠青稞种植与青稞产品加工业（糌粑加工、青稞麦片加工等）、牦牛与藏绵羊养殖业及其产品加工业（牦牛肉加工、牦牛酸

奶加工、奶酪加工、牛羊毛纺织、皮革等）、民族手工业（地毯、氆氇、围裙、藏香、藏刀、哈达等）、藏药原料种植与加工、食用菌加工（松茸、木耳等）等，来支撑人们的基本物质文化生活。此外，水电、地热电、光电等能源工业，天然饮用水和冰川矿泉水产业，建筑建材、汽车修理等行业，也为当地居民的基本生活提供了保障，不可或缺。

2. 发展特色优势工业，是西藏产业扶贫和全面建设小康社会的需要

西藏是全国特殊的集中连片的整体贫困地区，国家也定下了2020年和全国同步实现全面脱贫及全面建成小康社会的宏伟目标。精准扶贫、全面建成小康社会是西藏的两大核心民生问题。产业经济理论和实践已经证明，工业的比较劳动生产率、要素报酬要明显高于农牧业和大多数服务业。在西藏，工业强县（区），如拉萨城关区、堆龙德庆区，也是经济最发达、居民收入和政府财政收入最高的县区。精准扶贫离不开产业扶贫，尤其是特色农牧业、特色工业、特色旅游业的扶贫，正是西藏的清洁能源工业和自来水生产与供应业，为当地居民的生产生活提供了基础条件，正是西藏的优势矿业、农畜林特产品加工业、民族手工业、建材业、藏药加工业等，为当地居民提供了就业、创业、劳动力转移、务工增收的机会。在西藏全面建设小康社会的决胜时期，更是离不开有比较优势的特色优势工业对当地经济增长和民生改善的拉动作用。

3. 发展特色优势工业，是西藏推进新型工业化、城镇化、信息化、农牧业现代化及"四化"融合的需要

工业化或新型工业化发展，包括各产业的发展、产业结构的高度化、发展方式转变、技术进步和社会转型等多方面，不只是加快工业发展、扩大工业规模。当然，没有工业的发展，工业化也无法实现。城镇化、信息化和工业化是相辅相成的，没有城镇工业、信息工业的发展，城镇化、信息化也实现不了。农牧业现代化包括农牧业产业化、专业化和工厂化，也依赖于通过农牧产品加工业发展来延伸农牧业的产业链条，也就是说离不开工业反哺。"四化融合"是工业化和工业现代化深度发展的产物，没有发达的工业作为支撑，城镇化、信息化、农牧业现代化，会失去装备、设施、材料、能源、消费品等供给支撑和技术支撑，把工业视为"四化"的血脉也不为过。

4. 工业的要素报酬率要远高于农牧业，也高于第三产业

产业经济理论中的"配第—克拉克定理"早已得出结论，西藏的经济数据也能证实这一点。以西藏的社会劳动生产率（即人均GDP）为例，2016年，西藏的第一产业、工业、建筑业、第三产业的社会劳动生产率分别为10972.28元/人、79552.59元/人、111931.9元/人、52590.24元/人，工业的社会劳动生产率只是低于建筑业，远高于第一、三产业。因此，从提高经济效率角度看，应该加快发展包括工业在内的第二产业。

（二）西藏要发展哪些特色优势工业

西藏要在保护脆弱环境、维护生态安全的前提下发展工业，不能走全面发展、大规模扩张之路，要"有所为，有所不为"。要摒弃对环境污染较大、能耗过高的重化工业，选择有资源禀赋、文化禀赋，有高原特色和民族特色，有比较优势、竞争优势和市场前景的特色优势工业行业，加以重点发展。经过多次进藏调查，我们认为西藏可以着重发展以下几个特色优势行业：

1. 天然饮用水产业

饮用水是维持人畜生命最重要的物质之一，在步入全面小康的时代，人们日益追求食（饮）品的品质。随着区内外城乡居民生活水平的快速提高、西藏旅游业的快速发展，"西藏好水"拥有越来越光明的市场前景。西藏作为雪域净土，拥有丰裕、纯净、有益健康的天然饮用水和冰川矿泉水资源，水资源储量和冰川面积均居全国第一，生产"西藏好水"的资源禀赋得天独厚。而且，生产天然饮用水技术门槛和生产成本较低（主要是包装物成本），对环境几乎没有威胁。所以，天然饮用水产业正在成为西藏最有潜力、最重要的特色优势工业之一。按照西藏的"十三五"工业发展规划目标，到2020年，天然饮用水产值要达到400亿元以上，这个目标值是矿产业目标值的4倍，仅略低于旅游业产值（旅游总收入、目标值）550亿元，① 故"十三五"末，天然饮用水行业将和旅游业一道成为西藏最大的支柱产业（或主导产业）之一。

2. 优势矿产业

西藏是我国重要的战略资源储备地，矿产资源丰富。西藏的优势矿产业工业总产值已占全区工业总产值的37%以上，对全区工业的支撑作用

---

① 《西藏"十三五"时期的奋斗目标和主要任务》，见中国西藏新闻网，转引自国务院新闻办公室网站，2016-01-28，www.scio.gov.cn。

凸显。① 在当前供给侧结构性改革背景下，矿物原料及矿产品价格上涨迅猛，给西藏矿产业发展带来了重大市场机遇；而且采矿业只能在资源所在地发展，其他省区市难以复制，同业竞争压力相对较小，比较优势明显。实践表明，西藏的矿产业对于西藏经济增长、地方财政增收、居民就业和增收的贡献日益增大，值得重视。当然，矿产业对环境安全确实存在一定的威胁，需要落实矿产开发负面清单制度，合理有序发展优势矿产业，引进技术力量雄厚的大型央企，建设绿色、安全、和谐矿山。

3．清洁能源产业

中央第六次西藏工作座谈会后，中央对西藏新的战略定位在过去的"两屏四地"基础上增加了"重要的清洁能源基地"，有意将西藏建设成为"西电东送"的清洁能源接续基地。西藏发展水电、热电、光电、风电等清洁能源的资源条件非常理想（蕴藏量处于全国前列），目前受诸多条件制约，开发利用程度很低，发展潜力巨大。能源属于其他产业发展的"血脉"，特别是清洁能源不仅是支撑产业发展的物质基础，也是替代传统的石化、草木能源，进而净化环境的重要路径和物质基础，区内外市场需求巨大（南亚多国都缺电严重）。加之青藏电网、川藏电网联网也为藏电外送创造了条件，故市场前景极为光明。因此，清洁能源产业正在成为西藏的特色支柱工业之一。

4．高原特色食（饮）品产业

西藏是全国五大牧区、三大林区之一，生物资源较为丰富；作为雪域净土，生态环境基本保持了原生态，空气、水的质量十分优良，食品、饮品具有绿色有机优势。西藏的野生动植物资源和人工培育的青稞、牦牛、藏绵羊、藏香猪、藏鸡、松茸、木耳等，是西藏发展特色食（饮）品产业的资源条件；这些资源的加工品，如糌粑、青稞麦片、牦牛肉、牦牛酸奶、奶酪、松茸、青稞啤酒、红景天口服液等，也是很有高原特色、营养价值很高的食（饮）品。西藏发展高原特色食（饮）品的资源禀赋和市场前景都比较理想，但该产业容易受到周边藏区的竞争，需要保持绿色有机优势，提高产品的技术含量和质量，提升规模经济效益，培育本土著名商标，对特色资源进行原产地和地理标志保护。

---

① 西藏自治区工业和信息化厅：《西藏自治区"十三五"工业发展总体规划（评审后修改版）》（内部资料），2017年5月，第2页。

5. 藏药产业

藏医药对于保障生活在青藏高原较恶劣自然环境中的居民的健康而言，有着其他西医药、中医药难以替代的作用；随着西藏对外开放和旅游业的发展，藏药的疗效也逐渐得到进藏游客及越来越多的区外居民的认可。故发展藏药产业的市场前景毋庸置疑。西藏有丰富的药用动植物资源，发展藏药产业的资源禀赋相当理想，作为藏医药发源地，有古老的传统技艺和藏医文化支撑，是少有的传统特色优势产业之一。通过引进现代生物制药技术，也具备将藏药产业培育成高新技术产业的前景。

6. 民族手工业

工巧明是藏传佛教五明之一，唐卡、藏香、地毯、佛像制作、藏式家具雕刻等多数手工业的出现都和藏传佛教有密切关系，民族手工业是西藏历史悠久、文化底蕴深厚的传统优势产业之一，也是环境友好型产业之一。近年来，自治区民族手工业发展较快，各类产品在国内外市场深受青睐，但存在"散、小、弱"问题。西藏需要走民族手工业、旅游业、文化产业融合发展的路子，突出"名、优、特、精、新"等特色，增强竞争力。

7. 建材产业

建材产业是西藏的现代优势产业之一。西藏的建材产品主要是水泥、陶瓷、新型墙体材料等。从中央到西藏地方，一直都很重视西藏的基础设施、安居工程、扶贫搬迁工程等建设，对建材的需求旺盛，拉动了建材产业的发展。未来随着城镇化、"一带一路"建设的进程加快，铁路、公路等基础设施建设会进一步提速，对水泥等建材的需求将相当巨大，给建材产业发展构成长期利好。不过，建材业发展对环境有一定威胁，需要走清洁生产之路。

（三）西藏特色优势工业中的特色和优势体现在哪里

基于西藏十分重要而又十分脆弱的生态环境，以及地广人稀、资本短缺、科教落后和市场不发达的条件，西藏既不必要也不可能全面地、大规模地发展工业，要十分重视优化工业内部结构、优化工业布局、转变工业发展方式。在优化结构方面要"有所为，有所不为"，发展有自然资源禀赋、文化资源禀赋，有清洁（或绿色）、低耗优势，与生态环境相适应的特色工业、绿色或低碳工业、优势工业，那就需要发现和凝练特色，发现和培育优势。

1. 西藏的特色工业要体现怎样的"西藏特色"

我们认为可以体现在三方面：①生态环境特色，即绿色或低碳特色。西藏的工业必须是环境友好型、清洁型、低能耗型工业，因为西藏发展工业一定不能超出环境资源承载力。所以，西藏不宜发展石化工业，重工业基本限于清洁能源、优势矿业，没有石化、煤炭、塑料、印染、火电等高污染、高能耗行业；轻工业主要是环境友好型的农牧产品加工业、民族手工业、藏药、天然饮用水等行业。②自然资源特色。作为贸易不发达、经济基础薄弱的后发展地区，西藏只有走依托资源禀赋、发挥比较优势发展特色优势工业的路子。特别是天然饮用水、特色矿产、清洁能源等产业，极有资源禀赋和资源特色。③文化特色。西藏的特色食（饮）品加工业、民族手工业、藏药制造业、文化旅游产品加工业等，既具有资源禀赋，也具有鲜明的藏文化特色。

上述特色也可以概括为高原特色、民族特色、区位特色，前两种特色不言自明，区位特色是指西藏毗邻南亚的沿边区位和毗邻其他藏区的民族地区区位，使得西藏的出产也与南亚邻国及邻省，具有经济互补性和对外贸易（尤其是边贸）特色。

2. 西藏需要发展具有什么优势的工业

"优势"可以包括比较优势和竞争优势，"优势"和特色难以截然分开。西藏特色优势工业的优势可以体现在以下几个方面：①低碳或绿色优势。西藏的生态环境基本保持了原生态，其纯净程度可以和南北极媲美，所以，来自西藏的产品天然具有绿色或低碳优势。西藏的工业体系和当地的生态环境基本是适应的，大多是对环境影响很小的农牧产品加工业、天然饮用水产业、民族手工业、藏药制造业、清洁能源工业，矿产、建材工业虽然对环境有一定威胁，但产业规模不大，且通过严格的环境评估及排污管控，可以使这种威胁处于可控范围。其中天然饮用水、高原绿色食（饮）品、藏药和藏式保健品，最能体现绿色优势，很受区内外市场欢迎，有一定竞争优势，附加值较高。②特色资源优势。西藏除了煤、油、气等石化能源已探明储量较小外，其他矿产和能源、动植物资源、天然饮用水、民族文化资源都相当丰裕。依托特色矿产（铬铁、铜、锂、硼砂、黄金等）、冰川矿泉水、特色动植物资源（如虫草、松茸、灵芝、藏红花、红景天、雪莲、麝香、鹿茸、党参、玛咖等）、特色农牧产品（如藏牦牛、藏绵羊、青稞、绒山羊、藏香猪、藏鸡等)、民族文化技艺,所发展的特色矿产业、天然饮用水产业、高原绿色食(饮)品工业、藏药制造业、清洁能源工业、民族手工业,既是特色产业,也是具备比较优势和一定竞争优势的产业。③区位优势。西藏是位于青藏高原腹地的西南边疆民族地区,属于高原地区、民族自治地方、边疆地区。西藏的工业和其他产业一样,或多或少带有高原特色和民族特色。作为沿边大区,面向南亚有众多的边境口岸和通道、边贸市场,西藏工业和南亚邻国相比,具有一定的互补性,其特色矿产、天然饮用水、高原绿色食(饮)品、藏药制造、民族手工业,具有一定的跨境产业合作和对外贸易优势。④政策优势。党的十六大后,西藏明确了要和全国一道走新型工业化道路、在2020年和全国同步全面建成小康社会的战略目标。这给包括工业在内的第二产业及现代服务业的发展带来了重大机遇。西藏自制定"十一五"规划以来,中长期规划中所提到的支柱产业,基本上都包括优势矿产业、藏医藏药、民族手工业、特色农牧业和农牧产品加工业、天然饮用水产业。特别是西藏的"十二五"规划提出,"十二五"期间,第二产业增加值占 GDP 比重每年提高 1 个百分点,到"十二五"末第二产业增加值占 GDP 比重达到 40%,可谓给予了加快第二产业发展的产业政策,有利于西藏工业加快发展。

(四) 西藏工业发展的总体情况①

1. 增长速度较快

西藏 2016 年的工业增加值为 88.69 亿元,比上年增长 12.2%,比同期地区生产总值(GDP)的增速快 2 个百分点;而且从 2011—2016 年,工业增速除了 2014 年略低于 10% (9.3%,略低于 GDP 增速)外,其余年份均在 12% 以上,都超过了 GDP 增速。不过由于西藏的第三产业、建筑业的发展也相当迅速,西藏工业增加值在 GDP 中的比重在 21 世纪以来实际上处于徘徊状态(徘徊于 7%~8% 之间),甚至还低于 20 年前 1997 年的比重(10.6%)、10 年前 2007 年的比重(8.1%)。

---

① 这部分数据来自《2016 年西藏自治区国民经济和社会发展统计公报》(《西藏日报》2017 年 5 月 4 日)和《西藏统计年鉴(2017)》(中国统计出版社 2017 年版)。笔者做了必要的计算。

2. 仍属于弱小产业，规模较小

西藏的工业增加值不足百亿元，只占GDP的7.7%，远低于西藏建筑业增加值占GDP的比重（29.6%），约相当于西藏第三产业增加值占GDP比重53.3%的1/7。

3. 内部结构还有待优化

（1）重工业所占比重高于轻工业。2016年西藏的轻、重工业总产值占工业总产值的比重分别为39.03%、60.97%，重工业比重远高于轻工业。西藏工业的重型化趋势自20世纪50年代中期国家给西藏援建电站时就开始了，能源工业、采矿业一直是西藏重工业的主体；近年来也没有看到轻重逆转的迹象。从2010—2016年的7年，有4年时间（2010年、2012年、2013年、2016年）轻工业增长速度低于重工业，其中2010年、2016年，轻工业增长速度甚至比重工业分别低23.3个百分点和17.5个百分点。西藏的轻工业发展不理想，意味着大多数生活必需品或日用品制造业还比较弱小，不利于自然资源、文化资源的转化，不利于农牧业产业链条延伸、技术水平提高和农牧产品附加值提高，不利于提高服务业的现代化程度及产业关联效应，不利于发挥比较优势，也不利于提高人民生活水平。

（2）传统工业所占比重偏大，现代化工业十分薄弱，如表3所示。表中的行业名称是统计分类标准中的规范名称，和中长期规划等政府文件中使用的特色产业、支柱产业名称有所不同，后者可能是一个同类行业合并的产业类别名称。从表中可以看出，西藏工业中规模处于前10位的行业，除矿物制品、化学制品较接近现代化产业外，其余基本上都是较为传统的行业；较具有现代化特征的电气机械及器材制造业总产值只有8000多万元，通用和专用设备制造业的总产值不足4000万元；高新技术行业主要是太阳能、风能等清洁能源和藏药中的生物制药，人工智能、航天科技、精密机床、飞机制造、汽车制造等高新技术产业处于空白状态。

（3）规模结构很不平衡。大中型企业如凤毛麟角，绝大多数都是小微企业。2016年西藏的工业企业单位数为1199个，其中大型企业只有2家、中型企业15家，其余都是小微企业（其中小型企业172家、微型企业1010家）。

表3　西藏产值规模处于前十位的工业行业总产值及其占工业总产值比重

行业名称	总产值（万元）		比重（%）		2016年比2000年增长（%）
	2000年	2016年	2000年	2016年	
非金属矿物制品业	32690	467916	18.57	22.95	1331.37
有色金属矿采选业	15317	378945	8.70	18.58	2374.02
电力、热力的生产和供应业	23701	298895	13.46	14.66	1161.11
酒、饮料和精制茶制造业	13700	297393	7.78	14.58	2070.75
医药制造业	25800	131381	14.66	6.44	409.23
食品制造业	3413	86568	1.94	4.25	2436.42
农副食品加工业	2258	72048	1.28	3.53	3090.79
文教、工美、体育和娱乐用品制造业	3066	37703	1.74	1.85	1129.71
印刷业和记录媒介的复制	3925	37101	2.23	1.82	845.25
化学原料及化学制品制造业	1114	35559	0.63	1.74	3092.01
工业总产值总计	176035	2039229			

资料来源：《西藏统计年鉴（2017）》，中国统计出版社2017年版。

4. 经济效益正在改善但还不够理想

2016年，西藏规模以上工业企业实现利润总额16.51亿元，比上年增长166.2%。其中，股份制企业实现利润13.81亿元，增长97.9%；外商及港澳台企业实现利润1.85亿元，增长9.2%；集体企业实现利润0.29亿元，增长503.6%；国有控股企业全年亏损2.02亿元，比上年下降78.8%。显然，股份制企业、外商及港澳台企业、集体企业的经济效益有明显改善，但国有、集体工业企业仍处在微利甚至亏损状态。同年，西藏全部规模以上工业企业的总资产利税率、净资产利税率分别只有2.6%、5.1%。

5. 特色优势工业增长迅速

从表3可以看出，2016年和2000年相比，西藏的工业中产值增长最快且规模相对较大的行业有化学原料及化学制品制造业（增长30.92倍），农副食品加工业（增长30.91倍），食品制造业（增长24.36倍），有色金属矿采选业（增长23.74倍），酒、饮料和精制茶制造业（增长20.71倍），非金属矿物制品业（增长13.31倍），电力、热力的生产和供应业（增长11.61倍），文教、工美、体育和娱乐用品制造业（增长11.30倍），印刷业和记录媒介的复制（增长8.45倍）。从工业产量看，2016年全年，西藏规模以上工业企业完成水泥产量617.66万吨，比上年增长34.7%；发电量46.34亿千瓦时，增长39.0%；啤酒16.55万吨，增长4.7%；中成药（藏医药）2044吨，增长1.7%；自来水13131万吨，下降0.4%；包装饮用水53.66万吨，增长119.5%；铬矿石6.79万吨，下降25.9%。不难看出，近20年来，高原绿色食（饮）品产业（包括农副食品加工业，食品制造业，酒、饮料和精制茶制造业等）的总增长率在20倍以上，其中农副食品加工业的总增速甚至超过了30倍；特色优势矿产业（包括盐湖化工、铜矿等有色金属开采、铬铁等黑色金属开采、水泥等建材原料的开采等）的总增长率都在13倍以上，其中有些行业（如盐湖化工原料开采与制品、铜等有色金属采矿）的总增长率在20倍以上；能源产业（电力、热力的生产和供应业）和文化产业（文教、工美、体育和娱乐用品制造业，印刷业和记录媒介的复制等）也实现了较快增长。

（五）西藏几个特色支柱工业发展简况

这里我们根据资源禀赋、政府重视程度、增长速度、在GDP中的比重等几个观察基准，选取如下4个特色支柱行业（或行业类别）加以介绍。

1. 高原绿色食（饮）品加工业（含天然饮用水行业）

它是以农牧林渔产业的产品和天然饮用水为原料的加工业，是一个工业行业体系，包括上述农副食品加工业，食品制造业，酒、饮料和精制茶制造业和天然饮用水行业等。自治区党委和政府十分重视打造"西藏好水"品牌，十分重视天然饮用水行业的发展，在西藏的"十三五"工业发展规划中，在谈到"重点产业发展方向和路径"时，把天然饮用水行业作为首个支柱产业单独加以论述。我们仍把该行业归到高原绿色食（饮）品加工业中。

（1）发展环境和资源条件。西藏纯净的生态环境使得这里的空气、水的质量十分干净、优良，西藏的农牧林渔业产品具有无污染、绿色有机优势，以其为原料的加工产品也同样具备绿色有机食品的品质；以天然矿泉水、冰川矿泉水为原料加工的天然饮用水更是具备纯净有机优势、闻名世界、深受市场欢迎的"西藏好水"。西藏的生物资源十分丰富，森林面积达到1471.56万公顷，活立木蓄积量居全国第二；有丰富多样的植物资源，高等植物有6600多种，木本植物1700余种，药用植物1000余种，工业原料植物300余种，绿化观赏花卉植物达2000余种；有食用菌415种，灵芝等药用菌238种；有各种常用中草药400多种，具有特殊用途的藏药300多种；有野生脊椎动物795种，其种类居全国第三，大中型野生动物种群数量居全国前列，其中国家和自治区重点保护野生动物141种。动植物资源、饮用水资源、农牧出产都很丰富，或者说资源禀赋极佳，完全具备发展高原绿色食（饮）品加工业的条件。西藏的水资源十分丰富，水资源储量和冰川面积均居全国第一，且冰川矿泉水天然、纯净、有益健康，其水质的纯净程度堪比南北极，发展天然饮用水的资源条件十分优越，天然饮用水产业已成为西藏最具发展潜力的特色优势产业之一。①

（2）发展重点。包括高原特色食（饮）品和天然饮用水两类产业：一是高原特色食（饮）品（不包括天然饮用水）产业。其发展重点包括：①高原特色食品。主要是青稞、荞麦、土豆等粮食收获物的加工产品。②高原特色饮品。主要是青稞茶饮料、青稞啤酒和白酒、红景天口服液等保健型饮料。③特色畜禽制品。主要是以牦牛、藏绵羊、绒山羊等牛羊肉、藏香猪肉、藏鸡肉等畜禽原料加工的风干肉制品、酱肉制品、罐头食品等；以牦牛奶、羊奶等原料加工形成的酥油、奶渣、牦牛牛奶、酸奶等乳制品加工体系。④林下产品。食用菌加工产业主要以松茸、灵芝、青冈菌、香菇、木耳等食用菌为原料加工成菌类冻干制品、食用菌多糖和休闲菌类制品；山野菜深加工产业主要开发野菜汁、罐

---

① 西藏自治区工业和信息化厅：《西藏自治区"十三五"工业发展总体规划（评审后修改版）》，第2页，内部资料，2017年5月。

头、干菜、速冻菜等产品。⑤油脂。主要以油菜、野生核桃为原料生产菜籽油、调和油和高端核桃油等食用油。⑥保健食品。主要是利用菌种培养、生物提取、发酵等技术，从荞麦和青稞中分离荞麦黄酮、β-葡聚糖和红曲，开发具有降血脂、降血糖、提高免疫力等功效的系列保健食品；利用红景天、藏红花和虫草等药材资源，开发具有缓解体力疲劳、降血脂等功效的保健饮品、口服液、胶囊等产品。⑦碘盐。西藏众多的盐湖、盐井蕴含丰富的碘盐。该产业发展重点主要对碘盐生产企业进行技术改造升级，实现碘盐生产全自动化、标准化，加强自治区碘盐营销网络体系建设，提高碘盐覆盖率，保障碘盐的有效供给。二是天然饮用水产业。其发展重点包括：①充分挖掘"西藏好水"绿色、净土、健康、文化元素，实施西藏天然饮用水团体标准，推进"西藏好水"集体商标的注册工作和生态原产地产品保护申报工作，着力打造品质优异、知名畅销的"西藏好水"品牌。②藏中地区大力发展面向中高端市场的饮用天然矿泉水、饮用天然泉水等，培育高端饮用水品牌，推进天然饮用水产业与旅游业协同发展；藏东及藏东南地区加快开发生产青稞、核桃、虫草等特色饮品、保健型饮品，拓展天然饮用水产业发展内涵；藏北及藏西地区大力发展具有含气等特征的饮用天然矿泉水，打造特色饮用水及消费用水品牌，将阿里地区"冈仁波齐"包装饮用水进一步推向印度市场。③重点发展高压脉冲电场杀菌技术、"干法杀菌"工艺，替代传统臭氧杀菌技术，避免溴酸盐的产生；重点研发环保型一次性包装材料以及袋装水的全程密封技术、取液分流技术、盒袋一体化技术等，解决桶装水二次污染问题；改善原水加工过程中的处理工艺，提高水资源利用率；提高生产过程在线监测和质量控制水平。

（3）发展规模。2016年农副食品加工业、食品制造业的总产值之和为15.8616亿元，酒、饮料和精制茶制造业的总产值为29.7393亿元，这3个行业大致组成高原绿色食（饮）品产业，其总产值之和占到当年西藏工业总产值的22.36%，仅次于矿产业，属于西藏第二支柱工业，在西藏工业中的地位举足轻重。西藏的"十三五"工业发展规划确定的目标是"到2020年，预计高原特色食（饮）品产业实现工业总产值35亿元"。而作为工业中著名支柱产业的天然饮用水产业，到"十二五"末（2015年），已建成天然饮用水生产线30余条，设计产能突破了300万吨，2015年，西藏的天然饮用水产量达到42.56万吨，产值达到34亿余元；2016

年,西藏的包装饮用水达到58.8676万吨,比上年增长38.31%、比2010年增长5.91倍,是发展最快的工业行业之一。自治区党委、政府把天然饮用水产业作为特色优势产业发展的重点方向和绿色、富民、兴藏的重点支柱产业来打造,力争"十三五"末天然饮用水产量达到500万吨以上、总产值达到400亿元以上。①如果把天然饮用水行业归并到高原绿色食(饮)品行业,则目前高原绿色食(饮)品行业已经是西藏工业中第一支柱产业,如果西藏的天然饮用水产业的"十三五"目标能够实现,则天然饮用水行业就将独自成为西藏工业中的第一支柱产业。

2. 优势矿产业

相对于西藏的其他产(行)业而言,矿产业具有规模经济优势和要素报酬优势,西藏的矿种也有鲜明的地域特色,许多矿种是珍稀矿种。西藏的"十三五"工业发展规划把"优势矿产业"列在支柱产业第二位,故我们把西藏的矿产业整体上作为优势产业。

(1) 发展环境和资源条件。一是在生态环境方面,西藏的生态安全关系到全国乃至东亚、南亚、东南亚的生态安全,具有十分重要的战略地位;西藏属于高寒、空气稀薄的青藏高原主体区域,生态环境非常脆弱,即使是遭到轻微污染或破坏,其治理成本和难度都极大;按照国家主体功能区规划,西藏绝大部分区域属于禁止开发和限制开发区域。所以,西藏发展矿产业面临很强的生态约束,一定要在维护"绿水青山"的前提下来开采"金山银山"。二是在资源禀赋方面,西藏已探明102种矿藏,查明储量的矿产有41种,有18种矿产资源储量进入全国前10位,12种矿产资源储量进入全国前5位,铬、铜、锂的保有储量居全国第一位,尤其是锂、硼砂等盐湖资源和铬铁、铜、铅锌等资源禀赋优良。②综合而言,西藏具备适度发展特色优势矿产业的环境资源条件。

(2) 发展重点。既然西藏高原生态环境不具备全面发展矿产业的承

---

① 西藏自治区工业和信息化厅:《西藏自治区"十三五"工业发展总体规划(评审后修改版)》,第2页,内部资料,2017年5月;王菲、唐斌:《西藏积极促进天然饮用水产业发展》,见《西藏日报》2016年7月19日;西藏统计局:《2016年西藏自治区国民经济和社会发展统计公报》,见《西藏日报》2017年5月4日;西藏统计局:《西藏统计年鉴(2017)》,中国统计出版社2017年版。

② 西藏自治区人民政府:《西藏自治区主体功能区规划——建设有中国特色、西藏特点的和谐美好家园》,见西藏自治区人民政府网站。

载条件,那么,确定矿产业发展重点就显得尤为重要。西藏矿产业发展重点主要包括:①基础地质与矿产勘查。西藏需要加大对优势矿产资源的勘查评价,摸清资源家底,增加矿产资源储量。重点在青藏铁路沿线、藏中冈底斯东段—念青唐古拉成矿带和藏东"三江"流域等成矿有利地区优先布局矿产资源勘查。到2020年,基本形成藏中南、藏东地区有色金属开发基地,藏西、藏北有色金属资源勘查储备基地,以及藏西盐湖资源开发基地,查明藏西北地区部分矿产资源储备开发潜力。尤其是加强藏北煤炭、石油、天然气资源勘查,藏北、藏西盐湖资源勘查,对西藏经济乃至中国西部经济都有重大意义。②适当加快特色优势矿种的开采。即加快资源条件优良、附加值较高的锂、铜、铬铁、硼砂、铅锌、黄金、工艺水晶、刚玉、菱镁等优势矿种的开采。需要引进类似中金黄金、天齐锂业的大型矿企,确保建设绿色、安全、和谐矿山,确保提高开采、冶炼效率,确保当地百姓和政府能得到经济实惠。③矿产资源深加工。要依托藏青工业园布局有色金属加工和资源综合利用产业基地,积极发展有色金属深加工,提高矿产品附加值;推进铜深加工,生产电解铜、铜线、精密铜管等高附加值产品,努力分解与铜共生的黄金、白银等贵金属,提高矿产经济效益;发展铜副产品硫酸的产业链延伸,发展钼资源产业链及盐湖化工产业原料;推动钼深加工,发展钼酸铵和钼铁,加工生产钼粉、钼丝等精加工;发展铅冶炼,生产精铅,及副产品精锑、锑白等;发展锌产业,深加工生产锌合金铸件、锌条、锌粉,以及副产品发展生产精镉、硫磺等。④矿产资源保护治理。要强化矿产开采、分选、冶炼各个环节的节能环保措施,不折不扣落实项目环评"一票否决"制度、负面清单制度,建设绿色、安全、和谐矿山。对开采和分选中的废水进行无害化处理,废石回填矿坑,对矿区土地进行采后复垦;采用先进设备,降低能耗,进行低温余热发电;转变矿产资源开发利用方式,提高采选回收率和综合利用率,对废渣废料等进行回收,发展循环经济。走集约化、规模化、现代化矿业发展道路。

(3)发展规模。从产值规模看,2015年西藏优势矿产业工业总产值占到全区工业总产值的37%以上;2016年,西藏非金属矿物制品业、有色金属矿采选业、化学原料及化学制品制造业等3个涉矿行业的总产值之和达到 88.242 亿元，占到当年西藏工业总产值 203.9229 亿元的 43.27%。① 从产值规模看，目前矿产业无疑是西藏工业中的第一支柱产业或主导产业。

3. 清洁能源产业

到目前为止，西藏的清洁能源产业主要是水电、地热电、太阳能发电、风力发电等清洁电力工业，将来可能增加新能源汽车应用产业。按照国家"十三五"规划，中央和西藏在坚持生态优先的前提下，将加快推进西藏作为国家清洁能源基地和"西电东送"接续基地建设。

（1）发展环境和资源条件。一是在生态环境方面，清洁能源产业属于环境友好型产业，不仅生产过程对环境几乎没有威胁，而且清洁能源替代传统石化能源还可以净化环境、减少碳排放，因此从促进青藏高原生态安全和生态文明角度看，西藏的清洁能源产业是值得重点发展的支柱产业。二是在资源条件方面，西藏具有水电、太阳能、地热、风能等清洁能源资源优势。水能资源理论蕴藏量达 2.1 亿千瓦，技术可开发装机容量 1.4 亿千瓦，分别占全国的 29% 和 24.5%，均居全国首位；太阳能资源是世界上最丰富地区之一，太阳能辐射总量折合标煤约 4500 亿吨/年，居全国首位；风能资源储量约 930 亿千瓦时/年，折合标煤约 3365 万吨/年，居全国第七位。②

（2）发展重点。主要有 6 个方面。

1）水力发电。这是西藏电力工业中的传统优势行业。"十三五"期间将重点开发藏东南金沙江、澜沧江、怒江、雅江流域水电资源，开工建设金沙江上游叶巴滩、巴塘、拉哇等项目，加快推进金沙江上游旭龙、奔子栏水电站前期工作，力争尽早开工建设。

2）太阳能发电。主要包括太阳能光伏发电和光热发电。一是光伏发电方面，未来主要是以藏西北为中心推进集中连片的太阳能发电项目，规划建设藏西北光伏发电开发基地，实现清洁能源规模外送；制定自治区分布式光伏发电的安装和补贴政策，鼓励工企、公共机构、商业机构等开展

---

① 西藏自治区工业和信息化厅：《西藏自治区"十三五"工业发展总体规划（评审后修改版）》，内部资料，2017 年 5 月；《西藏统计年鉴（2017）》，中国统计出版社 2017 年版。

② 西藏自治区人民政府：《西藏自治区主体功能区规划——建设有中国特色、西藏特点的和谐美好家园》，见西藏自治区人民政府网站。

工厂、建筑屋顶光伏发电试点，实现建筑物内能量绿色供给；在光照条件优越的拉萨、山南、日喀则、昌都、那曲等区域，开展"农光互补""牧光互补""新能源微电网"等项目，鼓励农牧业用户安装光伏系统实现用电自给自足。二是光热发电方面，"十三五"期间将优先选择日喀则地区进行光热电站的示范应用，解决高海拔区域的光热发电技术问题，为光热电站在自治区的后续大规模建设奠定基础。

3）风力发电。"十三五"期间将在山南、日喀则等地积极开展风电场建设。针对自治区风、水、光各种电源电力互补的特点，研究三种电源搭配外送的方案，研究风电外送的电力通道及消纳等问题。

4）地热发电。未来将重点研究、应用地热发电新技术，开展羊八井、羊易、玉寨、谷露、古堆等地热发电项目前期工作；利用浅层地热及地表热泉，积极开展城镇供暖和在工业、养殖（种植）业、旅游业等产业的利用，拓宽地热利用领域。

5）电网建设。将依托藏东、藏中、藏西电网联网工程，加快电网延伸和配电网建设，尽快建成全区统一电网，主电网覆盖所有县城和主要乡镇；加快推进川藏联网工程，规划建设藏电外送输电通道，推进覆盖藏、川、渝三省（区）的西南电网建设，实现清洁能源规模外送，初步建成"西电东送"接续基地。

6）研发试点新能源汽车应用。新能源汽车应用对于进一步净化高原环境有重大意义。按照"十三五"工业发展规划，未来西藏将积极尝试发展以气电混合公交车、纯电动出租车、太阳能电动公交车等为主的新能源汽车应用，鼓励新能源汽车企业在西藏投资建厂；支持动力电池、充换电设备等科研机构、企业研究机构在西藏设立实验室，研究电动汽车在高原地区的性能、能源消耗率、续航能力等方面的情况，以及光伏发电与充电设施的集成应用研究，争取国家支持西藏进一步做好充电桩建设有关规划。

（3）发展规模。2016年，西藏的电力装机容量达到265万千瓦，全区发电量53亿千瓦时（其中水电发电量约占89.3%）、增长25%；继2015年首次实现藏电外送后，2016年首次实现净输出电量2亿千瓦时。2016年西藏"电力、热力的生产和供应业"总产值为29.8895亿元，占当年西藏工业总产值的比重达到14.66%，是西藏工业中产值规模位居第三的支柱产业。西藏的清洁能源产业发展较快，2015年的发电装机容量、发电量较2010年分别增长136%和75%；清洁能源产业快速发展带动了清洁能源消费的快速增长，西藏的清洁能源消费比重已由2010年的31.9%提高到43.3%。①

4. 藏药产业

该产业是西藏的传统特色产业和优势产业，与西藏其他工业行业相比，今天仍是优势产业之一，当然也面临来自周边藏区的激烈竞争和严峻挑战。

（1）发展环境和资源条件。在生态环境影响方面，藏药产业基本上采取的是传统的"医方明"工艺，属于清洁生产，几乎不会对环境构成负面影响。在资源条件方面，西藏的药用植物多达1000种，冬虫夏草、灵芝、藏红花、雪莲、红景天、玛咖、党参等入药原料十分有名，可以入药的动物、矿物原料也非常丰富，加之野生药用植物的人工培育取得成功，具备发展藏药产业的资源禀赋和比较优势。而且，西藏也是藏医、藏药技术和文化的最重要的发源地，具备发展藏医药的科技条件和文化条件。

（2）发展重点。"十三五"发展重点主要有3个方面。

1）藏药材有机资源的保护。要在资源集中分布的区域内建立冬虫夏草、鹿茸、麝香等名贵药材品种的动植物保护区，对国家和自治区级重点保护的野生中藏药资源实行禁采、限采、补种和收取资源补偿费等保护制度；抓好藏药材基地建设，充分发挥藏药企业主体作用，外联市场，内联企业和农牧户，采取"公司+农户""公司+工厂+农户""有条件的集团企业封闭式开发"等多种模式，建立和形成适合高寒地区环境特点和规范化、标准化的人工引种栽培综合配套技术，为藏药植物资源的一级开发提供技术支撑和保证，支持对大宗常用藏药材和名贵濒危野生藏药材的繁育、栽培、种植、推广；为农牧户提供产前、产中、产后服务，建立利益共同体，扶持培育符合本地药材生产质量管理规范的藏药材培育基地。到2014年年底，西藏的藏药材人工种植面积约13000公顷，远未形成产

---

① 《西藏自治区"十三五"工业发展总体规划（评审后修改版）》，内部资料，2017年5月；《西藏统计年鉴（2017）》，中国统计出版社2017年版；新闻报道：《"十三五"将加快西藏清洁能源开发》，见《经济参考报》2016年6月28日。

业规模,① 为了缓解珍稀野生藏药原料的短缺,"十三五"期间乃至未来更长时期,西藏急需扩大藏药材人工种植规模。

2) 藏药的生产与销售。要加强藏药的药理研究和基础研究,加快藏药生产新技术、新工艺的推广应用,对现有的优良藏药进行二次开发,遵循 GLP、GCP、GMP 等规范标准,开发具有"三效"(高效、速效、长效)、"三小"(剂量、毒性、副作用小)、"五便"(携带、服用、生产、运输、储存方便)特点的具有现代剂型的新一代藏药;遴选藏药优势品种,重点突破特色拳头产品,采用现代化营销手段,提升产品知名度;打造大型藏药品牌企业,扩大藏药影响力和市场途径。

3) 加强藏药疗效与安全性检测,争取更多藏药品种通过国家 GMP 认证并获得药品批准文号。我们在对甘露藏药、奇正藏药、神水藏药等企业进行调研后,深切感受到西藏对藏药疗效与安全性的检测能力不足,藏成药大多由数十味药材组成,其疗效大多靠口碑相传,有说服力的临床检测结果相对缺乏,其毒副作用也大多缺乏权威检测标准和结果,这不利于藏药通过国家"药品生产质量管理规范"(GMP)认证,也不利于藏药在区外的销售推广。到 2014 年年底,西藏才有 18 种藏成药被列入 2010 年版《中国药典》,只有 20 个品种获得了"中药品种保护证书",只有 318 个品种获得国家药品批准文号②,甚至比不上内地一家大型医药企业获得批准文号的品种数量。因此,未来西藏迫切需要提升藏药检测能力,力争更多的藏药品种通过国家 GMP 认证并获得药品批准文号,这对于扩大藏药产业规模、提升藏药质量及药品竞争力至关重要。

(3) 发展规模与存在的问题。西藏藏药产业体系基本形成,2015 年的年产值达到 8 亿多元,2016 年西藏"医药制造业"总产值为 13.1381 亿元。作为传统特色产业的藏药产业,在 21 世纪以来的激烈竞争中发展相对较慢,2016 年同 2000 年相比,西藏的医药制造业总产值只增长了 4.09 倍,占全区工业总产值的比重反而由 14.66% 下降到 6.44%;尤其是从 2014—2016 年,该行业总产值由 15.0473 亿元下降到 13.1381 亿元,

---

① 毛萌、任小巧、卢乃杰、仁青加:《西藏藏药产业发展现状及发展战略》,载《中国中医药信息杂志》2015 年第 11 期。
② 毛萌、任小巧、卢乃杰、仁青加:《西藏藏药产业发展现状及发展战略》,载《中国中医药信息杂志》2015 年第 11 期。

似乎呈现传统优势不再的局面。而且西藏的藏药产业存在龙头企业缺乏、生产工艺落后、标准体系不健全、临床应用研究能力弱、品牌知名度不高、消费市场狭窄等问题。按照"十三五"工业发展规划,西藏将以打造藏成药知名品牌为核心,大力推进藏药材人工种植基地建设,完善藏药材保护开发体系、藏药科研创新体系和藏药标准体系,丰富藏药新产品、新剂型,不断提高藏药的安全性、有效性和质量可控性,加速藏药产业化进程,力争到2020年,实现工业总产值20亿元。①

除上述4个特色优势产业外,西藏的建材业也具备较大规模,如2016年的水泥产量达到623.291万吨,不仅达到当年西藏铬铁矿产量的91.7倍,甚至是当年西藏的包装饮用水产量的10.6倍,但由于其特色不够鲜明且对生态环境有一定威胁,故我们未将其列入特色支柱工业之中。民族手工业属于西藏的传统特色产业,也是清洁生产工业,但现在的产值规模很小,难以和上述4个支柱工业比肩,故也未做分析。而电子信息产业(如藏文软件、工业软件,"互联网+"、云计算、大数据、物联网、北斗导航等技术应用等)虽然目前规模很小,但技术含量高、应用价值大、发展速度快,倒是值得重视的潜力工业。

四、对西藏特色优势工业发展的路径建议

未来西藏特色优势工业发展面临两个重点问题:一是重点发展哪些特色优势工业?二是对选定的特色优势工业怎样加快发展?关于第一个问题,我们在前面已做了论述,提出了7个可供选择的特色优势工业和4个特色支柱工业,下面我们主要针对4个特色支柱工业加快发展问题,提出路径建议。

(一)围绕新时期"两屏两区五地一通道"战略定位来谋划西藏特色优势工业发展

中央第六次西藏工作座谈会后,中央和西藏将西藏的战略定位由"两屏四地"升级为"两屏两区五地一通道"。"两屏"是指构筑重要的

---

① 《西藏自治区"十三五"工业发展总体规划(评审后修改版)》,内部资料,2017年5月。

国家安全屏障和生态安全屏障，"两区"就是把西藏建设成为国家重要的公共服务均等化示范区和民族团结模范区，"五地"就是建设重要的战略资源储备基地、重要的高原特色农产品基地、重要的中华民族特色文化保护和传承地、重要的世界旅游目的地和重要的清洁能源（接续）基地，"一通道"就是面向南亚开放重要通道。其中，"两屏"是西藏特色优势工业选择和发展的前提条件，"五地"中有重要的战略资源储备基地、重要的高原特色农产品基地、重要的清洁能源（接续）基地"三地"都和特色优势工业的选择和发展密切相关，"一通道"和国家"一带一路"倡议在青藏高原及南亚方向的布局，则为西藏特色优势工业优化空间布局提供了目标。因此，围绕"两屏两区五地一通道"战略定位，特别是以生态安全为前提，以建设重要的战略资源储备地、重要的高原特色农产品基地、重要的清洁能源接续基地为重点，以"两带一廊一通道"① 作为布局目标方向，来谋划西藏特色优势工业发展才是找准了大方向、大目标，不至于"只见树木，不见森林"。

（二）根据供给侧结构性改革大背景和"五大发展理念"来优化工业结构

观察当前我国宏观经济发展的大背景，主要特点是经济进入了新常态，围绕"五大发展理念"的供给侧结构性改革和"一带一路"建设正在顺利推进。在国家经济进入新常态背景下，经济增长速度有所放缓、国家财政压力逐步增大，西藏不宜把自身发展建立在依赖国家财政增加转移支付和专项投资的"输血"经济基础上，迫切需要加快发展特色优势产业来增强"造血"能力。在供给侧结构性改革方面，由于西藏基本上没有传统的煤炭、石油、钢铁制造等行业，融资杠杆也使用不多，"三去一降"的压力不大，当然也要落实"负面清单"制度，防范高污染、高耗能项目落地，限制此类产业发展；但"补短板"（即补高新技术产业、特色产业等短板）的任务很重，发展特色优势工业就在"补短板"范围内。在新形势下怎样做到"有所为，有所不为"？"五大发展理念"就是重要参照。党的十八届五中全会以后，中央提出了创新、协调、绿色、开放、

---

① "两带"指丝绸之路经济带、环喜马拉雅经济合作带，"一廊"指孟中印缅经济走廊，"一通道"为国家面向南亚开放重要通道（或南亚大通道）。

共享五大发展理念，这对自治区工业发展提出了更高要求。西藏需要在新发展理念的指引下，通过优化工业内部结构、发挥比较优势、发展绿色制造、推进技术进步和发展新经济，优选和重点发展特色优势产业，推进质量品牌建设、增强内生动力，促进区域协调、深化开放合作，让人民共享工业发展成果，不断提升经济社会发展的平衡性、协调性、可持续性，以及创新动力和自生能力，为西藏的精准扶贫攻坚、全面小康社会建设、"一带一路"建设及现代化建设提供物质基础和产业支撑。

（三）开展或加强工业资源普查，明确特色优势资源发展的资源禀赋

在西藏，有些资源（如国土资源）的家底因为有专门的普查可能比较清楚；而多数资源的家底可能还不太清楚，如矿产资源，尽管有地质勘探，由于青藏高原地域辽阔、地质构造复杂，许多矿种（如煤炭、石油、天然气、黄金等贵金属以及一些稀有金属矿和非金属矿）还没有探明工业储量甚至连远景储量都不明确；清洁能源、天然矿泉水、野生藏药原料等资源，由于缺乏专门的普查或勘查，家底也不太清楚。因此，需要对没开展过勘查或调查的资源尽快开展勘查或调查，对已有相关勘查或调查但还不充分的资源要加强调查，对特色优势资源加强评估，切实摸清资源家底、明了资源禀赋，以便为特色优势工业发展的决策、规划、政策支持等提供科学依据。

（四）加快工业园区建设，提升产业集聚功能

工业的发展要依赖工业园区和工业企业的发展。要加强对特色产业集聚区的分类指导，给予不同级别、不同种类的产业集聚区或园区以不同的战略定位、功能定位和特色定位。西藏的"十三五"工业发展总体规划对工业园区的发展定位是打造"一带两极多点支撑"空间架构："一带"为雅鲁藏布江沿线产业发展带，贯穿以"一江三河"为中心的重点地区，打造支撑全区工业发展的产业走廊；"两极"为藏青工业园和拉萨国家级经济技术开发区（下称拉萨经开区），打造全区核心增长极；"多点支撑"为各重点产业集聚区，包括加快发展已建成的5大园区和在建的2个产业集聚区。

1. 要引导优势产业、优势企业（项目）、优势资源和要素向重点工业园区集聚，规范有序推动重点工业园区建设

要强化藏青工业园、拉萨经济技术开发区在工业集聚发展中的先导、龙头示范作用，进一步提升产业集聚度。①"十三五"时期，藏青工业园要全面完成一期建设，实现二期建设全面开工，探索区域合作"飞地"新模式。依托藏青工业园，延伸产业链，通过该园建设，引导矿企发展下游冶炼环节，提高产品附加值，改变过去单一通过分选提升附加值的传统路径。完善以资源加工转换产业为主导、循环经济产业和物流商贸产业为支撑的"一体两翼"产业体系，打造成为西部领先、国内一流、世界知名的生态型工业园区以及国家级有色金属产业基地。②拉萨经济技术开发区要做强净土健康产业，培育生态环保、清洁能源等特色产业，做大电子商务、金融服务、商贸物流等生产性服务业，打造成为自治区实体经济核心区、净土健康产业引领区以及高原科技创新主力区。要探索一区多园模式，扩大国家级园区优惠政策的覆盖面，带动周边地区产业发展。

要探索建立国家产业转移示范园区，支持藏青工业园等符合条件的园区申报国家级新型工业化产业示范基地。

2. 要加快其他工业园区发展

进一步做大做强达孜工业园、日喀则工业园等自治区级产业集聚区，提高园区的产业集聚能力和承载能力；加快地市级产业集聚区基础设施建设，完善配套服务功能；突出县级产业集聚区特色，优先支持发展当地资源优势明显且带动就业能力强的特色工业，支持县域经济发展和特色小城镇建设。"十三五"期间重点是加快发展达孜工业园、日喀则产业加工区、那曲物流中心生产加工区、曲水雅江工业园、林芝生物科技产业园等产业园区，积极筹建山南雅砻工业园和昌都经济开发区，形成对全区产业发展的重要支撑。①

（五）建立重点项目库

在制定产业发展战略和产业发展规划时，项目库显得很重要，它是战略、规划、政策能否落实的关键所在。对于特色优势产业而言，更是如

---

① 《西藏自治区"十三五"工业发展总体规划（评审后修改版）》，内部资料，2017年5月。

此，一定要建立各特色优势产业的重点项目库。西藏的"十三五"工业发展总体规划中，就针对重点产业列入了重点项目库。

1. 天然饮用水产业的重点项目

"天然饮用水重点项目"表中列入了 25 个重点项目，如：西藏珠峰冰川矿泉水公司定日县岗嘎镇天然饮用水开发项目、西藏雪域冰川水资源有限公司生产天然山泉水系列项目、大昭圣泉天然水生产线、拉萨珠峰水立方天然水有限公司米林县里龙乡高山冰川天然泉水开发项目、贡嘎县天然饮用水建设项目、堆龙德庆县岗德林村天然饮用水生产线、那曲县古露镇天然饮用水资源开发项目、桑登康桑冰川水资源开发项目、西藏阿里岗仁波齐资源开发有限责任公司扩建项目、昌都市卡若区天域矿泉水开发项目等。由于西藏的天然矿泉水资源分布很广，这 25 个重点项目涉及西藏所有地市。本行业也是西藏所有重点工业中列入重点项目数量最多的行业。

2. 优势矿产业重点项目

在"优势矿产业重点项目"表中，列入了 20 个重点项目，如：藏东矿业有限公司昂青银多金属矿开发建设项目、西藏中瑞矿业有限责任公司谢通门县斯弄多铅锌矿采选改扩建工程、西藏玉峰矿业有限责任公司隆子县泽当矿区铅多金属矿采选工程、西藏大冶有色金属投资有限公司乃东县努日铜多金属矿开采工程、驱龙铜多金属矿采选工程二期、西藏中汇实业有限公司朱诺铜开采工程、西藏华钰矿业股份有限公司矿产品深加工项目、中国安华集团西藏安华投资有限公司矿产冶炼等。优势矿产业的重点项目数量位居西藏所有重点工业的第二位。

3. 其他重点产业的重点项目

其他重点工业的重点项目数量不太多，每个行业都在 10 个以下。其中：藏药重点项目有 8 个、高原特色食（饮）品重点项目有 6 个、清洁能源产业重点项目有 5 个、建材重点项目有 3 个、信息技术产业项目有 3 个、民爆重点项目有 4 个。

为了使重点项目能够落地、上马、建成及发挥作用，需要加强对重点项目的组织、管理、协调、支持和服务。可由工信部门牵头，会同发改委、环保、财政、金融、国土资源、地勘、税务、工商、商务、农牧、统计等部门，联合建立西藏特色优势工业重点项目立项评审制度，优先支持符合条件的重点项目申报中央、自治区财政产业发展专项资金扶持项目，优先支持项目登记注册、征地、上马建设，项目建成后，给予项目运营以优惠的财税、金融等政策支持，为特色优势产业发展提供扶持政策。

（六）设立行业标准，打造知名品牌，支持申请地理标志产品和知识产权保护工作

这些方面基本上是西藏特色产业发展中需要加强的短板。首先，因为西藏的特色优势工业有其特殊性，国际标准、国家标准难以覆盖多数特色产业，或者即便能够覆盖，也难以照搬使用。因此，西藏的许多特色优势产业需要制定地方标准。如藏药产业，就难以完全按西药国际标准或中药国标来评价藏药；高原绿色食（饮）品产业、天然矿泉水产业，也难以完全按国家标准执行，如纯净标准基本是高于国标的，可以制定更高、更细的西藏标准，对产品营销反而利大于弊。例如对天然饮用水行业，可以推动建立天然饮用水生产的工艺装备、质量安全、环境保护、安全生产等标准体系，实现产品全流程质量监管，推动建立企业产品标准自我声明和监督制度；藏药产业正在制定相应的标准规范，从藏药产品的研究开发、生产流通、临床作用、疗效评价等全过程加强监督管理，培育一批藏药标准化实施推广示范单位。其次，西藏比较缺乏国际知名商标和国家驰名商标，要加大知名品牌的培育力度，加强品牌策划和品牌宣传。西藏有很多品质很好的资源和产品，由于默默无闻而没有走出高山峡谷，培育知名品牌和加大品牌宣传显得非常重要，要做好消费产品的品牌包装与营销工作。这样才有助于企业提高产品附加值和拓展营销渠道，提高西藏特色优势产业的竞争优势。最后，西藏许多基于特色优势资源生产的特色产品（如藏药和藏式保健品、天然矿泉水等），由于价高利厚，容易受到假冒仿制品的伤害。因此，非常需要申请原产地和地理标志产品保护，解决"挂名西藏不原产"的问题；对传统技艺要加强知识产权保护，防止侵权行为带来直接经济损失，甚至导致西藏比较优势弱化和消失。

（七）加大招商引资引智力度，借助援藏力量推广产品

西藏是一个资本、人才、科技等软资源较为短缺的区域，单靠自有要素，远远不足以支撑资源的开发和转化；西藏地广人稀、市场容量较小，特色优势产业规模一旦扩张，单靠自身的市场不足以消化所生产的产品。因此，西藏需要加大面向内地特别是东部发达地区招商引资、引智的力

度，借助对口援藏省份、部委和特大央企的力量，缓解自身资本、人才、科技短缺的瓶颈制约。例如，可以引进国内实力居前的大型企业进藏开发资源，如矿产行业引进中金黄金、天齐锂业，清洁能源产业引进力诺太阳能、青岛昌盛、国电光伏、中海阳能源等。同时，要依托援藏资源打通销售渠道，例如可以借助对口支援省份、部委、特大央企的平台和渠道，开展"西藏好水·世界共享"整体宣传推介和营销策划，拓宽产品直营业务，借助中粮集团的电商平台，华润集团的商业网络，中石油、中石化的加油站网点，中铁总公司的高铁线路等国企平台扩大天然饮用水销路。

（八）扩大对外开放，建立产品出口示范基地

国家"一带一路"总体规划（"愿景与行动"）把面向南亚作为3个重点方向之一，也赋予西藏加强与尼泊尔等南亚国家经济文化合作的战略任务，这就给西藏带来了扩大开放、加快发展的长期战略机遇。西藏要实现与祖国内地及南亚国家的互联互通，既要加快建设联通的载体，即铁路、公路、民航线路、能源管道、物流园区等基础设施，又要在面向南亚开放重要通道、孟中印缅经济走廊、环喜马拉雅经济合作带沿线布局特色优势产业所依托的企业、产业园区。要以国际空港口岸和陆路边境口岸、边贸市场为对外开放的前沿，带动腹地城镇、园区、市场、企业对外开放。以开放促开发，加大对有国际比较优势、有民族和高原特色的绿色有机食（饮）品、特色矿产、清洁能源、藏药、民族手工艺品的开发力度，建立特色产品出口示范基地，加强国际产业合作，与尼泊尔等南亚邻国合作建设边境自贸区和跨境经济合作区，借助国际资源和市场来拉动西藏特色优势工业加快发展。

（九）推动产业间协同融合发展

在西藏，单个特色优势产业的资源配置、要素集聚、市场营销能力都不强，而且特色优势产业之间由于共同的民族特色和高原特色，在生态资源、文化资源方面大多有着内在联系，有必要也有可能实现协同融合发展。例如，西藏的旅游业和休闲农业、文化产业、绿色食（饮）品加工业、民族手工业就有明显的协同融合发展趋势，能实现资源共享、优势互补、抱团取暖，取得多赢效果，西藏重点打造的净土健康产业就是多产业协同融合发展的典范。在特色优势工业发展方面，西藏的高原绿色食

（饮）品加工业、天然饮用水行业、藏药和藏式保健品加工业之间，高原绿色食（饮）品加工业和特色农牧业之间，民族手工业和旅游业、文化产业之间，特色优势矿产业和新能源产业之间，都具备协同融合发展的条件。而所有特色优势工业都可以和互联网、物联网结合，形成"互联网＋特色优势工业"发展模式，利用电子商务平台拓展特色工业产品购进和产品销售的渠道、扩大市场边界；也必然需要和交通运输业、邮电业、物流产业、旅游业、内外贸等协同融合发展，这样才能改善特色优势工业发展的环境条件，增强资源配置能力，拓展市场空间，促进特色优势工业加快发展。

（十）培养和引进人才，提升产品研发能力、生产经营能力

前已述及，西藏的"硬资源"丰富、"软资源"短缺，其实最缺的软资源是适应当地需要且能"下得去、留得住"的人才，尤其是企业家、产品研发、市场中介、投融资和资本运作、工程技术、经营管理等方面人才特别稀缺。解决人才短缺问题是一个系统工程，首先要本土培养和区外引进相结合，利用教育援藏、科技援藏机遇引进人才，出台有吸引力的人才政策直接到知名高校引进优秀毕业生，整合区内高校、科研机构、人社部门等多方面的培训力量，加快本土人才培养。其次要优化人才资源配置，通过政策引导，缓解党政机关和高校集聚人才相对偏多、企业人才严重短缺，拉萨等大中城市人才集聚过多、小城镇和农牧区人才严重短缺的结构性矛盾。除了人才短缺外，企业的产品研发、生产经营能力不足，也是制约西藏企业难以做大、做强的重要因素。为此，推动区内企业和区外企业合作，引进区外大型央企，鼓励区外企业兼并重组区内企业；推动区内企业和区内外高校、科研机构开展战略合作，共同建立并开放西藏特色优势资源的国家和自治区重点实验室、产品研发中心、工程技术中心、产品质量检测中心，应该是提升产品研发、生产经营能力的有效途径。

西藏企业供给侧结构性改革调研[①]

张志恒　赵　莹[②]

一、背景、意义与调研意图

（一）背景意义

党的十八大特别是 2015 年以来，西藏自治区（简称西藏、自治区或全区）立足西藏特殊自然条件、特殊人文历史、特殊经济发展水平，立足党中央为西藏确定的"两屏四地"战略定位和"两屏两区五地一通道"目标任务，围绕企业供给侧结构性改革"三去一降一补"特别补短板中心工作，充分挖掘特色资源和优惠政策潜力，精准发力、锐意进取、凝聚智慧，在制约西藏国有企业长足发展的重点领域实现突破，集中财力在影响西藏国有资本做大做强的重点部门优先发展，先后于 2012 年完成拉萨市（简称拉萨）城市建设投资经营有限公司（简称拉萨城投）重组，2013 年着力推进拉萨净土健康产业转型升级，2014 年成功组建拉萨净土产业投资开发有限公司（简称拉萨净土公司），2017 年加快自治区政府主导的 15 家区属大型国有集团企业组建。与此同时，围绕净土健康这一核心助推拉萨非公有制经济获得长足发展，内地大型中央国有企业加快入藏经营。这既为新时代西藏国有资本做强做优做大创造了条件，也为西藏企业供给侧结构性改革深入推进注入了活力，同时也为西藏加速完成党的十九大报告提出的混合所有制改革发展奠定了基础。

[①] 基金项目：本调研报告系西藏民族大学 2011 西藏文化传承发展协同创新中心 2016 年重大委托课题"新常态下西藏经济社会发展与供给侧结构性改革研究"（课题编号：XT201606）的阶段性成果。

[②] 作者简介：张志恒，西藏民族大学财经学院教授，主要研究方向为民族地区特色经济发展；赵莹，西藏民族大学财经学院讲师，主要研究方向为民族经济。

（二）调研意图

基于上述背景，调研组于 2017 年 7 月至 8 月分成两个小组分别对西藏国有企业和非公有制经济两大领域的供给侧结构性改革进行全面摸底。其中，第一小组深入拉萨市、山南市、林芝市、日喀则市、阿里地区等五个地市，分别与地市县财政局、国有资产管理委员会、发展和改革委员会等部门召开座谈会 12 场，实地走访交通运输、城市建设、矿产资源、旅游资源开发、藏医药生产、民族手工业、进出口贸易、粮油储备、资产投资运营等多行业的国有企业 28 户，全面摸排西藏国有企业供给侧结构性改革的工作进展、取得的成效和存在的问题；第二小组深入拉萨先后与五县三区工商联召开座谈会 8 场，实地走访非公有制企业、国有企业和社会经济组织 38 家，全面摸排以拉萨为中心的全区非公有制经济供给侧结构性改革的进展、取得的成效和存在的问题。

（三）调研思路

本报告以党的十八大以来党中央国务院、自治区党委政府关于企业供给侧结构性改革的理论、思想、会议、文件、指示，特别是党的十九大报告中关于供给侧结构性改革的精神为指导，以西藏国有企业与拉萨非公有制企业供给侧结构性改革为调研对象，重点探讨区属 15 家大型国有集团企业组建、拉萨城投井喷式发展、拉萨净土健康产业转型升级、拉萨净土公司战略扩张、拉萨非公有制经济长足发展，以及大型国有企业入藏经营等事关西藏企业供给侧结构性改革方向和中心工作的重点问题，分前言、西藏企业供给侧结构性改革取得的成就与存在的问题、深入推进西藏企业供给侧结构性改革的对策建议等三方面完成。

（四）研究方法

本次调研中，调研组主要运用案头调研和实地调研两种方式围绕主题完成分析论证，其中，案头调研主要用于分析各地市提供的本区域国有企业供给侧结构性改革的相关材料，从宏观层面掌握企业供给侧结构性改革取得的成就和存在的问题。实地调查法主要包括观察法、访问法。前者主要用于了解相关主体对供给侧结构性改革的认识，后者则用于掌握各级政府职能部门、企业经营者对供给侧结构性改革的认识、企业发展存在的困境、需要政府提供的支撑和深化本部门改革的设想。

二、西藏企业供给侧结构性改革取得的显著成就

本报告认为，与西藏供给侧结构性改革补短板相一致，西藏从"三去一降一补"供给侧结构性改革整体分析企业改革也表现出其特殊性，第一，大部分产业基本不存在去产能压力，更多表现为以净土健康产业为引领的有序加产能；第二，由于西藏整体产能不足，总体不存在去库存问题；第三，包括基层粮食企业在内的传统国有企业，杠杆率较高，通过加杠杆解决转型升级空间不大。非公有制企业由于主客观原因制约，存在融资难压力。新组建国有大型集团企业良莠不齐，有些杠杆率高，大部分可以利用加杠杆实现转型升级；第四，至于降成本，西藏企业成本总体比内地省份高，但考虑到特殊条件，企业降成本要分清自然因素造成的不可降成本和由于人为因素形成的可降成本，对于自然原因形成的高成本不仅不能考虑下降，还要在体制许可范围内通过民生改善和高原补贴等适度增加；第五，补短板是西藏企业供给侧结构性改革的焦点，主要包括补规模、科技、营销、原材料供应、产业链、人才、资金、产权交易平台等短板。毫无疑问，党的十八大以来西藏企业供给侧结构性改革也主要围绕上述定位推进，为此本报告从国有企业供给侧结构性改革、非公有制经济供给侧结构性改革以及内地大型国有企业入藏经营方面阐述改革成就。

（一）西藏国有企业供给侧结构性改革取得的成就

1. 西藏国有企业基本情况

调研显示，截至2017年6月，西藏国有及国有控股企业271家。从隶属关系看，自治区政府国资委监管8家，自治区直主管部门监管35家，地市级国资委监管57家，地市级部门监管39家，县区监管132家。按所属产业分类看，第一产业21家，第二产业48家，第三产业202家。按行业分类看，农林牧渔业21家，工业类39家，建筑类9家，交通运输类13家，旅游饭店类31家，批发和零售业类114家，投资和金融类23家，其他行业21家。除西农集团、西藏盐业公司和地市供水、供电、供气企业外，其余都在竞争性领域从事生产经营活动。（见表1）

表1　西藏国有企业构成统计

分类标志	类型	户数	比重（%）
按监管分类	自治区政府国资委监管企业	8	3
	区直主管部门监管企业	35	13
	地市级国资委监管企业	57	21
	地市级部门监管企业	39	14
	各县区监管企业	132	49
按产业分类	第一产业企业	21	8
	第二产业企业	48	18
	第三产业企业	202	74
按行业分类	农林牧渔业企业	21	8
	工业类企业（含采掘业和印刷业等）企业	39	14
	建筑类企业	9	3
	交通运输类企业	13	5
	旅游饭店企业	31	11
	批发和零售业企业	114	42
	投资和金融类企业	23	9
	其他企业	21	8
合计		271	100

进一步，按母公司统计，隶属于自治区管的国有企业43家，占16%。其中，自治区党委办公厅1家、政府3家、政府国资委8家、团自治区委1家、商务厅1家、民政厅1家、财政厅1家、农牧厅2家、旅发委6家、司法厅1家、交通厅4家、体育局2家、粮食局1家、新闻出版广电局1家、西藏日报社1家、政府驻北京办事处3家、政府驻成都办事处4家、政府驻格尔木办事处2家。上述企业及其子企业中，共有19家企业是按照《西藏自治区区管国有企业分类划级管理暂行办法》确定的自治区管一级国有企业。这类企业规模大、盈利好、垄断性强，是实现国有企业供给侧结构性改革的载体。

调研显示，党的十八大以来西藏国有企业供给侧结构性改革在加快重组拉萨城市建设投资经营有限公司、成立拉萨市净土产业投资开发有限公司、组建15家西藏区属国有大型集团企业等领域取得了显著成效。

2. 加快重组拉萨城市建设投资经营有限公司

调研显示，拉萨城投于2006年成立，2012年7月启动运营，是拉萨市人民政府下属的集房地产、建筑安装施工等业务于一身的国有独资龙头企业之一。下辖子公司35家，主要涉及建设施工、专业市场开发经营、市政基础运营管理、特许经营、房地产开发、建筑建材等业务板块。其中：建设施工业务板块有下属公司12家，专业市场开发经营板块有下属公司10家，市政基础运营管理板块有下属公司2家，特许经营板块有下属公司1家，房地产开发板块有下属公司2家，建筑建材板块有下属公司3家，其他业务板块有下属公司5家。该公司启动以来，获得巨大的经济效益、社会效益，资产规模由2014年的42亿元扩张到2017年的220亿元，增加了5倍，所有者权益由2014年的18亿元增加到90亿元，增加了5倍，营业收入由2014年的0.4亿元增长至2016年的28亿元，增加了60倍。拉萨城投已成为充分发挥国有企业市场引领作用，秉承国有资本做强做优做大宗旨，围绕市政基础设施建设、房地产开发、专业市场运营、建筑建材等业务，补区内企业在城市建设投资领域的规模、科技、产业链、人才、资金、产权交易平台短板的典范。

3. 组建拉萨市净土产业投资开发有限公司

2014年1月建立，注册货币资本5亿元，净资产15亿元。公司愿景是建拉萨净土产品基地，不断满足市场和消费者需求，使拉萨净土成为全球良心企业典范。旗下有18家子公司，是拉萨市政府直属的大型国有企业，合作伙伴40多家，经营范围涵盖了所有净土健康产业。该公司对于整合特色资源、开发拳头产品、形成集团优势以及补规模、科技、营销、原材料供应、产业链、产权交易平台等短板具有示范带动作用。

4. 组建15家西藏区属国有大型集团企业

根据《西藏人民政府2017年第18号常务会议纪要》（以下简称《纪要》）精神要求，由自治区国资委主导按照每个公司认缴出资不超过5亿元注册资本金规定推动成立15家产业集团，目前已组建6家、在建7家、拟建2家。毫无疑问，这些自治区属国有集团企业成功组建是西藏国有企业改组改制的亮点，是推动国有企业完善现代企业制度、健全法人治理结构的抓手，是助推国有资本实现做强做优做大目标的载体，也从更大、更广、更深入层面补足了国有企业供给侧结构性改革的短板。

（二）西藏非公有制经济供给侧结构性改革取得的成效

拉萨是西藏非公有制经济发展中心，也是非公有制经济组织数量最大、影响最大的区域，本报告以拉萨市为例反映西藏非公有制经济供给侧结构性改革具有普遍意义。首先，截至2017年6月，拉萨非公有制市场主体6.9万家，注册资金2300亿元，其中，私营企业1.2万家，注册资金2200亿元，个体工商户5.5万户，注册资金43亿元，农牧民专业合社1200个，占非公有制市场主体的2%，出资总额12亿元。其次，就业贡献稳步提升。当前非公有制市场主体提供就业机会20多万个，成为拉萨新增就业岗位的主要途径。最后，税收贡献大幅提高。党的十八大以来，拉萨非公有制企业税收贡献逐年增加，目前已达到拉萨税收总额的95.3%。调研认为，拉萨市非公有制经济供给侧结构性改革取得显著成效的原因有两方面：一是充分挖掘拉萨市作为西藏首府城市的首位度的区位优势、交通优势、战略优势和资源优势；二是找准了西藏经济发展看非公经济、非公经济发展看拉萨的地位，大力构建以拉萨市净土公司和拉萨市城投为核心的净土健康产业发展平台，实现用国有企业带动非公有制企业、用国有经济带动非公有制经济的良性互动和合作共赢模式构建。

（三）内地大型国有企业加快入藏经营

调研显示，党的十八大以来，很多内地大型国有企业开始在西藏设立分支机构并开展经营，这些企业理念新、实力强、技术优、人才富足、治理先进、产品适销，有健全、先进、完善的营销平台。这种做法无疑是在西藏企业供给侧结构性改革领域贯彻党的十九大精神的具体体现，也是将西藏市场全面纳入全国统一市场的必由之路。如：中国石油化工股份有限公司与西藏冰川矿泉水有限公司（即5100公司）联合开发的卓玛泉矿泉水，就是利用中国石油化工股份有限公司内部运输系统和遍布祖国大江南北的加油站网络，将矿泉水直接配送到内地加油站，大大降低了矿泉水的交易成本，实现在内地低价格销售西藏优质矿泉水的经营目标，如在陕西境内的中国石油化工股份有限公司加油站配送销售的卓玛泉矿泉水零售价仅 2.5 元/瓶。本报告认为，这种模式不仅提高了卓玛泉矿泉水在全国饮用水市场上的占有率，同时也是实现"西藏好水"走向全国、走向世界的一种成功尝试，对西藏企业供给侧结构性改革具有重要示范作用。

三、西藏企业供给侧结构性存在的主要问题

（一）西藏国有企业供给侧结构性改革存在的主要问题

本报告认为，西藏国有企业供给侧结构性改革存在的主要问题包括：一般的面上问题、拉萨城投存在的问题、拉萨净土公司存在的问题、组建15家西藏区属国有大型集团企业存在的问题。

1. 西藏国有企业一般的面上问题

主要包括，体制机制障碍和国有企业内部建设不到位两方面。其中，前者包括产业布局不合理、用人机制不灵活、监管边界不清晰、放管服不尽如人意、监管不到位。后者包括企业整体改革精神不足、核心竞争力不强、现代企业制度尚未建立、科技创新力不足、科技人才匮乏、历史包袱沉重、融资难度大、国有划拨土地作价难、项目扶持力度不够等。

2. 拉萨城投存在的主要问题

主要包括：第一，资产运营效率较低。第二，下属子公司资金供给以集团公司对外融资为主，基本上是集团公司免费提供给子公司使用，集团企业内部各子公司之间、集团企业内部各子公司与集团公司间的财务风险隔离机制不健全。第三，拉萨城投执行重资产战略，优点在于能够保障稳定的现金流，具有稳定公司发展的作用，缺点在于公允价值计量下公司利润会出现较大波动。又由于重资产战略会大量占用企业资金，影响公司整体资产运转效率。第四，高管薪酬亟待理顺。一方面，公司高管身份为公务员，薪酬由公司支付，有违《公务员法》规定；另一方面，高管报酬不完全体现经营业绩，急需拟定相关激励措施。第五，产业链经营风险相对集中。拉萨城投由于近期西藏境内基建工程密集，带来原材料价格普遍大幅上涨，当然从成本节约层面在西藏设立原材料生产基地可以缓解原材料供应问题，且可以控制价格，但会带来一定的经营隐患，如基建热潮退却后的原材料产能过剩，资源投资集中在同一行业引起行业风险，建材生产过程中的环保压力。第六，对拉萨政府特许经营高度依赖。目前拉萨城投业务中对特许经营依赖度高，在各行业中均处于垄断、支配地位，对公

司经营带来较大潜在风险。显然，这是一种变相行政干预和垄断。与此同时，拉萨城投还存在泛化优惠政策、存在地方政府债务隐性担保、容易诱发融资风险。

3. 拉萨市净土公司存在的主要问题

调研显示，拉萨市净土公司基本属于依靠政府信誉做担保，进行资本重组迅速形成的大型集团企业，存在以下潜在问题：一是利用政府公权力引导鼓励在短期完成资本重组，会在市场上形成行政型、资源型垄断，对于非公有制企业造成较大压力；二是短期内形成经营范围广、类型多样的大型国有净土健康产业集团公司，有导致产权不清晰的潜在风险，不利于产权保护基础上的市场公平体系构建；三是管理层行政化；四是短期内会形成企业集团内部管理混乱；五是有出现"政企不分"的可能。

4. 15家新组建区属大型国有集团企业存在的主要问题

主要包括：部分企业集团组建存在程序不规范、未很好履行企业职工代表大会集体决策程序，部分企业集团组建存在一定程度的行政干预和"拉郎配"，部分企业集团组建后缺乏公司章程、发展方向、尚未开展资产前置准备，部分组建企业注册资本金未到位，部分组建企业角色定位尚不清晰，部分组建企业行业监管不明确，《纪要》未明确哪些企业由国资委或财政厅履行出资人职责，不便于协同开展工作，存在信贷风险，专业人才招聘难度大，对政府依赖大，对民营企业冲击大，划拨土地作价难，部分国有企业融资难，企业领导按市场化选聘占比少等。

（二）拉萨市非公有制经济供给侧结构性改革存在的主要问题

调研显示，目前拉萨市非公有制经济供给侧结构性改革存在的问题主要包括：首先，去产能。部分藏鸡养殖基地产品定位准确与现代化程度高，但存在养殖品种单一、养殖品种与市场需求不吻合、产能闲置隐患。其次，降成本。部分行业成本上升快，对企业发展影响大，需要分类甄别、稳步下降。近年伴随全国工资和劳动力成本迅速上升，劳动密集型非公有制企业受到较大冲击，这一问题已明显影响到建筑市场劳动力供给。最后，补短板。①科技创新短板。目前，非公有制企业基本采用传统种植加工工艺，高精尖技术机器设备使用不足，科技型非公有制企业数量不足，对虫草等高价值产品深加工不足。如坐落在拉萨市城关区的西藏曼杰拉实业有限公司主要从事虫草饮品加工、西藏圣龙实业有限公司主要从事虫草原药加工，这些加工虽然提升了虫草价值，但深加工不足。对青稞高价值成分提取和应用存在空白，众多利用青稞作为原料的加工型企业主要将青稞作为直接材料生产酒或爆米花，深加工不够，青稞高科技运用在西藏仍是一个亟待解决的迫切技术问题。②营销拓展短板。目前，拉萨市绝大部分非公有制企业无力独立建立与自身优质产品相适应的营销平台。③原材料供应短板。目前，拉萨市以净土健康产品为代表的特色优势加工业普遍存在原材料不足问题，如藏缘青稞酒业区内青稞供应只能满足生产的30%，70%的青稞原料靠西藏外供应。当雄县开发的有身份的牦牛肉由于当雄县牦牛肉原料不足只能依靠县级力量整合班戈县牦牛资源解决。县区净土健康公司普遍存在各类特色经济作物种植种类多，但单品种植面积不足，导致深加工原料欠缺。④产业延伸短板。目前，拉萨市非公有制企业普遍没有能够形成分工明确、上下游衔接良好、附加值高的产业链。如虫草除部分企业能够生产符合国家药典要求的虫草药品和原草饮品外，大部分企业只能直接销售原草，未能在虫草采摘、加工、销售等环节间形成良性产业链，以全面提升虫草附加值。⑤人才发展短板。目前，非公有制企业普遍存在行业性对高精尖人才吸引难、留住更难问题。⑥资金融通短板。非公有制企业普遍抵押少，融资难问题依然严峻。⑦产权平台短板。拉萨净土与城投作为产业升级着力点，必将成为依托拉萨市优势资源、引领西藏非公有制企业通过参股走混合发展之路的突破口。而要实现依托拉萨净土与城投引领非公有制企业加快发展，须建立起良好的产权交易平台。

（三）内地大型国有企业入藏经营存在的主要问题

调研显示，内地大型国有企业入藏扶持西藏本地特色经济并使之获得大发展的模式，如由中国石油化工股份有限公司与西藏冰川矿泉水有限公司两家企业构建的卓玛泉矿泉水模式虽在两家公司间实现了互利双赢，但这种模式对于区内其他饮用水企业冲击实在太大，调研组在西藏曼杰拉实业有限公司和大昭圣泉调研交流时发现区内众多饮用水企业均对这种模式表示担忧。我们认为，卓玛泉矿泉水模式充分暴露出西藏饮用水行业发展存在的最大制约因素是成本，而在西藏饮用水行业营销领域的主要因素是运输成本，受制于西藏地域和交通条件，各类商品运输成本很高。而卓玛泉模式中,由于中国石油化工股份有限公司利用自身运输系统分担了卓玛泉矿泉水的部分运输成本,由此造就卓玛泉在内地可实现平民化营销目标,因此,本报告认为,卓玛泉模式在区内虽不可复制,且这种模式的冲击力不可小觑,值得深入思考和进一步研究。

四、深入推进西藏企业供给侧结构性改革的定位与建议

(一) 深入推进西藏企业供给侧结构性改革的基本定位

本报告认为,针对上文对于西藏企业供给侧结构性改革存在问题的分析论述,新时代深入推进西藏国有企业供给侧结构性改革的指导思想应该是:立足西藏企业实际,以习近平新时代中国特色社会主义理论为指导,以贯彻落实党的十九大精神为核心,以深入推进供给侧结构性改革为主线,以"三去一降一补"为重点,以补短板为近期工作抓手。从国有企业、拉萨非公有制企业、内地大型国有企业加快入藏经营等方面入手。

(二) 深入推进西藏企业供给侧结构性改革的对策与建议

1. 深入推进西藏国有企业供给侧结构性改革的对策与建议

结合上文分析,本报告认为,深入推进西藏国有企业供给侧结构性改革应从以下方面入手。

(1) 厘清部门监管职责。第一,厘清监督边界。按照党的十九大报告提出的国有企业改革目标要求,坚持科学管理、专业管理、全面管理,从全面掌握西藏国有资产规模和经营管理状况层面,试点并逐步推行符合西藏特殊性要求的经营性国有企业和公益性国有企业均由本级国有资产管理部门监管的模式。第二,厘清管理边界。加强党对企业领导,按照一视同仁开展政策扶持要求,改掉国有企业"等、靠、要"惰性。全面推进职业经理人制度,尽快解决国有企业经理官员身份化、公务员待遇化,从政企不分、管理不分到治理高度明确经理人身份和自主权,切实解决目前较为普遍的官员指导企业家、公务员命令内行人的不利于企业发展的管理边界不清问题。

(2) 全面规范国企改革。按照《国务院关于促进企业兼并重组的意见》要求,按照循序渐进、稳妥推进原则组建自治区属大型国有集团企业。对于那些还未对本行业发展做过调研、对市场定位模糊、对今后发展

目标还不十分明确、企业负责人还未完全到位、企业注册资本金还未到位、资产评估还未完成的已建国有集团企业,逐一甄别、分类施策,对能补办手续的限期补办手续,对不能补办手续的限期整改,对整改不合格的坚决取缔。按照《国务院关于改革和完善国有资产管理体制的若干意见》要求,加快探索西藏国有企业监管全覆盖监管体系建设。

（3）激发民营经济活力。按照党的十九大报告精神和西藏发展的特殊要求,优化公平竞争、一视同仁、激发各类市场主体活力的风清气正的营商环境和发展环境,让国有企业走市场化竞争之路,使西藏非公有企业通过PPP、BT、BOT、EPC等模式参与到市政建设项目中来,平等分享改革开放成果。

（4）营造良好用人环境。按照市场化的"能来能走"人才发展要求,充分激发自主用人活力,全面搭建人才流动平台,切实解决人才后顾之忧,切实提高来藏进企人才待遇水平,切实探索出一套符合西藏实际的留住人、培养人的体制机制。

（5）解决融资用地难题。一是由隶属于西藏各级政府的投资公司为对应级别国有企业提供融资担保,解决很多区地市县属国有企业流动资金短缺问题。二是加强银企合作。建立企业诚信体系,对诚信度高的企业,银行可适度降低门槛给予贷款支持,每年定期召开全区国有企业与金融机构间的交流会,增进相互了解。三是授权自治区、地市县各级所属的国有独资或国有控股企业以土地使用权作价入股,对原来由国家无偿划拨国有企业使用的土地及时转变性质,允许出让和用地投资入股。

（6）优化拉萨城投内部管理体制。针对拉萨城投资产运营效率低的实际问题,按照现代企业制度要求,提高公司治理水平,强化企业内部管理,提高运转效率,明确考核指标;针对拉萨城投子公司之间的风险隔离措施不足问题,明确建立财务风险隔离制度,并作为考核指标,由拉萨市财政局及拉萨市国资委分工监督、协同考核、相互追责,保证国有资产保值增值;针对拉萨城投重资产经营战略风险问题,对重资产战略定期复核,并形成报告提交财政及国资部门,加强企业战略咨询避免出现重大战略失误;针对拉萨城投高管薪酬亟待理顺问题,及时有效地进行人事改革,试点执行职业经理人制度;针对拉萨城投全产业链经营模式风险集中问题,谨慎审批建材项目,将风险作为评估的重要指标,避免引起风险外溢,带来更大问题。通过开展综合考评,试点项目评估后确定是否开展全产业链的经营决策模式；针对拉萨城投对特许经营权依赖度较高的问题，按照党的十九大报告关于解决垄断要求重新规范城投经营范围，消减拉萨城投目前过多的特许经营优惠，营造各类企业共同参与的良好的、公平的营商环境。

2. 深入推进拉萨市非公有制经济供给侧结构性改革的对策与建议

顺应分类改革潮流，围绕拉萨净土健康和城投改革路径需要，鼓励非公有制企业积极投资于拉萨净土健康和拉萨城投，通过补齐短板，构建以拉萨城投和净土健康为核心的混合所有制企业发展平台，实现西藏本地国有企业与非公有制企业抱团取暖。通过重点扶持非公有制企业采用现代种植加工技术，扶持非公有制企业使用高精尖机器设备，扶持科技型非公有制企业，扶持虫草等高价值产品深加工工艺开发和科学研究，扶持青稞高价值成分提取应用，扶持油菜脱酸新技术应用，扶持藏香、西藏好水等行业协会尽快制定藏香、好水行业标准，实现科技补短板；通过重点扶持特色优势产品外销平台，协调争取媒体援藏平台，扶持创新型营销平台建设，加快补齐营销短板；通过提高原材料利用率，扶持虫草、青稞、牦牛肉产品加工走高端化发展之路，加快实现相对补齐原材料短板目标；通过加强招商引资和扶持本地企业两种方式方法，鼓励扶持新进非公有制企业主动投身于现有产业相关的上下游衔接产业，补齐产业链短板；加强对第一代非公有制企业家教育，构建吸引高精尖人才、留住高精尖人才的体制机制和环境，补齐人才短板；通过加快西藏金融创新、加大党的十九大精神宣讲，鼓励引导非公有制企业家投身于PPP项目，补齐资金融通短板；建立起良好的产权交易平台，补齐产权交易平台短板，打通非公有制企业参与国有企业改革改制的产权障碍。

3. 科学指导内地大型国企在藏经营的对策与建议

基于西藏企业特别是国有企业的特殊性，采用扶持本地企业和构建利益共同体方式化解内地大型国企进入西藏后对本地企业形成的巨大竞争压力。考虑到西藏国有企业在实施国家"两屏四地"战略领域具有熟悉西藏区情、便于沟通等内地企业无法替代的优势，对于生态型、安全型国有企业加大扶持力度，使它们在技术上及时补足短板、在资本上稳步壮大、在营销体系上迅速健全，从而使本地企业有能力、有愿望与内地大型国企竞争，有实力、有资格与内地大型国企共建利益共同体。与此同时，政府职能部门还要主动出击,从西藏特殊性上动之以情、晓之以理,使内地大型国企能在确保其经济利益、政治利益基础上,在利益上主动向西藏本地国有企业、非公有制企业倾斜。

西藏乡村旅游扶贫开发调研[①]

黄葆暄　刘强[②]

贫困一直是困扰西藏经济社会和谐发展与安定团结稳定的主要因素，自民主改革以来，西藏各族人民的收入和生活水平有了跨越式、历史性提高，但与内地相比，仍然存在贫富和发展差距等问题。近年来，国内外学者都在致力于探索产业发展带动脱贫致富的有效结合路径。在此，笔者立足西藏独特的乡村旅游资源优势，于2017年7月至8月一行5人历时约60天，深入西藏各地就贫困问题及乡村旅游资源开发等进行专题调研，旨在探讨实现旅游扶贫开发的有效路径。

一、西藏贫困现状及问题分析

（一）西藏贫困现状

西藏作为我国唯一集中连片贫困地区，全区74个县区都是贫困县，贫困范围广、贫困程度深、致贫原因多样是西藏贫困问题的主要特点。目前，西藏处于打赢脱贫攻坚战的关键时期，2016—2017年，西藏自治区统筹整合中央和本级财政涉农资金200.92亿元，以产业扶贫为依托，综合开展教育扶贫、生态扶贫、金融扶贫等系列工作，取得了显著成效。至2016年年底，西藏已有10个贫困县（区）实现脱贫摘帽，1008个贫困村脱贫，13万贫困群众脱贫，但是贫困问题至今仍是制约其经济社会发展的瓶颈，其贫困现状体现如下：

[①] 基金项目：本调研报告系西藏民族大学2011西藏文化传承发展协同创新中心2017年招标课题"西藏乡村旅游与扶贫开发研究"（课题编号：XT-ZB201703）的阶段性成果。

[②] 作者简介：黄葆暄，西藏自治区财政厅会计监督副局长，主要研究方向为财政政策与区域经济；刘强，西藏民族大学财经学院教授，主要研究方向为会计理论与西藏经济。

1. 收入性贫困占据主体

西藏全区面积120万平方千米,共有236万农牧区人口,按照2016年中央扶贫工作会议上明确的2300元扶贫标准进行统计,截至2016年年底,西藏共有53万贫困人口,占农牧区总人口的22.5%,西藏贫困地区产业化程度普遍不高,加之特殊的区域位置和单一的产业结构等,导致农牧民增收渠道窄、收入来源少,由于生产经营方式落后,农畜产品加工转化率低等,使得农牧民家庭底子薄、积累少、实力弱、贫困化程度深。当前,西藏贫困人口主要依赖家庭农牧业经营性收入,以2016年西藏统计年鉴数据进行测算,贫困家庭农牧业经营性收入占比达到56%,而其他收入来源较少,这种创收来源渠道的单一性导致西藏农牧民收入保障不稳定,这是一种收入性贫困特征体现。

2. 资源性贫困大量存在

西藏大多数贫困户处在自然条件恶劣、生产生活条件相对较差的地区和环境里,由于高海拔缺氧、气候寒冷以及生态资源脆弱等自然条件的限制,对于贫困家庭赖以生存的耕地、草场和牲畜等占有量不足,如人均耕地面积不足2亩①,比世界人均耕地4.8亩还少1/2多,同时生活不便、条件艰苦也是一大因素。调研资料显示,当前西藏仍有24.13%的贫困户存在饮水困难,16.55%的贫困户未通电,17.27%的贫困户未通广播电视,15.92%的贫困户属于危房户,其占有资源的"先天不足"是导致贫困的根源之一,且每年因灾、因病返贫率在20%以上,一些灾害频发区返贫率可达到30%以上,局部灾区甚至高达50%以上。

3. 条件性贫困形成困境

西藏贫困地区道路不通或不畅,基础设施条件差,医疗、教育、能源、供电、通信等公共服务不到位,贫困程度加深,脱贫难度极大。同时,受地震、滑坡、高寒、地方病等威胁,资源环境承载力严重不足,不适于人类居住,因其导致贫困发生率高在西藏较为普遍。近年来,国家不断加大脱贫攻坚力度,使西藏总体贫困人口数量呈下降趋势(见图1),但是各地贫困人口分布不均衡,占比仍然比较大,如2016年年底,日喀则市贫困人口为193180人,占全区贫困人口的28.66%;昌都市贫困人口192183人,占全区贫困人口的28.51%;那曲地区贫困人口114040人,

---

① 1亩≈666.667平方米。

占全区贫困人口的16.92%等，说明全区脱贫攻坚工作依然任重道远。

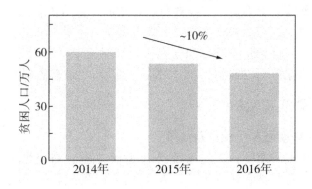

图1　西藏贫困人口数量变化趋势

4．素质性贫困为其短板

西藏贫困人口普遍受教育程度偏低，主要源于地理位置偏远、交通不便和经济社会发展基础薄弱等，加之贫困人口规模较大、劳动技能缺乏等，使得区内可提供的职业类型较少。根据调研资料显示，全区现有50.45%的贫困人口为文盲或半文盲，具有小学和初中文化程度的贫困人口占比达到45.53%，而贫困人口中具有劳动技能极少，占比仅为0.4%，且只能从事一些简单技术劳动，这是一种素质性贫困特征表现。

5．区域性贫困特征明显

西藏区域内部发展不平衡、不协调。拉萨市、林芝市发展条件较好，低收入人口比例较小，日喀则、昌都、那曲、阿里等发展条件较差的地市，低收入人口比例较大，如日喀则市南木林县的贫困发生率高达42.6%。腹心地区、城镇周边区域，低收入人口比例较小，边境地区、远离城镇的偏远山区，低收入人口比例较大。贫困人口的空间差异特征明显，贫困县（区）在全区空间分布上表现为"全域大分散、局部大集中"，74县（区）在全区的空间分布上呈典型的"竖向连片分割、横向边缘集中"空间聚集特征，昌都市、那曲地区和日喀则市是核心贫困区。

6．多重性贫困相互交织

通过调研分析，西藏贫困不只是单一贫困原因所致，而是多重贫困因素进行叠加交织，如自身经济发展能力不足而导致贫困，或是存在生产资料缺乏等导致贫困，也有生存和生活环境条件制约或是本身就存在脱贫致富意识不强等导致贫困，或是由于家庭人口疾病和劳动力不足等形成贫困，甚至是家庭生育人口过多导致负担过重而产生贫困等。这种多种类型贫困往往叠加交织形成一种复杂性、复合型贫困，其不仅加大了脱贫致富的攻坚难度，而且为防止返贫和建立长效扶贫机制等形成了障碍。总之，西藏的贫困问题需要因地制宜和"对症下药"，才能有效根除。

（二）贫困成因分析

1. 自然环境恶劣，生产条件不足

西藏常年气候寒冷，平均海拔在4000米以上，昼夜温差大，空气稀薄缺氧，不适宜植被和作物生长，人类生产生活条件差，地方病易高发，这种地理环境和气候条件，以及落后的社会经济发展基础和生产方式等，使得农牧业生产活动受限，这对于主要依靠传统落后和粗放低效生产方式获取经营收入的西藏农牧民而言，其家庭收入保障程度低，加之近年来西藏生态资源开始退化和耕地面积不断减少等，更加剧了其产生贫困化的概率。

2. 物质资源匮乏，收入保障有限

西藏地广人稀、产业发展基础薄弱，经济资源开发进程缓慢，可耕种土地盐碱化、贫瘠化、荒漠化现象严重，而当前农牧民主要依靠家庭农牧业生产活动获取收入，这种物质资源的匮乏，导致其收入来源保障受限。通过对日喀则、林芝、山南、那曲等地近100户农户进行走访座谈了解到，其家庭农牧业生产经营收入目前占比为56%，工资性收入（即外出打工和就地临工收入）占比为27%，转移性收入占比13%，此外，还有少部分财产性收入等，占比仅为4%，其收入来源渠道窄和主要收入保障程度不高是西藏农牧民贫困的主要原因之一。（见图2）

3. 思想观念守旧，脱贫致富动力缺乏

西藏过去长期处于封闭或半封闭状态中，农牧民缺乏与外界沟通和联系，久而久之形成了一种安于现状和缺乏竞争的现状，其从小接受教育少，导致其文化素质偏低，缺乏创新发展理念。根据第六次全国人口普查数据显示，西藏每10万人口中具有大学文化程度5507人，具有小学文化程度36589人，具有初中文化程度12850人，具有高中文化程度4364人，文盲率几乎占到41%，根本没有意识和能力去寻求创新和谋求发展，使得西藏的一些特色优势资源，如乡村旅游资源开发等发展不起来。同时，西藏直接从农奴制社会跨越到社会主义社会，从1959年开始民主改革到现在，也就短短50多年时间，短期内思想意识转变是很难达成的，加之受宗教思想束缚，部分农牧民存在轻商和惜杀的思想，宁愿守穷而不去寻思改变现状，这是其贫困的主要根源之一。

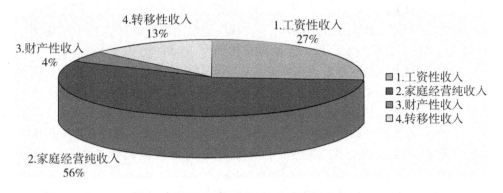

图2　西藏农牧民收入来源构成

4. 扶贫具有短期性，长效扶贫机制缺失

当前，西藏扶贫主要是财政救济方式，而项目引导、技术推动、教育扶贫等占比不大，且一些扶贫措施只具有短期效应，如对口援藏扶贫政策和措施实施等，其在推动经济社会发展与扶贫工作中，也曾发挥了积极显著作用。但是，援藏工作特点就是阶段性、周期轮换性，其产生的扶贫成效具有短期效应，而缺乏一种长效性、连续性和持久性保障，甚至出现脱贫后"返贫"现象等，亟待建立一套长效持久的产业扶贫机制。

5. 西藏各类致贫因素分析

据2013年一项统计调查，西藏自治区2013年共有202563户，其中贫困户112077户、贫困人口79.6万。因学、因灾、缺土地、缺生产用水、缺技术、缺劳动力、缺资金、交通条件落后、自身发展能力不足等多种致贫因素叠加，形成了一种特殊、复杂的贫困类型，其中：

（1）因病致贫户数1741户，占全区总户数的0.86%，其中山南地区因病致贫比例最高，为2.15%，其次是阿里地区因病致贫比例为1.91%，林芝市因病致贫比例为1.82%。

（2）因学致贫户数25196户，占全区总户数的12.45%，其中阿里地区因学致贫的比例最高，为26.21%，其次是日喀则市因学致贫比例为

14.62%，昌都市因学致贫比例为14.27%。

（3）因灾致贫户数6296户，占全区总户数的3.11%，其中阿里地区因灾致贫比例最高，为8.01%，其次是山南地区因灾致贫比例为6.25%，林芝市因灾致贫比例为5.70%。

（4）缺土地户数33410户，占全区总户数的16.50%，其中阿里地区因缺土地致贫比例最高，为26.03%，其次是山南地区因缺土地致贫比例为22.72%，日喀则地区因缺土地致贫比例为20.27%。

（5）缺生产用水户数52829户，占全区总户数的26.10%，其中日喀则市因缺生产用水致贫比例最高，为33.52%，其次是那曲地区因缺生产用水致贫比例为31.27%，昌都市因缺生产用水致贫比例为23.29%。

（6）缺技术户数8683户，占全区总户数的4.29%，其中日喀则市因技术致贫比例最高，为12.59%，其次是山南地区因技术致贫比例为3.66%，昌都市因技术致贫比例为2.09%。

（7）缺劳动力户数1197户，占全区总户数的0.59%，其中昌都市因缺劳动力致贫比例最高，为1.87%，其次是阿里地区因缺劳动力致贫比例为0.99%，日喀则市因缺劳动力致贫比例为0.36%。

（8）缺资金户数1591户，占全区总户数的0.79%，其中阿里地区因缺资金致贫比例最高，为2.14%，其次是那曲地区因缺资金致贫比例为1.93%，昌都市因缺资金致贫比例为0.97%。

（9）交通条件落后户数5554户，占全区总户数的2.74%，其中昌都市因交通条件落后致贫比例最高，为6.60%，其次是林芝市因交通条件落后致贫比例为5.06%，日喀则地区因交通条件落后致贫比例为1.97%。

（10）自身发展能力不足户数10390户，占全区总户数的5.13%，其中昌都市因自身发展能力不足致贫比例最高，为7.20%，其次是那曲地区因自身发展能力不足致贫比例为6.64%，林芝市因自身发展能力不足致贫比例为4.97%。

二、西藏乡村旅游资源基础及产业扶贫现状调查

（一）西藏乡村旅游资源调查

近年来，西藏大力发展以藏家乐、牧家乐、农家乐、休闲度假点等为代表的乡村旅游新业态，不断拓宽增收致富门路，使得乡村旅游业得到快

速发展。下面以林芝市朗县旅游资源为例进行调查,分析其乡村旅游资源开发的优势基础。

朗县位于林芝市西南部,平均海拔3200米,面积约4106平方千米,辖3乡3镇,包括朗镇、洞嘎镇、仲达镇、金东乡、拉多乡、登木乡等,全县有51个行政村和1个居委会(朗巴居委会)。(见图3、图4)截至2016年年底,全县总人口为15037人,境内多以藏族为主,藏族人口占99%,此外还有汉族、门巴族、蒙古族等民族和僜人等。全县多为开阔谷地、坡地和山地,地势为北部和中部高、南部低,属于高原丘陵地貌类型,东南属于沟谷地貌,北部系念青唐古拉山脉南麓,最高海拔5572米,南北两山组成一个巨大"V"型谷地。县境内群山起伏,山高河急,地表在河流切割和地质构造的共同作用下形成多种多样的地貌,有高山冰蚀冰碛地貌、高山流水切割构造地貌、河流阶地堆积地貌和风沙地貌等。

朗县境内有着丰富的旅游资源,如勃勃朗冰川位于朗县洞嘎镇卓村境内,距306省道12千米处,地处喜马拉雅山脉北坡,海拔6179米。巨大的三角形峰体终年冰雪,云雾缭绕,恰似蓝天下的盾牌、山峰如卧虎、如雄鹰展翅、四季冰川不化,雪花飞舞,它们是朝圣、探险、科考、登山爱好者向往的神山。在雪山脚下有两处湖,分别为冰湖和兔子湖。在进入冰川的山路中随处可见大小各异的玉石,冰川附近有一处怪洞,传说进入洞内就能到达仙境,有"时光隧道"之称,勃勃朗冰川和两湖被当地人誉

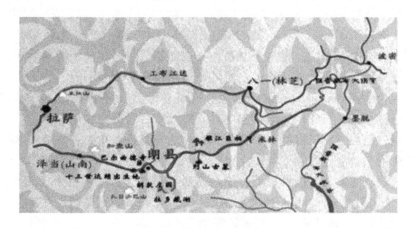

图3 朗县地理位置示意

为"神山圣湖"。拉多藏湖位于朗县拉多乡藏村,距县城36公里,湖泊面积6.7平方千米,海拔3700米,为山泉汇集而成。藏湖共由5个大小不一的湖泊构成,分别是万鱼偏嘴湖、逢扎西湖、神马湖、圆环湖和尾湖。5个小湖泊通过小溪相互连接,呈月牙和圆盘状。据当地传说,这5个湖泊是文成公主为解决拉多人民的旱灾,亲自挖沙掘水时遗落的5颗珍珠所变,给当地人民带来了幸福安康。在村里人的眼中,拉多藏湖里的水是圣水,用它来洗浴,能够清除人们心灵上的五毒和肌肤上的污秽,使人的心灵和文成公主一样纯洁良善。湖泊四周松柏郁郁葱葱,五彩杜鹃争奇斗艳,湖水清澈见底、游鱼如织,野鸭白鹭游戏湖面,雪山草地倒影湖中,扎日神山遥遥相望,构成了如诗如画的人间仙境,令人遐想,流连忘返。

拉贡唐牧场位于朗县登木乡,距306省道90千米,平均海拔为5100米。拉贡牧场酥油香甜可口、营养丰富,牦牛肉味道鲜美。位于拉贡唐西南面的"措姆尼池湖"是开掘牦牛宝藏之地,坐落于湖边的亚拉日赛布是拉贡牧场的牧神,每年藏历四月十五日,当地牧民齐聚起来,共同供奉亚拉日赛布。当藏历八月日魁星出现的7天时间里,牧民将100头母牦牛的奶合在一起打酥油,这样打出来的酥油若给产妇吃,不但能顺利生产,而且对母子的健康很有好处。另外,这种酥油在治疗寒风病等内科疾病方面有神奇的疗效等。

扎西岗神殿位于朗县仲达乡拉丹雪村以南恰琼(大鹏鸟)日山下,所在地海拔3337米。据传该地方是扎日神山的一部分,到此地朝圣等同于到扎日神山去转经,吉贡·益西多吉在此修行时间较长,特别是在恰琼日山修得正果,明了扎日神山之奥妙,幻化许多形似经书的巨石以示显神通。至今在扎西岗神殿的转经道上,有许多形状奇异的石头、石像和石刻,这些石头、石像、石刻形态各异,极具观赏和历史文化价值。

卓村是朗县洞嘎镇的一个行政村,坐落在雅鲁藏布江中下游。卓村以农林业为主,牧业为辅,群众主要收入来源有虫草销售、交通运输、劳务输出、经济林木及辣椒种植等,该村先后荣获"全国美德在农家示范点""民主法治示范村""自治区文明村""五好文明家庭示范村""新农村新文化示范村"、林芝地区"先进基层党组织"、自治区"先进基层党组织"等荣誉。因卓村自身具备旅游资源、区位优势等优质条件,借修建藏东南旅游环线的契机,2012年年底上级部门确定卓村三年的发展规划为发展生态旅游。生态旅游建设包括：生态观光林的建设、自然景点的修复与开发、非物质文化遗产的保护、开办文化底蕴深厚的藏家乐等。其中，开办具有藏民族文化、风俗特色的藏家乐，无论从自然条件还是物质条件，卓村都具备了得天独厚的优势。

一是便利的交通。卓村位于省道306线——林邛公路边，距朗县县城35千米，距林芝地区行署所在地八一镇205千米，便利的交通利于旅客旅行与藏家乐的宣传。

二是天然的风光。距卓村两公里处的边嘎沟，坐落着西藏神话故事中的勃勃朗冰川，在冰川脚下还有美丽的兔子湖，雪山的两边是布满杜鹃花的山峰，不仅如此，在村周边有2011年种植的12亩以紫叶李为主的生态林，有2013年种植的75亩藏东桃，这些可为当地旅游业的发展添砖加瓦。

三是具有较好的物质基础条件和群众思想觉悟。房屋整齐并排，村道硬化户户通，本村优质的冬虫夏草，庭院经济的盛行，菜篮子工程的实施，都为开办藏家乐提供了物质基础。生产地与销售地的结合也为藏家乐提供了更坚实的后备储量，不仅如此，绿色无公害的农家食品，是人们追求健康饮食的需求，其藏家乐正着力打造一种健康的绿色经营理念，为消费者提供原汁原味的乡村绿色食品，由此在激烈的竞争中求得长期生存。

四是文化底蕴深厚。在食品上的与众不同，也许不久就会被人模仿，但是文化上的不同与生俱来，难以复制，只有融入本地传统文化元素，才能吸引不同文化背景的受众，使藏家乐长盛不衰。在卓村有传奇的勃勃朗神话故事、浓浓的"塔布"民风和可供休憩的村级文化公园，游人能体会到每个节日的风采。

目前，卓村藏家乐共有11户，三星级1户、二星级2户、一星级3户，共有床位87张，提供餐饮、住宿、休闲娱乐、藏家生活体验及采摘（夏秋季节）等服务项目。

可见，朗县具有丰富的自然风貌和人文旅游资源，县委、县政府立足其独特的旅游资源优势基础，大力发展乡村旅游业，近年来朗县旅游人数和旅游收入得到持续增长，至2016年全县旅游人数达到10万人次，收入近5000万元。（见图5）

总结朗县旅游业增长趋势，可在一定程度上反映出西藏乡村旅游资源

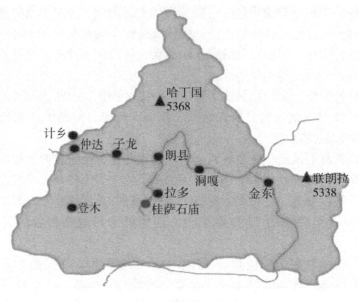

图4　朗县行政

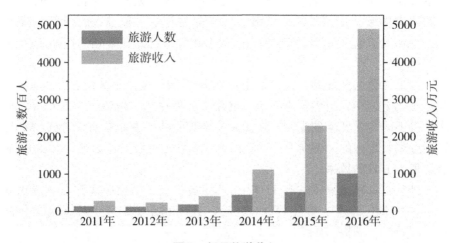

图5　朗县旅游收入

有三大优势基础。

一是独特的高原自然生态环境，且多处于相对原始状态，造就了其发展旅游业得天独厚的资源优势。当前全国旅游资源可以划分为10个主类、34个亚类和110个基本类型，而西藏旅游资源几乎覆盖了全国所有旅游资源的主类和亚类，主类和亚类分别占全国主、亚类型的100%和97%，基本类型占全国的67%，主要以地貌景观、水域风光、建筑与设施等为主，尤以温泉、古城庄园、寺庙、湖泊、雪山、现代冰川等6类基本类型的旅游资源突出。具体见表1。

表1 西藏旅游资源各基本类型的单体数量统计

类　型	基本类型名称与数量（处）	总量
100处以上的景点类型	寺庙（440）	1
50～100处以上的景点类型	雪山（87）、湖泊（97）、温泉（81）	3
30～50处的景点类型	现代冰川（38）、古城庄园（40）	2
20～30处的景点类型	民间节日、奇峻山口、河谷景段、土石名山……	5
10～20处的景点类型	山岳景观、特色村镇、峡谷河段、野生哺乳动物聚集区……	17
5～10处的景点类型	民间演艺、登山营地、湖泊景观或观景点……	22
5处以下的景点类型	古城镇村落、古冰川遗迹、草原生态景观……	66

资料来源：西藏自治区旅游局：《西藏旅游发展总体规划（2005—2020年）》。

二是独特的旅游资源在世界上绝无仅有，能够提供广阔的旅游发展前景。西藏壮丽的高原风光和世界"第三极"品牌是其旅游市场的制胜法宝。经初步调查，西藏目前拥有29处高品质旅游资源（见表2），极具世界影响力，这在全国乃至全世界极为罕见，有利于提升旅游市场竞争力和全面实施旅游扶贫开发。

表2 西藏极品旅游资源一览

旅游资源类型	高品质旅游资源
寺庙	大昭寺、扎什伦布寺、萨迦寺、桑耶寺
古城庄园	布达拉宫、古格王国遗址、八角街等（拉萨老城区）

续表2

旅游资源类型	高品质旅游资源
民俗风情	藏族民俗风情
山岳景观	珠穆朗玛峰、冈仁波齐峰、南迦巴瓦峰、纳木那尼峰、希夏邦玛峰
河谷景观	雅鲁藏布大峡谷（墨脱）自然保护区
雪山	马卡鲁峰、卓奥友峰、洛子峰
现代冰川	恰青冰川、雅弄来果和阿托冰川
湖泊	纳木错、羊卓雍错、玛旁雍错自然保护区
峡谷河段	三江峡谷并流
其他	普若冈日冰帽、珠峰登山大本营、盐井盐田、罗布林卡、羌塘国家级自然保护区、扎达土林自然保护区

资料来源：西藏自治区旅游局：《西藏旅游发展总体规划（2005—2020年）》。

三是自然资源中的地质、地貌、水体、气象、气候及生物旅游资源十分丰富。如藏西有大片的戈壁荒漠，藏东有茫茫苍苍的原始森林，藏北有浩瀚的羌塘草原，藏南有古老而神秘的农庄，加之奇特的地壳运动使得西藏的山峰在白色的妩媚之外更有五彩的绮丽，在一些山间谷地创造出许多独具特色的小气候和小环境，一座座村庄与青稞和油菜花相互映衬而构成一幅宁静安详的高原田园画卷。整个西藏被喜马拉雅山、昆仑山和唐古拉山所环抱，独特的高山、高原及冰川风光旅游资源成为青藏高原的主体，这是构造西藏高原旅游自然景观的基础，所有这些都可以打造成优质旅游产品，其与西藏悠久古老的传统文化和藏传佛教等形成独特的藏文化体系，使得西藏人文旅游资源极具诱惑力，这为西藏乡村旅游业发展提供极大的优势和条件。

（二）西藏产业扶贫开发调查

1. 产业扶贫模式一：南木林县人工种草产业项目扶贫

南木林县位于西藏日喀则市东北部，这里生态环境脆弱，生态治理与恢复是困扰当地经济可持续发展的一大瓶颈。2015年，县委、县政府有针对性地提出"加强生态环境治理，发展绿色生态产业"的新理念，将其作为促进农牧民脱贫致富的新路子。在市农牧局的引导下进行精确选项，以人工种草来全面发展规模化、高产高效的人工草场，把草产业作为发展农牧业经济的主导产业和富民强县的支柱产业，不断加强人工种草的科学化管理和提能增效，走出人工草场特色产业发展的新举措，其不仅有效地缓解了草料总量不足和季节性供求不平衡的矛盾，为保障牲畜口粮闯出一条新路，而且为全县现代畜牧业产业化发展提供先决条件。该项目为促进农牧民持续增收和实现生态资源可持续利用奠定了良好基础，其主要做法是：

一是因地制宜，精选项目。南木林县经济发展水平低，产业导向不明确，县委、县政府经过认真调研，分析市场对畜产品需求量大，农区畜牧业的发展已经势在必行，开展人工种草是农区畜牧业发展的基础，充分利用该县境内雅鲁藏布江沿岸有大量可开发利用的荒地和水资源丰富等优势，加大宣传增强当地农牧民群众对人工种草产业的认知度。在20世纪80年代，该县曾经建有牧草繁育基地，并积累了丰富的种草经验，具有良好的群众基础。因此，为促进产业再度发展，南木林县提出"立草为业、产业兴县"的长远发展战略。

二是整合资金，合力发展。在制定长远发展战略的基础上，整合农牧、水利、农发、林业、扶贫等部门项目建设资金10831万元，按照"田连片、路相连、旱能灌、涝能排"的要求，建设人工草地灌溉系统。通过平整土地、客土改造、土壤培肥等措施，完成建设5.8万亩高标准人工饲草基地，带动了一期草产业的发展。

三是强化指导，正确引领。在草产业建设过程中，坚持强化指导，贯彻突出重点、突破难点、打造亮点的工作思路，组织各行业专家、技术人员和建管人员，围绕人工饲草基地建设、合作社成立与运作、实验基地建设、机械化作业、牧草产品开发等建言献策，提出具体实施意见。同时，发挥政府的组织作用，成立专门工作机构，对项目建设制定详细实施方案，落实责任到人，并进行监督管理，把工作做实做细，全面正确引领草产业建设。

四是加强合作，科技支撑。南木林县政府与西藏百绿草业科技有限公司合作，开展覆膜种植、种子包衣、免耕播种、测土配方施肥、病虫害综合防治及草产品加工（裹包青贮）等实用技术交流与应用，推进人工草地科学化发展。目前，南木林县建有种子驯化及良种引种筛选基地315

亩，种植76个牧草品种，紫花苜蓿、黑麦草、青贮玉米等多个品种主要性状表现良好，绿麦草、甜燕麦等品种试种成功，其中绿麦草种子亩产量达到200公斤以上。

五是先进工艺，提质增效。在成功建设大面积人工饲草基地的同时，实现耕作、播种、收割、搂草、打捆、青贮等各工艺环节机械化，如种植区域机械收割率已达到100%，有效地提高了工作效率，提高现代牧业机械化水平。为了减少牧草营养成分损失，在生产干草捆的基础上，探索生产裹包青贮草和青干草，实现了田间收割打包"一体化"工艺流程，方便了运输、仓储、销售等业务，并有效地降低了经营成本。

六是利益联结，促进增收。为确保人工饲草基地的正常运行，建立健全草产业发展长效机制，成立了由艾玛乡等8个乡村1030农户参与的"人工饲草种植农民专业合作社"，采取"科技＋合作社＋基地＋农户"的运行方式，带动贫困户达到6500多人，贫困群众人均创收1700元以上。通过发展草产业，既充分利用自然资源和夯实当地经济基础，又实现贫困人口脱贫致富和可持续发展，对于维护边疆民族地区社会团结、和谐稳定等具有积极作用。

2. 产业扶贫模式二：贫困区生态补偿扶贫

根据走访调查了解，西藏七地（市、区）扶贫工作按照"创新、协调、绿色、开放、共享"的发展理念，不断向"绿色脱贫"之路转型。目前，全区结合生态保护建设工程，让贫困人口（含农村低保人口）担任生态管护员，为其提供生态保护政策性专兼职岗位约50万个，其中，重点生态公益林管护员岗位140466个、天然林保护区管护员岗位19272个、非公益林保护区管护员岗位34000个、非公益林野生动物疫病监测员岗位20000个、湿地生态保护区管护员和监督员岗位17251个、沙化地管护岗位18900个、草原监督员岗位85300个、水生态保护和村级水管员岗位62724个、农村公路养护员岗位11000个、旅游厕所保洁员岗位4000个、城镇保洁员和村级环境监督员岗位3470个、地质灾害群防群测监测员岗位2957个、生态保护机动岗位80660个，并全面落实岗位补助资金15亿元，帮助具备劳动能力贫困人口建档立卡，让其参与生态环境保护和建设，稳步实现年人均增收3000元，既有利于保护生态环境，又增加了贫困人口收入，它是一种双赢的"绿色脱贫"路径，其启示主要有两点：

一是以保护生态为托手，促脱贫致富。目前，西藏市场发育程度低，产业发展滞后，对贫困地区和贫困人口的辐射带动力弱，不能及时有效解决西藏贫困人口当前贫困问题，但是西藏农牧民长期生活在"本土"，其与当地自然生态环境之间有着特殊浓厚的乡土情，依托西藏生态保护工程，既让贫困人口能够积极参与到生态环境保护与建设中来，又能实现脱贫致富，有助于解决产业脱贫不能及时解决的眼前贫困问题，并使之具有稳定的收入来源保障。

二是以改善民生为始点，促社会稳定。改善民生是一切工作的出发点和落脚点，也是全面建成小康社会的关键点，它是实现西藏"增长为本"向"民生为本"转变的重要举措。在西藏特殊的社会经济发展背景下，消除贫困、改善民生不仅仅关系到贫困人口的疾苦能否消除，更关系着西藏经济社会的和谐稳定与可持续发展。通过让贫困人口参与西藏生态保护建设，让其"有事做、有钱赚"，转变以往"等、靠、要"思想，避免劳动力闲置而造成的一系列社会不安定现象发生。同时，通过实施生态补偿脱贫政策，让贫困群众切实感受到党和国家对他们的亲切关怀。

3. 产业扶贫模式三：尼玛乡发展实体经济扶贫

尼玛乡系那曲县所辖乡，"尼玛"系藏语，意为"太阳"，乡政府驻地伯古塘，位于县城正东 130 千米处，面积 769 平方千米，人口 0.42 万（据第六次全国人口普查），大部分村不通公路，以畜牧业为主，牧养羊、牦牛、黄牛等。针对行政八村的自然资源和区位特征，尼玛乡通过实地调研确立了实业扶贫模式，利用扶贫政策和金融支持，先后建设了"热萨安塔加工厂"和"扶贫预制砖沙场"两个项目，提升该村新型经营主体的自主脱贫能力。"热萨安塔加工厂"项目经营主体为：尼玛乡文成农牧民综合经济合作社，总投资 164.7 万元，其中贷款 147.2 万元。该项目共吸纳扶贫建卡户 16 户，受益的贫困人口 18 人，项目受益类型有：放牧、挤奶、安塔产品加工、安塔产品销售、安塔厂房清洁保洁及产品运输等。其中，2016 年已有三户通过安塔产品加工和销售实现脱贫，其余预计到 2019 年前基本脱贫；"扶贫预制砖沙场"项目经营主体为：八村村委会，总投资 428.6 万元，其中贷款 300 万元。该项目共吸纳扶贫建卡户 39 户，受益的贫困人口达 52 人，该项目受益类型为劳务人员，计划 2017 年全部脱贫。

两个项目一共解决了该村 55 户（70 人）的就业增收问题，基本涵盖了该村的所有建卡贫困户，该村实体经济扶贫发展模式成效显著，通过实体经济项目的建设引导，可确保到2020年保质保量完成扶贫攻坚任务。这种模式的启示主要体现在以下几个方面：一是发挥本地自然和牧业资源优势，选择对环境负面影响小的项目；二是吸纳本村剩余劳动力当地就业，离土不离乡，就业人员相对稳定，有利于促进牧业集约化生产，还可以辐射带动周边乡村发展；三是实现了"输血"型向"造血"型的扶贫方式转变，随着村实体经济的健康稳定发展，有助于提升乡村自主再生的扶贫能力。有了经营实体做支撑，农牧民可以获得持续稳定的收入，改变了以往脱贫再返贫的老路。

4. 产业扶贫模式四：房屋租赁带动脱贫

西藏山南市泽当镇以创新、协调、绿色、开放、共享的发展理念为引领，按照中央脱贫攻坚的战略部署和精准扶贫、精准脱贫的基本方略，紧紧围绕建档立卡贫困人口增收脱贫，整合各项扶贫资金，将闲置房屋进行出租出借，转入经营性用房和形成新型经营主体，由西藏山南雅砻投资有限公司以项目形式运营，按照"龙头企业＋产业扶贫公司＋贫困户"的模式进行管理，一方面吸纳贫困人口务工促脱贫，即将贫困户聘到公司，通过值班巡逻等发放工资，带动20名贫困群众增收脱贫；另一方面以利润分红促脱贫，每年按照5%的固定分红给产业扶贫公司，产业扶贫公司再通过提供新的就业岗位，充分调动农牧民群众的积极性和主动性，引导更多的农牧民积极参与经营管理，按期给他们发放工资，不断提高这些贫困农户收入，并有效地发挥企业辐射带动作用，不断形成贫困户脱贫和促进增收的良性循环模式。

5. 产业扶贫模式五：教育扶贫

全面建成小康社会是我国现阶段的既定国策，为了全面建成小康社会，国家加大对连片特困地区的扶持力度。然而，国家在连片特困地区的种种努力并未收到预期的效果，不仅"输血"和"造血"工程收效甚微，而且低收入人口返贫率高，贫困代际传递明显。究其原因，连片特困地区扶贫开发工作较少瞄准该地区贫困之实质。正如前文所述，连片特困地区的贫困不仅是收入和资源贫困，更为关键的是人力资本极度缺乏。教育扶贫作为除根性扶贫，不仅可以提升贫困地区和贫困家庭的自我发展能力，还能斩断贫困的代际遗传，是连片特困地区扶贫开发的最佳路径。大量研究结果表明，我国政府在教育公共投资的扶贫效果最大，每增加1万元的教育投资，就可使9个人脱贫，比科研投资的扶贫效果高出30%。

（三）对西藏乡村旅游扶贫开发的启示

一是乡村旅游扶贫是一个系统工程，政府应高度重视，完善相关政策措施，完善基础设施建设，不断加大旅游开发投入与引导，它需要得到全社会的支持和配合，调动社会各界的积极参与也是至关重要的，将旅游扶贫开发作为重心并重视其成效产生。

二是乡村旅游扶贫开发需要仔细研究市场动向，因地制宜，开发特色旅游产品，如在民族地区充分考虑当地的民俗民风，遵从当地居民意愿，开发特色旅游优质项目，围绕乡村旅游市场需求，开发适合的旅游新产品等。

三是乡村旅游扶贫开发既要为贫困者创造短期致富项目，又要使贫困人口能够获得长期、稳定收入。要有计划安排贫困人口参与到旅游产业链中，重点引导贫困人口主动融入旅游扶贫开发工作。

四是结合教育扶贫、技术扶贫和项目扶贫等，不断提供给贫困者脱贫致富的实用技术培训机会，积极引导贫困人口参加各种技能培训活动，旨在全面提高贫困人口个人素质和致富能力。

五是旅游扶贫开发要注意产业结构的优化调整，重视保护生态环境，形成较大的环境承载量和旅游接待能力，并应用宏观调控手段来配置乡村旅游资源，实现乡村旅游扶贫开发可持续发展。

三、西藏乡村旅游开发及其带动扶贫的可行性分析

（一）西藏乡村旅游扶贫开发的现实性分析

1. 乡村旅游扶贫开发具有现实基础性

乡村旅游是一种顾客寻求并走向"产品"生产地的方式，旅游资源的不可移动性为旅游者提供了前往旅游目的地的机会，同时为旅游接待地提供了更大程度上销售旅游产品与服务的市场机会，并能够消化吸收当地剩余劳动力，特别是妇女劳动力，对于促进当地经济社会全面发展具有积极作用，其在西藏乡村旅游扶贫开发中具有现实基础性。

2. 乡村旅游扶贫开发具有客观条件性

许多旅游产品的开发是建立在当地民族文化、自然资源和广阔的农村

空间基础上，旅游消费的高能性能够促进旅游目的地经济快速增长，而西藏乡村正是拥有了这些特色旅游资产，所以在贫困地区进行乡村旅游开发不仅潜力大，且投入较低、见效较快，可发展成为调整经济结构的先导性产业。

3. 乡村旅游扶贫开发具有良性长效性

乡村旅游相对于传统农牧业而言，对生态环境影响较小，且能够形成良性经济循环发展模式，因为旅游扶贫开发本身就是依靠当地优质的生态环境和独特的自然资源。同时，贫困地区生态环境条件的改善，又为其赢得更多的投资发展机会，更重要的是有助于加强贫困地区与外界之间的交流与项目合作，对于改变其封闭落后的思想观念和经营发展模式等具有重要现实性。

（二）西藏乡村旅游扶贫开发的可行性分析

1. 旅游业作为战略支柱产业在中央第四次、第五次西藏工作座谈会上均被提出，并有望成为带动相关产业发展和成为新的经济增长点

《西藏自治区旅游发展总体规划（2005—2020年）》中指出，在西藏实现跨越式发展中要将旅游业打造成为西藏重要特色经济支柱产业和一大优势产业，使其有效推动西藏社会经济跨越式发展。近10年来，中央不断加大援藏工作力度，在政策、资金等方面对西藏乡村旅游业发展营造了良好的投资环境，其为实施乡村旅游扶贫开发提供了政策可行性。

2. 在国家实施西部大开发战略中，西藏被列为重点扶持省区，尤其以交通、能源等为代表的基础设施建设和发展，为其推动乡村旅游扶贫开发创造了便利条件

青藏铁路开通和进藏公路的改造升级，从根本上打破了西藏在交通上的封闭局面，并为贫困地区大规模发展乡村旅游业提供了必要现实条件。目前，西藏自治区政府已经明确进一步突出旅游业在全区产业发展中的重要战略地位，将其作为西藏第一大产业加以扶持和大力发展，其重点方向包括乡村旅游业等。

3. "一带一路"倡议实施为西藏经济社会快速发展带来了契机，特别是为旅游业跨越式发展提供了难得一遇的时机

西藏地处祖国的西南部，是与南亚各地文化交融的集中地区，也是连接南亚、中亚等国的纽带，打造欧亚区域经济一体化新格局是"一带一路"总体战略目标的一部分。西藏自治区第十届人民代表大会常务委员会第二十七次会议修订通过的《西藏自治区旅游条例》,其公布实施为进一步规范西藏旅游市场和促进西藏旅游业大发展提供了政策指南,为全面实施乡村旅游扶贫开发等营造了良好的环境氛围。

(三) 西藏乡村旅游扶贫开发的效应分析

通过开发旅游资源和发展旅游业为贫困人口提供就业与创业机会,这是一种机会扶贫和能力扶贫。旅游扶贫与社会救助等最大的不同就是通过农牧民的辛勤劳动来脱贫,旨在增强他们的自我发展能力,从而走上脱贫致富的道路,让农牧民真正体验到吃"旅游饭"、走"旅游路"、发"旅游财",其产生的效应主要体现在以下三点。

1. 经济效应

一是农牧民经济收入大幅度提高。西藏大多数乡村都在积极开展民俗乡村旅游,一些从事木匠、瓦匠、打散工等受季节性影响的工作的农牧民可以利用空闲时间返回村中经营旅游业,这部分额外增加的收入有效地调动了他们脱贫致富的积极性。二是带动周边地区经济的全面发展。通过开发乡村旅游,让更多的游客了解和熟悉西藏乡村,使得周边地区的土特产品和农副产品销路大开,并创造出一些新的就业岗位,发挥"以旅助农、农旅结合"的效应。

2. 社会效应

乡村旅游的开展使得西藏广大农牧民追求更好的生活环境的愿望更加强烈。西藏大部分农牧民对城市经济生活方式有着不同的看法,在经营乡村旅游的过程中,他们能够接触到新鲜事物,增长新见识,从而提高自身素质和不同程度地融入现代社会生活中,这在客观上加速西藏乡村与外界的沟通和融合,有助于转变其传统、落后的思想观念,树立起劳动致富的观念。农牧民一旦从旅游经营中获得了收益,其参与意识会更加增强,这是一种"精神扶贫",也是"发展才是硬道理"的证明。

3. 多重效应

一是旅游业不仅拓宽了西藏农牧民的增收渠道,而且带动了当地关联产业的发展,如引导农牧民大力发展绿色养殖和现代生态、观光农业等,使得广大农牧民开始迈向健康、文明、生态、环保的生活方式,推动了绿色生态环保事业在农牧区的发展;二是调动农牧民学科学、用科学的积极性，使得其科学文化素质不断提高，其参与市场竞争的能力与活力得到增强；三是促进农牧区社会局势稳定。当农牧民的收入来源有保障了，生活水平提高了，农牧区社会局势也就稳定了，农牧民会自觉承担起维护社会和谐与稳定的重大责任，这是一个良性循环和发展的过程。

四、西藏乡村旅游扶贫开发的对策与建议

1. 强化扶贫观念

"治穷先治愚"，观念是行为的指导，需要明确"救济"可救一时贫却不能救一世贫的道理。落后的思想观念若不改变，就不可能取得持续性的扶贫效益。所以，加强对西藏贫困人口的思想"危机"教育，增强其脱贫致富的主体感和责任意识，全面加深对自己所处贫困环境的认识，通过主动接受新思想、新观念、新知识、新技术，而有计划、有目标、有组织地参与到各种扶贫开发项目中去，彻底摒弃各种依赖思想和消极观望等态度，充分认识到扶贫开发首先是"观念扶贫"。同时，在旅游扶贫开发中需要不断发动群众开阔思路和集思广益，充分利用西藏清新的空气、独特的自然风貌和淳朴的民俗民风来凝结西藏旅游扶贫开发优势，做到共创旅游扶贫特色和与周边地区的旅游产品开发形成互补，使贫困地区的旅游资源能够源源不断地被开发利用，达到旅游产业发展带动扶贫开发的目的。

2. 加强政府引导

推动西藏旅游扶贫开发工作，需要因地制宜、因势利导、统筹规划，由政府扮演"家长"角色，坚持正确的指导思想，以十九大精神为指引，践行"创新、协调、绿色、开放、共享"五大发展理念，推动旅游扶贫科学化发展，科学开发乡村旅游资源，努力发展低碳、绿色、环保的新型旅游产品，有意识地发展和营造旅游环境氛围，对旅游开发给予积极政策引导与支持，带动贫困地区经济社会全面振兴。政府要自始至终扮演好"家长"角色，约束旅游从业主体的不规范、不文明行为，做好乡村旅游扶贫开发的事前调研和规划，不违背当地民俗、民风，引导乡村旅游市场健康发展，发挥政府在旅游规划上的战略指导作用，争取最大限度地利用和开发好旅游资源，不断推出特色旅游新产品，从不同角度和各个层次来满足不同游客追求"真、善、美"的心理和精神需求，有意识地营造绿

色旅游环境氛围，给予旅游开发者积极的政策引导与支持，使其尽力发挥旅游扶贫开发的各种效应，全面带动贫困地区经济增长和农牧民脱贫致富。

3. 灵活组织方式

在乡村旅游扶贫开发过程中，要全面考虑调动当地贫困农牧民的积极性，统筹兼顾其相关利益，鼓励他们全程参与，以村组为单位参与到旅游开发、经营、管理的全部活动中。要对当地农牧民进行正确引导，鼓励开办各种家庭旅馆、农家乐和小型旅行社，生产有当地特色的旅游纪念品等，采取"政府＋旅游企业＋村组集体＋农牧民"的经营模式进行乡村旅游扶贫开发，正确处理和协调好旅游企业、村组集体与农牧民在当地旅游扶贫开发中的各种利益纠纷和矛盾问题，做到既要有效地开发旅游资源，又能扶持当地农牧民快速增收，这是旅游乘数理论的应用。西藏历来就是一个物资匮乏的地区，社会化程度低，现代化产业基础薄弱，贫困问题比较突出，这就需要立足于当地特色资源基础，更多地开发自产旅游产品来提升旅游乘数效应，达到旅游扶贫开发的目的。所以，既要鼓励农牧民群众之间互惠互补，又要实现共同创收。

4. 建立参与机制

贫困地区的农牧民在旅游扶贫开发过程中若获得了较大收益，其参与旅游扶贫开发的热情也较高，这是一种有效的参与机制。一是因地制宜、科学规划，准确掌握当地旅游资源状况和贫困人口分布情况，筛选旅游扶贫开发项目和制定有效的激励措施，让当地贫困人口都能够全面融入旅游扶贫开发中；二是在旅游扶贫开发实施过程中适当加大对贫困集中地区政策倾斜力度，给予特殊优惠照顾，使其能够充分发挥"真扶贫"和"扶真贫"效果；三是通过网络、电话、信访日等多种形式建立信息"互通"机制，做到与当地贫困农牧民及时进行信息沟通与反馈交流，使得贫困人口全面了解政府旅游扶贫政策，使其能够如实反映旅游扶贫开发需求，建立防"返贫"机制；四是结合当地贫困人口状况，设立科学有效的利益分配机制，使其能够保障贫困人口的合法权益，鼓励贫困人口通过技术、劳动力、财产等形式投资入股而获取相应经济收益，并设定最低分红比例，提高扶贫开发实施效果，增强贫困人口参与开发的积极性、主动性与责任感。（见图6）

图6　西藏旅游扶贫开发参与机制

5. 注重生态保护

可持续发展理论要求既要保护好人类赖以生存的生态环境，又要达到社会经济可持续发展的目的，经济、社会、生态是一个密不可分的系统，但是旅游扶贫开发不可避免会对当地生态环境造成破坏。当前，西藏贫困人口主要分布在生态环境脆弱的地区。对此，政府应进行科学管理，一旦生态环境破坏了就难以恢复。所以，在开发当地旅游资源和旅游经营活动过程中，应注重加强对当地生态环境的保护，同时，生态环境保护也确保旅游扶贫具有可持续性，是防止贫困人口脱贫后又返贫的有效资源保障。另一方面，生态资源的开发利用要考虑其承受能力，不然就会陷入"贫困—过度开发—生态破坏—持续贫困"的恶性循环圈子里，这是一个基本要求，如果生态环境造成了破坏，该旅游地的吸引力就会逐渐减弱，那些靠旅游开发脱贫致富的贫困人口又会重新回到贫困的状态。所以，在旅游扶贫开发过程中应强调可持续发展原则，注重提升和强化被扶贫地区贫困人口的生态环保意识，增强他们对乡村旅游资源的保护能力，不断形成"绿水青山就是金山银山"的长效扶贫发展路径。

6. 形成新型实体

将可持续发展思想融入乡村旅游扶贫开发中，以农牧区现代化和农牧民全面发展为根本目的，加强乡村旅游扶贫开发点、旅游产业发展平台和公共服务基础设施建设，以财政、金融、科技、文化、教育等要素集聚为基本手段，以规模适度的农牧民聚居点为基本单元，以"极核式""链条式""通道式""点轴式"等为空间组织形式，以社会管理创新为动力，以旅游产业化和新型（镇、村）一体化发展为引领，坚持产业结合、要素综合、功能复合，不断整合各种资源和人力要素，在西藏贫困地区大力发展高原特色农牧业和现代观光农牧业，促进乡村旅游业等新型生态产业快速成长，全面推动西藏乡村旅游扶贫开发，建设集生态、业态、文态、形态"四态合一"的西藏新型农牧区综合体，不断改善农牧民的生产、生活条件，有效地提升西藏农牧民脱贫致富水平与扶贫工作成效。

西藏在南亚大通道建设过程中的有关问题与对策思考[①]

狄方耀[②]

中央在第六次西藏工作座谈会上对西藏的定位是:"将西藏打造成我国面向南亚开放的重要通道。"(简称"南亚大通道")为了进一步弄清楚西藏在推进中央所赋予的这个历史重任过程中的阶段性成果、存在的问题与原因、自治区党委和政府的相关规划等,同时也为了进一步实地调研西藏的口岸建设和边贸经济状况等,我们利用 2017 年暑期的机会,在西藏进行了为期 1 个月的实地调研和走访,总计行程达 5000 多千米。我们先后走访了自治区党委办公厅政研室、政府办公厅政研室等,随后又到了日喀则市及其管辖的定结、聂拉木、吉隆、仲巴等县,阿里地区普兰、噶尔、日土等县进行实地调研。我们通过召开座谈会、咨询会、实地考察和参观等方式,获取了大量的第一手资料,目睹了近年来西藏在"一带一路"建设过程中的边境口岸、边贸经济、开发开放、稳边固边及边境小康村镇建设取得的巨大成就,亲身感受到西藏边境口岸地带经济社会翻天覆地的变化。同时,调研组一行也发现了在边境口岸建设、边贸经济发展与管理等方面存在的一些问题、困惑和矛盾,在此基础上调研组提出了解决有关问题的对策建议。

一、"一带一路"建设与管理中存在的问题及原因分析

(一) 开发开放与生态环境保护间的矛盾

西藏高原是全球独特的生态地域,是我国生态环境保护重点地区之

[①] 基金项目:本成果系西藏民族大学 2011 西藏文化传承发展协同创新中心 2016 年重大委托课题"中国西藏面向南亚开放大通道建设对策研究"(课题编号:XT201601)的阶段性成果。

[②] 作者简介:狄方耀,西藏民族大学南亚研究所常务副所长、教授,主要研究方向为中国与尼泊尔经济贸易合作问题等。

一，中央在第五、六次西藏工作会确定西藏为国家重要的生态安全屏障。据统计，西藏全区已建立各类自然保护区45个（其中，国家级9个、自治区级14个、生态功能保护区22个），保护区总面积41.22万平方千米，占全区国土面积的34.35%。调研组本次到访的多数边境口岸和边境地区，都或多或少地属于各级各类自然保护区。各级各类保护区在保护西藏生态环境、保持物种多样性中起到了至关重要的作用，但由于当初设置自然保护区时未曾预料到的自然灾害和而后的发展空间等情况，这种情况在一定程度上制约了当地经济社会的可持续发展。

以地处珠穆朗玛峰自然保护区的几个边境县为例。1988年3月，西藏自治区人民政府正式宣布建立珠穆朗玛峰自然保护区，1989年8月8日，经日喀则地区行署批准在日喀则成立了珠穆朗玛峰自然保护区管理局。1994年珠穆朗玛峰自然保护区晋升为国家级保护区，主要保护对象为高山、高原生态系统，保护区面积约3381平方千米，相对高度达7408米（1440～8848）米。保护区行政上属日喀则市的定日、吉隆、聂拉木、定结四县。以前，珠穆朗玛峰自然保护区的一个中心任务就是引导当地群众走可持续发展道路，同时享受珠穆朗玛峰自然保护区资金支持。但是，随着国家"一带一路"倡议布局的加速推进和西藏经济社会发展需求，特别是像2015年尼泊尔"4·25"大地震后恢复重建工作的展开，珠穆朗玛峰保护区的法律规章制度又严重制约了县域和口岸经济的发展。定日、吉隆、聂拉木、定结四县大部分区域都位于珠穆朗玛峰自然保护区的核心区、缓冲区和实验区，多数区域是禁止开挖、改造、砍伐和开发的，这就给当地经济社会发展及群众正常的生产生活带来了极大的困扰。一是对区域建设规划有影响。本次调研的多数边境口岸地区，要么高寒缺氧，要么在高山峡谷之间，自然条件都不算太好。当地政府为了积极响应国家"一带一路"发展规划，积极谋划发展经济，搞好边境贸易，都要进行规划设计。但由于自然保护区的原因，致使一些条件便利的区域都不敢、也不能纳入开发建设范围。二是对基础设施建设有影响。比如，聂拉木县的某同志反映，该县水资源丰富，但绝大部分属于"实验区"，只允许发展农牧业等，不允许开发、建设水库、电站等基础设施。聂拉木县现在还是一个连局域电网都没覆盖的县，该县北部乡镇目前都不能保证通电。前几年，该县给自治区水利厅提出过要求，建议修建曲乡电站，因该水电站地处珠穆朗玛峰保护区，到林业评估环节被否定。再有，前些年聂拉木县想要修旅游公路、乡村公路，因为地处保护区的原因，审批通不过。三是对招商引资与灾后重建的制约。聂拉木县曾招商引资几千万元把沙石混凝土站建起来服务灾后重建，审批时被告知因处在保护区，相关手续办不了。最后该企业把县政府告上法庭。四是对灾后重建有影响。2015年"4·25"大地震后重建工作过程中需要大量砂石，当地政府、企业和群众都想开办采矿厂，解决用沙问题，但地处自然保护区，不能办理相关手续，县政府准备集中办一个采矿场，因不符合相关法律法规而被终止。

（二）基础设施薄弱的制约

西藏地域辽阔，人口密度低，基础设施较为落后，边境口岸地区更是如此。截至2017年年末，西藏的基础设施状况很不理想。道路方面：西藏绝大多数公路是二级以下公路，其中，高速公路38千米（拉萨市区至贡嘎机场），一级公路280多千米，二级公路1000多千米，西藏8万多千米的道路，二级以上公路只有1.6%，边境地区公路黑色化还不到50%。目前没有一个口岸开通铁路。电力方面：西藏境内三大电网还没有联网，一些边境县域没有县域电网，个别县乡电力长期供应不足。我们最大的感受之一就是到访的边境口岸地区道路崎岖，通达能力较差。比如，日屋—陈塘口岸，路途艰险，公路改造正在进行过程中，遇雨季易发生滑坡灾害；樟木口岸有8.7千米崩塌，是一个较新的堆积体，可能属于以前的地震堆积物。据有关人员讲，夏季是该口岸的雨季，不能急于修复，只能等冬季开工建设；2012年建设完成吉隆口岸热索一线连接吉隆县城的通县油路，为吉隆口岸的发展打通了交通大动脉，受"4·25"地震影响遭受一定程度的损坏，目前正在进行维修；里孜口岸，交通道路正在建设中；普兰口岸，尼泊尔对面的道路全是土路和山路，主要运输方式是人背与马驮。

（三）优惠政策的使用和潜力挖掘不够充分

为促进西藏经济社会发展、各民族团结进步和边境地带的和谐稳定，中央实施了一系列特殊优惠政策。然而，由于种种原因使西藏对这些优惠政策的使用和潜力挖掘还不够充分，主要表现在以下几个方面：一是政策红利挖掘不够。各级党政部门、各类企业等对国家相关政策理解还有一个深化和消化的过程，特别是对于西藏在南亚大通道建设问题上，应当跳出西藏区域的局限性,从国家宏观层面制定相关政策。比如,在交通管制政策的问题上还有进一步调整和完善的空间。在调研路途中我们发现,有的道路状况很好,但仍有限速限时问题,这样在一定程度上影响了车辆的通达效率。二是存在边境安全管理与边境地区开发开放的不协调问题。三是政策制定和执行不够灵活。比如,陈塘口岸现在只有每周三、周六开放,不允许尼方商客停留居住,这对双边贸易带来很大的负面影响。四是对外贸易的商品品种调整不及时,如普兰县对应的尼泊尔方有较好的中药材,尼方商户又拖欠中方不少款额,而药材又是中方急需的,可以抵扣贸易中的逆差和欠款。但是,我方审批程序较慢,影响了边贸主体的经济效益和积极性。

（四）口岸功能发挥不足

调研组一行到访的边境口岸,基本业务主要还停留在边境小额贸易阶段,一般贸易及大额贸易几乎没有开展。吉隆口岸日常有300多辆尼泊尔卡车往返运输货物,但中方边民并不能到对方一侧去从事相关活动;普兰口岸每年7月中旬—10月中旬有印度商人、每年6—11月有尼泊尔商人在此从事贸易活动,但这些贸易活动基本上都属于边境小额贸易的范畴。同时,我方上级政府对各个口岸的功能定位和任务划分尚有进一步完善的空间,既要考虑到自治区乃至国家的宏观布局,更要考虑到口岸所在地区今后经济社会发展、对外开放等因素。此外,目前的各个口岸贸易中,几乎都存在双边贸易清单更新不够及时的问题,尤其印度方面更甚,从而导致西藏边境贸易发展步伐跟不上形势发展的需要。

（五）专业技术人才缺乏

调研组本次调研的边境口岸地区,各部门反映不仅是专业人才的缺乏,而且都存在编制不足的问题。像吉隆口岸、普兰口岸等都位于边境地带,对岸国家是尼泊尔、印度等,要进行口岸建设与边境贸易等工作,普遍缺乏尼泊尔语、印地语、英语等语言方面以及相关专业方面的人才。自治区有关部门也反映拉萨及周边地区,尼泊尔语和印地语一般是在民间商会找翻译,英语专业人才需到外侨办等单位去找。这种情况说明,西藏要从事"一带一路"建设、"南亚大通道"建设,首先必须尽快解决专业人才缺乏的问题,比如有关地市的商务局现有人员只能应付一般或传统工作，而没有太多精力和时间去透彻研究国家政策；其次，公安边防人员编制缺乏，影响了部分边境地区的有效管控和对边民的有序有效管理；最后，与吉隆口岸相对应的尼泊尔地区的边民中驾驶员严重缺乏，约400辆运输卡车停滞在吉隆口岸的所在地——吉隆镇的大街小巷。

（六）官方协商会晤机制有待健全

一方面，边境地区边防管理机构双边会晤机制是了解双边需求、化解边民纠纷、增进睦邻友好关系的重要机制。而当前官方协商会晤机制有待于进一步健全。比如，尼泊尔官员流动性较大，每轮换一批我们就得给他们一些礼品等，而我们对于这批官员又需要有一个熟悉的过程。另一方面，尼泊尔、印度等国，民间商会对其本国边境贸易影响较大。对此，我方应加大民间商会作用，加强与相邻国家民间商会的沟通交往，增强信誉和友好往来，促进边境口岸建设和边贸经济发展。

（七）边境贸易存在资金安全问题

目前，在西藏过境口岸地带进行边境贸易的多为中小民营企业或个体商户，他们往往存在资金规模小、抗风险能力较弱的问题。加之边境贸易是跨越不同国家间的贸易，双方法律法规、商业观念、风俗习惯等都有较大的差异，这种情况给参与贸易的主体带来许多不确定性。还有一个普遍问题是尼泊尔方面经济落后，有的经营者商业信誉较差，贸易中还款能力低，有的客户甚至欠中方经营者五六百万元人民币。本次调研组一行到访的边境口岸地带，相关部门和负责人员均呼吁自治区层面要充分关注进出口企业和经营者的经营安全问题，采取有效措施培育他们发展壮大，带动区内边境贸易长足发展，毕竟这些非公有制外贸经济实体是目前和今后西藏边境贸易和"一带一路"建设过程中走向南亚的主力军。

（八）西藏自产产品出口比例很低

据调研组调研发现，目前西藏自产产品在边境口岸出口商品中所占的比重大约为10%，且这10%左右的商品中大部分又是农牧产品，农牧产品在价格方面没有竞争力。比如，近些年来西藏出口的畜产品主要是羊毛、活羊、地毯等。藏毯与波斯地毯、土耳其地毯并称世界三大名毯，手工编织藏毯在周边国家有较好的声誉，但实际上这几年我们销往南亚国家的所谓"藏毯",较多的是青海的机器编织品。总之,由于原料不足、劳动力成本高、技术生产效率低下等因素,导致西藏自产产品成本高、没有竞争力、出口比例偏低。

(九)与其他省份的沟通联系不够

调研中我们了解到一个现象,有些省份的公司或个体商户将商品拉到西藏并经过边境口岸出口,但是西藏往往并不知情,我们的交通设施和口岸只是成为内地商业途经西藏进入南亚的免费通道而已,如果长期这样下去西藏就仅仅成为一个通道,连搭便车分享红利、借机共同发展的机会都没有了。有关部门应该充分重视这个问题,及时掌握相关信息动态,制定应对之策。

二、边境贸易发展 "一带一路" 建设的对策与建议

(一)进一步理顺开发建设与生态环境保护之间的关系

我国环保法在生态文明建设中发挥了重要作用。近年来,西藏自治区对环保工作重视程度显著提升,环境监管执法力度明显加大,社会各界关注环保、参与环保的良好氛围正在形成。但是,我们在执行国家环境保护法的同时,还应充分考虑西藏边境口岸建设、边境地带小康建设及灾后重建等需要,特别是国家在2015年3月发布了"一带一路"倡议和中央在第六次西藏工作座谈会上提出的"南亚大通道"建设问题,西藏承担了国家"一带一路"规划建设和走向南亚的极其重要的战略任务。然而,20世纪我区在配合国家设立珠穆朗玛峰保护区等生态环境保护方案的时候,由于种种原因,我们只考虑了当时的利益,而没有预测和前瞻性地预留出而后发展空间,就连应对无法预测的自然灾害因素都没有考虑到,比如,救灾恢复重建、脱贫等。2015年尼泊尔"4·25"大地震后的恢复重建问题中,就涉及日喀则市四县10万群众的切身利益,也涉及边境安全。这些群众只能就地安置、恢复重建。针对以上棘手问题,有些口岸所在县建议将珠峰保护区进一步划分为核心区与功能区,或将核心区改为功能区;也有建议,改珠穆朗玛峰自然保护区为珠穆朗玛峰国家公园等。其目的就是要进一步调整划分核心区、缓冲区、实验区等,在确保"国家生态安全屏障"的同时,又要有利于灾后重建、有利于边境地带的安全稳

定与脱贫攻坚,更重要的是要有利于走向"南亚大通道"建设这个重要战略任务的有效实施。

(二)健全原有协调会晤机制

在国家有关部门和自治区的协调与支持下,我区各边境口岸县结合工作实际,积极落实与有关国家的地方官员会晤机制,比较顺畅地实现了与我方口岸对应县、镇相关领导人的沟通与协调。据我们调研了解的情况所知,阿里地区普兰口岸管委会与尼泊尔胡姆拉县的沟通次数较少,且对方边境地区的管理人员变动又太频繁,好多事情无法确定,会晤的次数与意愿有所减少,掌握的情况有限,不利于双方及时有效地掌握边境状况。因此,我们建议应在原有会晤机制的基础上进行创新,增加双方面对面会晤次数,改变和健全双方的会晤方式,进一步做好口岸边贸等各项工作。

(三)推动边境管理及管理力量与边境地带经济发展需求相匹配

西藏的边境管理已形成了一整套行之有效的方法与制度。然而随着"一带一路"进程的不断加快,有关措施和制度还需要进一步完善和健全,特别是有些边境管理政策和管理力量要与边境地区发展需要相适应。具体来说,我们还应本着与时俱进、开拓创新、勇于担当的精神,进一步增强"道路自信、制度自信、文化自信",适当放宽我方边民到尼泊尔等国境内经商停留的时间,适时调整和更新目前的边民证管理办法,积极探索边民相互往来和管理的科学办法。2016年12月26日出台、2017年1月1日开始实施的"两国公民在边境30公里范围内可以自由通行,不受任何限制"这一政策制度应当得到有效落实。另外,还存在我方边防部队及地方边贸管理人员数量不足、限制边民贸易时间等问题。比如,陈塘口岸与对面尼泊尔边贸本应全天候开放,但实际上我方有关规定只允许星期三、星期六两天通市,其余时间不通市。然而,在现实中也客观存在双方边民之间私下以隐蔽方式进行着贸易活动的现象。诸如此类问题,需要我们在政策制定、双方协商等方面,要进一步适当扩充边境管理人员,对现有政策进行适当的调整与完善。

（四）从大局着眼，增加印度香客朝圣人数，改善中印关系

近些年，印度香客通过亚东边贸市场和普兰口岸入藏朝拜神山圣湖的人数每年大约15000人，这个数量当然不能使印度满意，也没有用好用足我们良好的旅游资源。当前形势下，我们认为适当加大印度香客朝圣人数，有利于改善"洞朗对峙"结束后以及今后中印关系的改善，也有利于亚东及阿里地区的旅游业发展，促进农牧民增收，更有利于在宏观战略层面调整和改善中印关系。印度总理莫迪出席厦门金砖五国会议及一系列工作后，双方关系有所缓和。中印关系和平友好和稳定发展是大势，是两国人民根本利益之所在，也是西藏开放发展的重要前提和潜力所在。未来适当加大亚东方向印度官方香客入藏人数，扩大普兰口岸尼泊尔、印度香客入藏朝圣，既有利于中印关系大局，也有利于西藏旅游业的进一步、可持续发展，当然也会在很大程度上凸显中方扩大开放的诚意。

（五）进一步加大对西藏学者出国参会与调研的开放力度

由于维稳及反分裂斗争的需要，国家及自治区对本区公民、学者出入境管制较为严格，这种宏观管理政策有其合理性和必要性，是无可厚非的。但是过于严格的出国管理，在客观上造成了我区学者不能很好地参与国际学术讨论，尤其是不利于我区学者参与南亚通道建设的理论、政策研究，不利于中外交流、合作，使外界尤其是南亚国家的学者无法了解我区学术动态，国家在"一带一路"倡议中的"民心相通"无法很好地落实。研究机构人员及学者应积极向中央、各级党政部门提出咨询、建议，这是学者及智库的职责。在确保国家安全的前提下，适当放宽我方学者到南亚各国调研、交流的护照办理及出国时间限制，是非常必要的。据了解，这不仅是西藏面对南亚各国的问题，也是全国性的问题。外国学者可以在南亚各国停留半年乃至一年，我国学者往往只能呆7天、10天或20天，这种情况已不能适应形势发展的需要。

（六）加强电网建设与联通

电网建设是基础设施建设的重要组成部分，是改善边境地区居民生产生活水平的必要措施。因此，西藏全区加快电网建设非常必要。首先要早日联通区内三大电网，将74个县区全部并网，实现区内电网并轨运行；

其次要早日与四川、云南等省区电网联通，进而实现与全国联网；再次要加强地区、县域电网基础设施建设，确保电力村村通；最后要在条件较好的边境口岸地区逐步建立电力输出基础设施，为将来西藏富余电力出口创造有利条件。值得欣慰的是，我们得知最近国家及西藏正在与尼方洽谈联通电网事宜，如果这个计划能早日变成现实，对西藏和国家来讲将具有极其重要的战略意义和深远的历史意义。

（七）优先培育商贸物流业，打通面向南亚的公、铁、空、管等立体联运体系

中央第六次西藏工作座谈会上提出"南亚大通道"建设的内涵极其丰富、任务极其艰巨、意义重大深远。而要构建和实施"南亚大通道"建设，首先要解决通道中的联系方式问题。从西藏面向南亚的具体情况，我们认为应采用西藏通往南亚的公路、铁路、航空、管道等运输与连接综合立体联通方式。从目前情况看，西藏在公路连接方面基本上是畅通的，今后是维护与进一步改善的问题；现航空运输有与尼泊尔联合成立的喜马拉雅航空公司，也基本上能够满足当前需要，今后也需进一步完善和拓展运输线路；西藏与尼泊尔的铁路连接问题，已经由两国政府签署了相关协议，有关勘探、规划与设计工作等问题正在进行之中，对此，我们应抱有乐观心态；关于管道运输方式问题，我们考虑和建议将中国的石油产品经过西藏运输到尼泊尔，既能够以重要的方式加强中尼之间的联系，同时还能够在关键领域平衡中国与印度在尼泊尔的力量对比，具有极其重要的战略意义。至于石油管道的经过路线，可以考虑从两个方面进行或二者选其一：拉萨—日喀则—吉隆—加德满都，或新疆和田等—狮泉河镇—普兰—加德满都。除了以上连接中尼双方的方式和手段以外，网络的连接方式已经完成（根据报道的信息）。打通南亚商贸物流和信息通道，建设完善的商贸物流节点网络、高效的商贸物流运营服务体系、智慧的商贸物流信息平台，形成国际商贸持续增长的核心动力；重点推进建设商贸物流产业集聚区（拉萨等），完善日喀则综合物流园区、那曲物流园区以及贡嘎机场物流园区功能，加快仲巴县里孜口岸、日屋—陈塘口岸建设，进一步满足西藏城乡生活物资集散需求，发挥园区对区域产业组织和外向型产业发展的支撑作用，建设和完善冷链、海关、检验检疫设施，支撑进出口产品流通；引导和支持企业运用"南亚班列"公铁联运等模式，转变外贸发展

方式；加快培育南亚跨境电商产业，着力推动商贸物流和加工制造产业联动发展，积极健全商贸物流服务体系。鼓励西藏商贸物流业"走出去"，努力开拓尼泊尔等国家市场，在境外建设"海外仓"、中国西藏南亚贸易中心等国际营销和服务支撑网络。

（八）加强对现有工作人员的语言培训，加大专业技术人员培养力度

由于西藏地理环境与气候等原因，工作人员，特别是专业技术人员较少，新一代年轻、高学历人员进藏工作意愿不强，加之大批人员驻村扶贫，因此大部分机关工作在岗人员不足，岗位空缺严重，而且专业知识储备不足，尤其是语言类人才更加缺乏，对"一带一路"建设的储备知识与形势的要求有较大差距。对此，我们提出以下建议：一是加大口岸县和乡镇各级领导干部和工作人员尼泊尔语、印地语、英语的培训力度；二是在各级党校、行政学院（校）开设"南亚大通道"建设培训班，在各种培训班中开设"一带一路"南亚通道的意义、中印关系、中尼关系、中不关系，以及中国（西藏）与南亚国家经济贸易和旅游文化合作、通道设置与规划等方面的课程。

（九）适时调整西藏高校、职业技术院校专业及学科结构

针对西藏缺乏尼泊尔语、印地语等南亚小语种人才的现状和中央提出的"南亚大通道"建设的历史任务，西藏高校、职业技术院校应适时调整专业及学科结构，开设南亚印地语、尼泊尔语专业等；应进一步利用好内地师资力量，加大招生规模，同时，适当压缩不适应经济社会发展需要的过时专业招生规模。西藏民族大学外语学院已经于2016年开设印地语专业、2017年开设尼泊尔语专业。根据今后西藏发展改革任务的需要，这还是不够的。

（十）在相关边境口岸为尼方培养符合条件的驾驶员

往来西藏与尼泊尔之间的道路受地形和地势的影响，蜿蜒崎岖，尼泊尔对道路建设和维护力量的滞后，加上每逢夏季降雨时节路面湿滑等，这都对西藏与尼泊尔往来的驾驶员带来了非常大的挑战。同时，尼泊尔边境地带具有边民身份的驾驶员非常缺乏，导致与吉隆口岸相接壤的尼方车辆

达400余辆滞留在吉隆镇。因此，我们建议西藏能否与尼方积极沟通协商：如对方有需求，可由西藏为其培养符合条件的驾驶员。

（十一）在边境地市和县进一步加强民间商会作用

如前所述，我们在调研过程中获知，西藏与相关国家边民在开展贸易活动时经常会发生这样或那样的纠纷与摩擦，以及我方商户的资金安全等问题需要及时处置等情况。而处理此类问题时发挥双方民间商会的作用比较明显，机制也很灵活。目前，我方这方面还缺乏较好的组织机构，因此，建议应尽快在边境地市和县等建立与健全民间商会，以利双方边民之间的便捷沟通与经贸往来。

（十二）在边境口岸贸易较多的地市及县建立"'一带一路'南亚通道建设"研究室

通过此次调研，我们得知，西藏边境口岸贸易和南亚通道建设中有不少问题需要研究对策，需要有比较畅通的渠道向各级党政部门甚至中央反映。有时解决问题的思路仅存在于地市、县领导人的头脑中，有时一些建议也只能通过各级调研组来反馈，等等，这种情况不利于南亚通道的发展与建设。所以，我们建议像日喀则市、阿里地区，以及亚东、定结、聂拉木、吉隆、仲巴、普兰、噶尔、日土、扎达等县设立专门研究机构，专门就"一带一路"背景下边境贸易和口岸通道建设等问题进行研究。这些研究机构可以采用专职与外聘兼职相结合的办法，我们相信这种研究机构和研究成果会具有专业性、针对性强等优势。

（十三）加强军民融合，加大边境小康示范村建设力度

根据阿里行署意见，噶尔县委和县政府安排我们调研组到该县扎西岗乡典角村进行边境村建设工程实地调研。在实际对比中可以看出，这个示范村已达到了中央和自治区要求的"山这边比山那边好"的目标。我们认为，自治区实施的边境小康示范村建设工程是一个具有战略意义的工程。在中印"洞朗对峙"后，中央指示强调军民融合、兴边固边、固边守边。在边境地带加强类似典角村这样的示范点建设应扎实稳步推进，特别是援藏项目中应加大此方面力度，努力做到边境在那里，军队在那里，边民就在那里。

（十四）注意交通管制要与现实需要相结合

目前，西藏实行严格交通管制有其合理性，但有些规定还有调整和完善的空间。经自治区党委和政府着力推进，由拉萨通往各边境口岸的公路路况有了很大改观，通达能力明显增强，与周边国家形成鲜明对比。然而目前实施的各种限速与检查等措施，客观上出现了通向边境地区难的问题：交通速度慢、检查站点与环节过多、商品运达时效性差、司乘人员耗费过多的时间和精力等，其结果必然会制约经济贸易的发展。自治区已将旅游业确定为重要支柱产业，且这几年该产业已经成为西藏的第一大产业。西藏边境地区拥有众多世界级的著名旅游景点，但由于入境难、入境慢、交通限速过于严格等问题，客观上限制了到访的游客人数。今后西藏还要肩负起中央在"一带一路"规划中赋予的艰巨任务，为此，我们建议西藏交通管制政策与制度、边境地带交通管理等规定应与我国边境地区经济社会发展宏观战略相适应、相支撑，在确保边境安全的情况下，适度简化边境检查程序，适当提高交通车辆行驶速度等，必将会为西藏经济贸易、"一带一路"建设和旅游业发展做出更大的贡献。

西藏国有企业履行社会责任状况调研[①]

张传庆[②]

一、调研背景与概况

(一) 调研背景

习近平总书记所做的党的十九大报告强调,要完善各类国有资产管理体制,改革国有资本授权经营体制,加快国有经济布局优化、结构调整、战略性重组,促进国有资产保值增值,推动国有资本做强做优做大,有效防止国有资产流失。深化国有企业改革,发展混合所有制经济,培育具有全球竞争力的世界一流企业。这是在新的历史起点上,以习近平同志为核心的党中央对国有企业改革做出的重大部署,为新时代国有企业改革指明了方向,提供了根本遵循。

国有企业是推进国家现代化、保障人民共同利益的重要力量,是党和国家事业发展的重要物质基础。深化国有企业改革,做强做优做大国有资本,对坚持和发展中国特色社会主义、实现"两个一百年"奋斗目标具有十分重大的意义。国有企业积极主动地承担社会责任是贯彻落实科学发展观、构建社会主义和谐社会、实现中华民族伟大复兴的必然需求,是国有企业社会属性的体现,也是企业树立良好形象、提高企业竞争力的有效手段。2015年《中共中央、国务院关于深化国有企业改革的指导意见》提出,"社会主义市场经济条件下的国有企业,要成为自觉履行社会责任的表率";"国有企业履行社会责任中的引领和表率作用充分发挥,与显

[①] 基金项目:此调研报告系西藏民族大学2011西藏文化传承发展协同创新中心2017年委托课题"西藏国企增质提效与履行社会责任互动发展研究"(课题编号:XT – WT201710)的阶段性成果。

[②] 作者简介:张传庆,西藏民族大学管理学院副教授、博士,主要研究方向为战略人力资源管理和西藏国有企业改革。

著提高国有资本配置效率、国有经济布局结构优化、主导作用有效发挥相融合"。可见,中央已将国有企业社会责任提升到改革的高度,企业社会责任的相关内容已融入国有企业改革的顶层设计,包括建立并完善国有企业社会责任管理体系,确保企业发展与社会责任相结合。国有企业要成为自觉履行社会责任的表率,要求国有企业在社会责任建设中,不能处于被动的局面,要有自觉的行动,要有主动的担当。国有企业经营者要有均衡考虑的意识,一方面要有追求合理利润的动机;另一方面也要让员工、社会满意,领导干部的考核应与企业利润、社会责任、创造就业岗位多因素挂钩,充分发挥在提升自主创新能力、保护资源环境、加快转型升级、履行社会责任中的引领和表率作用。

西藏国有企业在国家和西藏经济社会发展中发挥着重要作用,直接参与了关系国计民生和国家安全的西藏重大工程建设,是西藏经济发展的重要支撑,是西藏各项事业发展的重要力量,为西藏经济改革发展做出了重要贡献。而西藏作为重要的国家安全屏障、生态安全屏障、战略资源储备基地、高原特色农产品基地、中华民族特色文化保护地、世界旅游目的地和面向南亚开放的重要通道,是我国同西方敌对势力和境内外敌对势力、分裂势力斗争的前沿。在这样的战略背景下,西藏国有企业承担着重要的政治责任、经济责任和社会责任,且西藏国有企业的存在与发展均有较强的特殊性,所以,西藏国有企业在改革与发展中也应承担更多与其他省区国有企业不一样的社会责任,除了实现自身经济价值外,也要为西藏经济健康发展、社会和谐稳定、生态安全、民族团结、小康西藏实现等方面做出努力与贡献,也就是说,相比其他省区国有企业,西藏国有企业应承担更多的社会责任。因此,深入了解和探索西藏国有企业履行社会责任的状况,对于促进西藏长足发展与长治久安具有重要的现实意义。

(二) 调研目标

通过实地调研,明确西藏国有企业履行社会责任的重要性,了解当前西藏国有企业履行社会责任的现状,重点是发现和分析西藏国有企业履行社会责任存在的问题,并提出相应的优化西藏国有企业履行社会责任的建议对策,以更好地推动西藏国有企业深化改革,从而为西藏自治区党委、政府及相关部门决策、西藏国有企业改革决策提供参考与借鉴。

(三) 调研过程

课题组于 2017 年 8 月深入西藏拉萨、山南等地调研，与西藏自治区发改委、国资委、财政厅等政府管理部门的工作人员座谈，了解政府管理部门对于西藏国有企业履行社会责任方面的统计与要求，到西藏天路股份有限公司、西藏高争建材股份有限公司、西藏高争民爆股份有限公司、西藏国盛国有资产投资控股有限公司、西藏甘露藏药股份有限公司、西藏矿业发展股份有限公司等 10 余家西藏国有企业实地调研，主要采取与每家公司的一位副总和人力资源总监座谈的方式，获取企业综合改革与履行社会责任状况方面的资料。

二、西藏国有企业履行社会责任的重要性

(一) 履行社会责任既是西藏国有企业应尽之责，更是自身发展必由之路

中国共产党十八届三中全会提出，进一步深化国有企业改革，重点是国有企业务必做到适应市场化、国际化新形势，以规范经营决策、资产保值增值、公平参与竞争、提高企业效率、增强企业活力和承担社会责任。可见，西藏国有企业承担社会责任是贯彻中央精神的体现，是执行中央经济决定的具体行动。实现承担社会责任这一宏伟目标，西藏国有企业肩负着重大责任。西藏国有企业是西藏经济发展的支柱，在支撑、引导和带动西藏区域经济社会发展，发挥国有资本的控制力、影响力、带动力方面，有着非常重要的作用。这一特殊地位决定了西藏国有企业与其他企业相比，在发展区域经济、提高经济效益的同时，还要承担更多的社会责任。西藏国有企业履行社会责任，是在其获取利润的同时，主动承担对环境、社会和利益相关者的责任，即在遵循资源节约型、环境友好型、造福社会型的发展准则下，更多地造福西藏各族人民，让西藏各族人民共享西藏国有企业改革发展的成果。西藏国有企业履行更多的社会责任，客观上也在塑造企业有益于社会、有益于公众的正面形象，赢得社会广泛尊重，为自身长远发展创造更大的成长空间，也有利于保持自身长期竞争优势，是企业长远发展的必由之路。

(二) 履行社会责任既是提升西藏国有企业核心竞争力之策，更是实施"走出去"战略的重要选择

企业生存于社会环境当中，进行利益交换，企业的运营活动必将对其他社会成员、利益相关者产生影响。国有企业较好地履行社会责任、主动承担社会责任有助于保持企业员工对企业的忠诚，让员工有归属感，提升企业凝聚力，形成自己的企业文化，融洽企业与社会公众的关系，树立良好的企业形象，提升企业品牌社会影响力，从而提升自身核心竞争力。而西藏国有企业核心竞争力的提升必将推动自身走向区外、走向国外。国家"十三五"规划纲要提出，要扶持特殊类型地区发展，推进边疆地区开放发展，推进边境城市和重点开放实验区的筹建；加强基础设施互联互通，加快建设对外主干通道，推动西藏建成面向南亚开放的重要通道。[①] 这为西藏对接国家开放战略，加速实施"走出去"战略，使更多的西藏国有企业从区内走向国内其他省区或国外提供了重大机遇，积极地融入成渝经济圈，参与"一带一路"和孟中缅印经济走廊建设，着力建设面向南亚开放的重要通道，尤其是西藏交通、能源、通信类等国有企业，要互联互通，促进西藏贸易、金融、物流和旅游文化产业加速发展，借助南亚大通道建设走向和拓宽国际市场。

(三) 履行社会责任既是西藏国有企业实现可持续发展的必然要求，更是构建和谐西藏的现实选择

可持续发展作为一种经济增长模式，比较注重长远的发展，它的原则是既要满足当代人的需求，又不能损害后代人满足其需求的能力。可持续发展作为科学发展观的基本要求之一，其核心思想是社会经济要想健康发展，首先应做到生态具备可持续能力、社会公正和人民积极参与自身发展决策，鼓励对资源、环境和人类有利的经济活动。中央第五次西藏工作座谈会明确指出，西藏是重要的生态安全屏障、重要的战略资源储备基地、重要的高原特色农产品基地。因此，西藏国有企业在生产经营过程中，如果能够自觉采用节能环保技术，减少对资源的消耗和污染物的排放，实现生态环境保护，积极履行社会责任，将会大大推动西藏经济、国民经济乃

---

① 《中华人民共和国国民经济和社会发展第十三个五年规划纲要》，2016年3月17日。

至人类社会的可持续发展,实现人与自然的和谐发展,不仅要让当代人享受发展成果,也要让后代拥有美好的生活。同时,西藏国有企业改革是西藏自治区经济体制改革的中心环节,关系西藏区域经济社会发展大局,关系西藏民生福祉,国有企业积极履行社会责任有利于促进西藏和谐社会建设。建设社会主义和谐社会是每个社会组织和公民义不容辞的责任,西藏国有企业作为企业法人,更应主动承担建设和谐社会的责任,能够更好地与利益相关者和谐相处,大力发展混合所有制经济,处理好重大项目与民生项目的关系,处理好国有企业改革与企业职工福利待遇、促进农牧民增收的关系,让西藏广大民众共享国有企业改革发展的成果,为建设和谐西藏奠定坚实基础。

三、西藏国有企业履行社会责任的现状及存在的问题

近些年来,西藏国有企业不断壮大,国有资产不断增加,整体水平和综合效益不断提高,截至 2016 年年底,全区 472 户国有企业资产总额 1929.21 亿元、所有者权益 659.12 亿元,比 2013 年分别增长 37.14%、45.52%;实现营业收入 196.66 亿元、利润总额 43.41 亿元、上缴税金 12.03 亿元,比 2013 年分别增长 50.34%、34.46%、70.24%。西藏国有企业在履行社会责任方面也做出了很多探索。在中央精神和国务院国资委的指导下,近年来,西藏国有企业履行社会责任取得了显著成就。特别是在自治区国资委的直接推动下,大多数西藏国有企业在维护社会稳定、经济发展、精准扶贫、生态保护与可持续发展、藏民族传统文化保护与传承、公益捐赠、参与社区建设等方面做了大量工作,企业大力推进社会责任管理提升,社会责任管理体系不断健全,深入实施和谐发展战略,企业经济社会环境综合价值创造能力显著提升,社会责任能力建设不断强化,队伍素质和能力水平明显增强,得到了党中央、国务院的充分肯定,也得到了社会各界的高度评价。然而,我们也应该清醒地看到,在社会责任逐步融入中央企业战略和管理的过程中,西藏国有企业在对社会责任的认识和理解中、在社会责任的管理和实践中还存在较大差距,部分国有企业社会责任缺失的情况仍然存在,有些企业只是做做表面文章,与国家要求和社会期望相比还有很大距离,存在改进和发展的空间。

(一) 西藏国有企业在保护职工权益方面有待进一步强化

西藏国有企业在降低生产经营成本的同时，也要考虑维护职工安全卫生、社会保障等权益，而西藏国有企业在改革发展过程中，在一定程度上忽视了保护职工的权益。第一，国有企业履行社会责任中，企业员工的安全问题是非常重要的，在生产过程中强调安全生产及相关预防，是国有企业在发展阶段中必须履行的法律责任。然而，出于自身经济利益的考虑，不严格执行国家的法律法规，矿产、能源、建材类西藏国有企业在实现经济效益的时候，忽略了保证企业员工的健康和安全这个重要的社会责任，对员工的生命和财产安全重视程度不够，对安全设备及设施没有实行安全标准，安全缺乏投入，造成了部分国有企业存在安全责任事故隐患。第二，部分西藏国有企业在改制和重组的过程中，存在诸如改制不规范、不透明等现象，在没有提供完善的社会保障的情况下，改制后拖欠职工工资和经济补偿金、欠交社保费等，损害了职工的合法权益，影响了社会的安定团结，部分西藏国有企业在维护各利益相关方权益的机制还有待进一步完善。

(二) 西藏国有企业吸纳就业潜力有待进一步挖掘

当前，西藏就业的压力越来越大，仅靠机关事业单位解决就业的路子会越来越窄，西藏国有企业要承担起吸纳就业主力军的责任，但西藏国有企业吸纳就业仍不充分。西藏的骨干企业目前主要还是国有大中型企业。2016 年西藏国有控股企业的资本存量占比仍然高达 66.7%[①]，也一直是西藏固定资产投资的主体。可是，在就业吸纳能力方面，国有经济却大大低于非国有经济，吸纳就业明显不充分。国有经济尤其是国有企业，由于占据了不向民间资本开放的关键经济部门，盈利能力也远高于竞争激烈的中小企业。其中，2016 年，自治区政府国资委出资企业（不含西藏航空公司）资产总额 267.68 亿元、所有者权益 173.26 亿元，比 2013 年分别增长 91.61%、78.02%；实现营业收入 51.18 亿元、利润总额 9.8 亿元、上缴税金 9.96 亿元，比 2013 年分别增长 84.17%、52.65%、39.46%；职工年人均收入达到 9.18 万元，比 2013 年增长 55.59%。这说明西藏国

---

① 数据来源：《西藏统计年鉴 (2017)》。

有企业有能力、有潜力来吸纳更大数量的就业。

（三）西藏国有企业尚未建立专业的企业社会责任管理体系

企业履行社会责任作为战略决策的一个构成部分，需要有专门的组织体系负责这项活动，融入整个企业管理工作当中。目前，大多数西藏国有企业没有建立有效的关于社会责任方面的管理系统，企业内相关社会责任部门机构设立不规范，尽管一些国有企业自身也成立了承担相关社会责任的机构，但是在设立这些相关部门机构时，只是把一些维护员工的管理体系、社会福利管理体系等具体的管理体系简单罗列在一起，而不是从深层次来考虑社会责任本身就是一个整体，从而建立一个全面完善的企业社会责任管理系统。部分西藏国有企业根据上级主管部门要求，就自身特定的社会责任分工而建立了特殊的社会责任机构，诸如，强基惠民领导小组、安全生产领导小组、节能减耗工作小组等，这种拆分形式并不系统，而且未建立全面、统筹全局的社会管理机构，只是流于形式，使得企业内各个社会责任职能部门被机械地分离开来，这样就会造成管理职能的重合以及管理出现"真空带"。

（四）西藏国有企业社会责任沟通机制不畅

西藏矿业股份有限公司、西藏天路股份有限公司、西藏高争建材股份有限公司等上市公司每年年初发布社会责任报告，并且构建了专门的管理体系。但是，由于各地市受自然环境、宗教文化等因素影响，不同分公司的利益相关方存在一定程度的差别，各方对企业社会责任的具体要求也不完全一致，这就导致了这些公司在企业社会责任报告中提出的履行社会责任的要求很难符合众多差异化的利益相关方的具体需求。也就是说，社会责任沟通机制不畅既表现在总公司与各分公司的沟通上，也引发各分公司与各自利益相关方的沟通存在一定的问题。比如西藏矿业的施工，各项法律法规政策都严格执行，尽量吸收当地农牧民就业，并且将部分工程承包给当地农牧民，但是矿区所在地政府或农牧民还是会以各种不正当理由阻碍正常施工，这就是社会责任沟通机制不畅、协调不力造成的。

（五）西藏国有企业履行社会责任的评价体系不够完善

企业社会责任建设包括很多内容，其中尤其重要的一个方面就是要建立系统科学的评价体系,有效的评价和监督体系是促进企业自觉去履行社会责任的有力保障。由于西藏国有企业社会责任建设刚起步,在企业社会责任评价、监督效能评估等方面还没有形成系统的社会责任评价体系,相关的标准只是零星地存在于一些相关的法律法规中,企业承担的社会责任缺乏比较明确的向导。首先,西藏上市国有企业的社会责任报告可参考性低,不够客观,往往都是只报喜不报忧,且大多数西藏国有企业仅以企业社会责任报告一项内容作为评价自身应该承担的社会责任的衡量标准,这是远远不够的。其次,因西藏国有企业地处高海拔、运行成本高的青藏高原,履行社会责任有其特殊性,全国通用的国有企业履行社会责任评价标准不能准确、客观地反映西藏国有企业经营活动的各项指标,也无法准确评价西藏国有企业的社会成本占有率和社会贡献率,也无法对西藏国有企业的维稳社会责任、精准扶贫责任以及环境保护等方面进行全方位、科学有效的评价。

四、优化西藏国有企业履行社会责任的建议

在党的十九大报告中,习近平总书记做出了国家已经进入中国特色社会主义新时代的重大的政治判断,相应地,我国社会的主要矛盾也已经转化为人民日益增长的美好生活需要和不平衡不充分的发展之间的矛盾。这个矛盾变化是带有全局性、历史性的变化,对党和国家的许多方面都提出了新的要求,在经济方面,习总书记深刻指出了发展的不平衡、不充分之间的问题、矛盾,包括发展的质量和效益还不高,创新能力还不够强,实体经济水平还有待提升,生态环境建设还任重道远,等等。紧紧围绕这些问题在不同时段、不同阶段的表现形式,结合西藏特殊区情,西藏国有企业应积极履行社会责任,更需要社会全员齐抓共管,共同促进企业社会责任建设和发展。本研究将按措施实施主体进行分类,从政府推进、企业完善和社会监督三个方面提出优化西藏国有企业履行社会责任的具体建议。

(一)政府推进企业社会责任建设

1. 健全西藏国有企业社会责任相关制度体系

国家制定的法律法规、政府制定的政策能够对企业决策产生直接影响,是规范企业行为、促进企业履行社会责任的有效、有力手段,也是监

督、评价企业履行社会责任情况的基础和标准。西藏地方政府应按照国家相关法律法规，充分发挥民族自治立法的权限，加强地方立法，制定一整套完整的、符合西藏区情的国有企业社会责任管理制度体系，以推进西藏国有企业社会责任建设。一是要完善国有企业社会责任内容的规定性制度，应从法制化的视角明确国有企业社会责任内涵。二是西藏地方政府推进国有企业社会责任发展的规划性方案等政策，应结合西藏区情实际，研究西藏国有企业的发展阶段、体制特征、管理能力及履责能力，并结合西藏经济和社会发展目标、特殊矛盾，分阶段、分步骤地进行推进。

2. 构建政府与行业、企业合作机制

西藏地方政府一方面要对企业社会责任进行宏观管理引导，另一方面应积极发挥行业和企业组织的作用，比如对国有企业负责人和员工进行有关企业社会责任政策和价值观的教育培训，增强相关人员的责任意识，从而进一步规范自身的经营管理行为。还可以通过普法培训、答题活动等形式，增强西藏国有企业和员工的法律意识，从而使企业管理更加规范，劳工权益得到保障，特别是在收入分配上，政府应加强对国有企业的要求，继续完善收入分配的相关法律制度，向低收入者倾斜，根据实际需要调整最低工资标准，通过对户籍政策和农牧民务工人员政策的调整，减少边缘化现象，使劳动者与国有企业和所在城市能融洽、和谐地共同发展。

3. 强化西藏国有企业社会责任审核评估

西藏地方政府应建立西藏国有企业社会责任评估体系，明确评估指标、评估标准、评估程序、执行部门及人员、评估结果应用等方面内容。在设立评估指标时，应借鉴其他省市先进经验，除了经济效益指标外，环境、资源、人力、公益、员工满意度、社会评价等内容也应纳入评估体系，对西藏国有企业社会责任进行全方位的审核。对评估标准和评估程序也应有明确的要求、清晰的阐述，使评估实施者和被评估企业都能按照统一标准来确认评估结果，便于沟通和反馈，减少人为因素对评估结果的影响，确保评估过程公平、公开、透明，使评估工作确实起到促进企业履行社会责任的目的。对评估部门和评估人员的评估工作，也应有具体的规范和要求，确保标准统一、程序一致，同时明确违纪违规惩处措施，避免评估者与被评估者串通或单方面不据实出具评估结果。同时还应明确社会责任评估结果的应用，及时形成反馈意见，促使西藏国有企业提高对社会责任履行和审核评估工作的重视程度，努力提升西藏国有企业社会责任管理

水平。

4. 完善西藏国有企业社会责任税收优惠制度与金融扶持政策

为提升西藏国有企业社会责任方面的建设水平，西藏地方政府可考虑把税负水平降低到适度水平，同时减少一些不必要的收费项目，对履责表现良好的国有企业给予相应的税收优惠和财政补贴，引导一些低产能、高耗能、高污染企业逐渐退出，并鼓励其踊跃进入高科技产业。同时，作为企业社会责任激励机制，金融扶持政策责任重大。西藏金融管理部门应根据企业的履责情况通过一种完备的社会责任评价体系给予其打分并进行排名，适时发布企业履行社会责任的详细情况，建立信息共享平台供银行和政府使用，进而给予银行相应的参考信息，赋予履责表现良好的国有企业以信贷优惠利息和优先权，推行责任信贷。

（二）西藏国有企业完善社会责任体系

1. 增强西藏国有企业管理者的社会责任意识

管理者对企业社会责任的认知不清是西藏国有企业履行社会责任不足的主要约束因素之一，可以通过教育培训增强西藏国有企业管理者的社会责任意识。教育的目的在于让管理者形成社会责任理念，明确社会责任的重点，最终让管理层认识到履行企业社会责任的重要意义，牢固树立社会责任意识，高度重视社会责任工作，把履行社会责任提上重要议事日程，与企业改革发展和生产经营等工作结合起来部署，能够成为企业可持续发展的有效途径和方式之一。教育可采取举办集中培训班、讲座，编印宣传手册，利用企业刊物、网站、宣传栏媒介等多样化形式，如自治区国资委、工信委等政府职能部门和有关行业协会定期组织针对区直国有企业中高层管理者的企业社会责任专题培训，同时，自治区党委组织部门针对处级以上领导干部举办的各类党校培训班，应增加企业社会责任相关课程，提高企业高层管理者对企业社会责任的认知水平。

2. 建立和完善履行社会责任的体制机制

第一，将履行社会责任融入公司使命。只有广大员工认可和实践履行社会责任的公司使命，才能切实将其作为日常行动的指南。第二，将履行社会责任的要求纳入公司治理，融入公司战略，明确归口管理部门。只有把履行社会责任的要求全面融入公司发展战略，有效地管理企业运营对社会和环境的影响，才能大力推进西藏国有企业发展方式的转变，促进西藏国有企业现代化建设。第三，将履行社会责任的要求融入公司运营。履行社会责任的要求与公司运营体系的有机融合是确保公司履行社会责任取得实效的关键。要把履行社会责任的要求融入公司现有的组织管理体系和日常管理体系，对管理制度、标准和程序进行系统、规范的丰富和完善，并将其落实到每项业务、每项工作、每项流程，成为每位员工的岗位职责、价值追求和自觉行动，推动公司全面、全员、全过程、全方位履行社会责任。第四，将履行社会责任的要求融入公司文化。树立和落实履行社会责任的理念，需要企业文化的有力保障。要广泛开展社会责任宣传和培训，弘扬"发展公司、服务社会，以人为本、共同成长"的社会责任观，把履行社会责任的要求有机融入公司安全文化、服务文化、管理文化和廉洁文化的建设过程，培育和丰富公司的责任文化，努力营造有利于企业履行社会责任的良好氛围，建立保证公司全面履行社会责任的长效机制。

3. 切实维护员工的合法权益和正当利益

员工利益是企业社会责任中最直接和最主要的内容，企业效率最终也取决于员工的活力与创造力，因此，西藏国有企业应高度重视维护员工的合法权益与正当利益。一是在推进国有企业改革过程中，落实职工董事、监事真正有效地参与企业决策、监督的具体形式和方式，落实职代会、厂务公开等企业民主管理制度与现代企业制度的有效结合。二是不断完善企业保障民生体制机制。充分认识自治区内国有企业在各个历史时期的特殊作用和广大企业职工在发展稳定方面的默默奉献，关心关爱职工健康。进一步完善企业职工社会保险制度，制定企业年金、职业年金、商业保险制度，建立健全企业和谐劳动关系创建、劳动条件改善、保障性住房建设、维护合法权益等方面的长效机制，切实保障和改善民生。在用工制度上，严格执行《劳动法》《劳动合同法》等劳动政策法规，企业分配关系处理上，要建立与市场经济要求相适应的激励和约束机制，形成合理有序的收入分配秩序，继续落实自治区国资委的每年职工持续增资10%～20%的要求，让员工共享企业改革发展的成果。三是坚持"以人为本"的管理理念，贯彻落实"人才强企"战略，保障员工接受职业技能、企业价值理念、科学文化素养等方面的培训，提高员工素质，促进员工的全面发展，努力为员工提供优越的工作环境、构建和谐的人文环境、提供广阔的发展平台，严格执行劳动安全卫生制度、社会保障等方面的国家规定和标准，不断完善各项人力资源相关制度，依法维护员工的劳动保护、社会保障、安全生产条件等权利和利益。四是建立困难职工帮扶机制。充分发挥国有企业工会保障和维护职工权益的作用,密切联系职工,关心职工生活,深入职工家中,察实情、解难题、办实事。研究完善困难职工帮扶机制,健全完善困难职工、患重大疾病职工、遗属遗孤、单亲女职工等困难群体帮扶措施。

4. 积极吸纳高校毕业生和农牧民到国有企业就业

就业是最大的民生,充分就业是社会和谐的经济基础,西藏国有企业应该是吸纳高校毕业生和农牧民就业的主要力量。在规范意义上,国有企业其实应该被称为"公共企业",如果行业市场准入限制是有必要的话,那么这些企业就应该承担相应的公共性职能,而充当就业的"蓄水池",应是其承担的重要职能之一。① 西藏国有企业要正确处理好高校毕业生就业和市场就业的关系,配合政府做好就业工作,吸引更多高校毕业生到国有企业工作,也要正确处理好资源开发和解决当地农牧民增加收入的关系,积极参与脱贫攻坚,吸纳农牧区剩余劳动力到国有企业就业。第一,西藏国有企业积极吸收高校毕业生就业。《国务院办公厅关于做好2013年全国普通高等学校毕业生就业工作的通知》(国办发〔2013〕35号)要求,做好高校毕业生就业工作,关乎经济发展、民生改善和社会稳定,引导国有企业积极履行社会责任,吸纳更多高校毕业生就业。② 在当前西藏高校毕业生就业形势严峻的背景下,西藏国有企业都是资本密集型和技术密集型的行业,吸纳大学生就业,也有利于人尽其才,避免人力资源的浪费。西藏国有企业应落实西藏自治区党委、政府关于促进西藏籍高校毕业生就业政策要求,做好吸纳高校毕业生的人力资源需求规划,每年应积极参与西藏自治区人社厅、国资委组织的西藏高校专场招聘会,定期组织校园招聘活动,开展高校专场就业宣讲活动,吸引高校毕业生到国有企业就业,并积极落实西藏自治区关于高校毕业生到企业就业的优惠政策,强化高校毕业生的技能培养,让西藏国有企业成为吸纳高校毕业生就业的主要力量。第二,西藏国有企业积极吸纳农牧民就业。吴英杰在西藏

---

① 苏振华:《国企应该是吸收大学生就业的主力》,见 http://news.sina.com.cn/pl/2009-02-17/082817230401.shtml.

② 国务院办公厅:《关于做好2013年全国普通高等学校毕业生就业工作的通知》(国办发〔2013〕35号),2013年5月16日。

自治区第九次党代会上要求，要提高农牧区富余劳动力转移就业组织化程度。① 这就要求西藏企业在吸纳富余农牧民就业方面要发挥积极作用，通过培训提升农牧民技能，着力增强农牧民实用技术和能力水平，吸纳农牧民进入企业工作，为农牧民提供适合的岗位与相匹配的待遇，保障农牧民就业安全；与政府合作，提高农牧民劳务输出组织化程度，形成以技能培训促进就业、以技能就业促进收入增加的惠民招聘体系。

（三）发挥社会监督的作用

1. 发挥行业协会的监督作用

行业协会是同一行业内从业人员、组织为使本行业正常运行而建立起来的自治组织，行业协会自身的性质决定了它在企业社会责任建设中所担负的重要作用。行业协会是自发成立的组织，其对组织行为的约束力更强。一旦有组织背离协会的规则，会面临被驱逐出协会的可能。行业协会的自发性也使得其在规范性上欠佳，往往缺乏比较规范的规则文件来约束会员的行为。因此，若要使行业协会在西藏国有企业社会责任履行中起到监督作用，行业协会首先要制定完善的行业规则，明确规定协会内成员所要承担的公共服务职能。在监督西藏国有企业履行社会责任时，行业协会需要做好宣传工作，对西藏国有企业所需要承担的社会责任多加宣传和引导，推动他们自发投入到履行社会责任的事业当中。

2. 发挥社会媒体的监督作用

社会媒体是国有企业对外进行信息传递、打造企业形象、推广和销售产品的重要媒介，在监督国有企业社会责任履行方面起到非常重要的作用。社会媒体主要通过引导功能与舆论功能来发挥监督作用，能够充分将国有企业的社会化责任显示出来，建立与企业发展有利的信息平台。因此，西藏国有企业都应陆续建立专门的媒体沟通部门，负责企业的对外宣传，建立自己的官方网站，让企业微博、企业论坛成为企业员工之间、消费者与企业之间进行互动交流的关键方式，为西藏国有企业社会责任建设贡献自己的力量，积极营造有利的舆论氛围，树立企业和媒体在公众心目中的良好形象，这对西藏国有企业履行社会责任状况的改善起到良好的监督作用。

---

① 吴英杰：《在西藏自治区第九次党代会上的工作报告》，2016年11月22日。

3. 加强信息披露，完善沟通机制

建立企业社会责任披露机制，从内部或外部对企业行为进行约束，能够避免企业处于为善无人知的境地，也能避免出现企业作恶无人晓的局面，能够扩大或降低企业承担社会责任的收益，从而影响企业的利润。西藏国有企业应建立健全信息披露机制，通过自行披露、政府检查抽查、公众监督举报等多种形式相结合的方式，公开企业履行社会责任情况，也与内部、外部利益相关者沟通，和社会公众建立良好的沟通机制，加强互动。西藏国有企业通过发布企业社会责任报告或可持续发展报告、在企业网站等媒体披露企业相关信息，让利益相关者能及时了解企业发展动态，使得企业通过利益相关者的反馈能及时修正企业行为，增强公众对企业的认识，增进交流，增加共识，改进企业经营管理，进一步提高企业经营质量和社会责任履责质量，更好地发挥西藏国有企业履行社会责任的影响力。

国有企业是推动西藏改革发展的重要保障和支撑，不仅承担西藏经济稳中求进发展的重任，也是维护社会稳定的重要力量。加强西藏国有企业社会责任建设是当前西藏经济形势发展的迫切要求，也是贯彻落实中央精神的重要举措；是增强西藏国有企业竞争力的有力手段，也是实现西藏经济可持续发展的必然要求。我们有理由相信，西藏国有企业的社会责任如果可以率先实现全面的落实，作为西藏其他企业的表率和榜样，也可以带动西藏其他企业社会责任意识的提高，使其他企业纷纷效仿，形成西藏企业充分履行社会责任的政治格局、经济格局、生态格局与民生格局，让西藏广大民众共享西藏企业改革发展的成果。

基于信息化的山南市城乡一体化建设项目调研报告[①]

赵 莉[②]

党的十九大报告指出,五年来,我国城镇化率年均提高1.2个百分点,区域发展协调性增强,从2020年到2035年,在全面建成小康社会的基础上,再奋斗15年,基本实现社会主义现代化。区域城乡一体化建设是保障和推动我国经济可持续发展的重要战略部署和重大举措,是实现社会经济的长期战略目标的关键。[③] 西藏自治区是我国西南边陲的重要区域,由于其高、旱、寒的特殊自然条件和经济相对落后的现实状况,城乡一体化进程相对滞后。如2016年我国城市化率为56.1%,而西藏仅为26%,说明西藏城镇人口比例仍旧很小,城镇化建设任重道远。

山南市是藏民族的发祥地,北接拉萨,西与日喀则毗邻,东与林芝相连,南与印度、不丹两国接壤,在地理位置、气候土壤条件、人口规模、资源禀赋、经济基础等方面,均具有非常重要的优势。因此,山南市的城市化建设对于西藏自治区城市化水平的影响非常重要。

为切实了解山南市城市化建设情况,掌握真实可靠的一手信息,以保障研究结论的真实性,项目组成员于2017年8月,分别对山南市乃东区、扎囊县、浪卡子县、加查县、措美县和错那县进行了为期12天的调研。本次调研主要采用了访谈(包括电话访谈)、问卷调研法的方式,对山南市的城乡信息化建设中信息化基础设施建设、网络设施建设、电视机电话使用、手机使用、家庭信息设备拥有和使用、居民使用信息等展开了

[①] 基金项目:本调研报告系西藏民族大学2011西藏文化传承发展协同创新中心2017年委托课题"基于信息化管理的西藏山南地区城乡一体化建设研究"(课题编号:XT – WT201705)的阶段性成果。

[②] 作者简介:赵莉,西藏民族大学财经学院副教授,主要研究方向为经济政策与数据分析。

[③] 徐盘钢:《上海农村信息化推动城乡一体化》,载《上海农村经济》2018年第2期,第7 – 9页。

研究。

一、山南市城乡基本状况

(一) 城乡人口

山南市辖1区11县,即乃东区、琼结、扎囊、贡嘎、桑日、曲松、加查、浪卡子、措美、洛扎、隆子、错那11个县,共24个镇58个乡、596个行政村,总面积约7.97万平方千米。(见表1)截至2017年,山南地区共有居民11.8万户,总人口34.9万人,近90%的人口从事农牧业。除乃东区的非农牧业人口比例较高外(仍不足30%),其他各县的非农牧业人口比例均不足11%。山南地区地广人稀,人口平均密度不足5人/平方千米,其中乃东区人口密度近30人/平方千米,贡嘎县人口密度超过20人/平方千米,扎囊县、琼结县人口密度在15~20人/平方千米,其他县人口密度均不足10人/平方千米。(见表2)近一两年山南地区人口增长较快,人口增长率达6.4%,高于全国同期平均增长率。

表1 2017年山南地区县、镇、乡统计①

序号	区(县)	镇、乡(24镇、58乡)
1	乃东区	泽当镇、昌珠镇、亚堆乡、索珠乡、多颇章乡、结巴乡、颇章乡
2	扎囊县	扎塘镇、桑耶镇、扎期乡、阿扎乡、吉汝乡
3	贡嘎县	吉雄镇、甲竹林镇、杰德秀镇、岗堆镇、江塘镇、朗杰学乡、昌果乡、东拉乡
4	桑日县	桑日镇、增期乡、白堆乡、绒乡
5	琼结县	琼结镇、加麻乡、下水乡、拉玉乡
6	曲松县	曲松镇、罗布萨镇、下江乡、邱多江乡、堆随乡
7	措美县	措美镇、哲古镇、乃西乡、古堆乡

---

① 薛鸿博:《西藏山南地区城镇发展研究》,北京建筑大学2012年硕士学位论文。

续表1

序号	区（县）	镇、乡（24镇、58乡）
8	洛扎县	洛扎镇、拉康镇、扎日乡、色乡、生格乡、边巴乡、拉郊乡
9	加查县	加查镇、安绕镇、拉绥乡、崔久乡、坝乡、冷达乡、洛林乡
10	隆子县	隆子镇、日当镇、列麦乡、热荣乡、三安曲林乡、准巴乡、雪萨乡、扎日乡、玉麦乡、加玉乡、斗玉珞巴民族乡
11	错那县	错那镇、卡达乡、觉拉乡、浪坡乡、曲卓木乡、库局乡、麻麻门巴民族乡、贡日门巴民族乡、吉巴门巴民族乡、勒门巴民族乡
12	浪卡子县	浪卡子镇、打隆镇、张达乡、伦布雪乡、多却乡、普玛江塘乡、阿扎乡、卡龙乡、白地乡、卡热乡

表2 山南市各区（县）人口密度统计

乃东区	贡嘎县	琼结县	其他县	平均人口密度
30人/平方千米	20人/平方千米	15～20人/平方千米	<10人/平方千米	<5人/平方千米

山南市居民以藏族为主，藏族人口占总人口的93.74%；汉族人口占总人口的5.59%；其他少数民族人口占总人口的0.67%。其他少数民族中，超过500人的有门巴族、超过400人的有回族、超过100人的有珞巴族。山南市的门巴族主要集中在错那县的门巴族乡。

（二）经济发展水平

2016年，山南市的地区生产总值（GDP）为126.53亿元，相比较上一年度增长率为9.9%，经济发展保持稳定增长。其中，山南市第一产业生产总值为6.14亿元，同比增长5%；第二产业生产总值为62.03亿元，同比增长12.1%；第三产业生产总值为58.36亿元，同比增长8.2%。（见表3）山南市人均生产总值为35038元，同比增长率10.1%。2015年三大产业生产总值比分别为5.1∶48.6∶46.3，2016年三大产业比调整为

4.9∶49∶46.1。其中，第一产业、第三产业占有比率同比下降0.2个百分点，第二产占有比率提升0.4个百分点。从从业人员数量来看，山南市单位从业人员26065人，比上一年度增加869人，同比增长率为3.4%，其中从业人员工资总额297453万元，增长13.5%，年人均工资114120元，增长8.4%。从山南市居民消费价格来看，总水平同比上涨2.5%，同比增加了1.3个百分点；从具体消费价格项目来看，生活用品和服务价格上涨超过2.5%，其他用品和服务、食品类价格、医疗保健及教育文化和娱乐等分别上涨4.9%、4.7%、3.6%、3.5%、2.9%，居住类、衣着类价格上涨基本持平，交通和通信类反而下降1.2%。

表3 2016年山南市三次产业统计

类别	产值	比例
第一产业	6.14亿元	5.0%
第二产业	62.03亿元	12.1%
第三产业	58.36亿元	8.2%

近年来，中央及湘、鄂、皖等兄弟省份加强对山南市的援助，但是援助主要集中于市区基础设施建设和各行政中心城镇的建设。乃东区作为市行署所在地，生产总值约23.7亿元，在地区内各县之间相比较高，但是与其同级别的昌都市行署所在地卡若区约27.9亿元的数值相比还是要小得多，与日喀则市（县级市）、拉萨市城关区以及东部发达地区的县（市）更是不可比。①

（三）土地使用

土地资源是城镇发展的最基本条件。山南市土地总面积7.97万平方千米（含印控区2.87万平方千米）。山南市的农用地面积633.20万公顷，占全地区土地总面积的79.45%。其中耕地面积6.38万公顷，占农用地总面积1.01%；林地面积306.89万公顷，占农用地总面积的48.47%；园地面积0.04万公顷，占农用地总面积的0.005%；牧草地面积317.93

---

① 资料来源：《西藏统计年鉴（2016）》。

万公顷，占农用地总面积的50.21%；其他农用地面积1.97万公顷，占农用地总面积的0.31%。建设用地面积0.74万公顷，占全地区土地总面积0.09%；未利用土地面积163.06万公顷，占全地区土地总面积的20.46%。（见表4）

（四）山南市城镇化建设的基本状况

世界城镇化进程表明，城镇化的快速发展是任何国家和地区不可逾越的阶段。而且，当一个国家或地区的城镇化水平达到30%左右时，该国家或地区的城镇化将进入快速发展时期。山南市2010年城镇化率为21.94%，其"十二五"规划的目标是城镇化率达到30%。这也就是说，目前山南市的城镇发展基本上或者已经度过了城镇化的初期阶段，开始进入城镇化的快速发展期。根据历史经验，面对未来突飞猛进的城镇化发展，山南市应未雨绸缪、科学应对。

表4　山南市用地情况统计①

总类型	用地类型	面积（万公顷）	占农用地百分比
农用地	耕地	6.38	1.01%
	林地	306.89	48.47%
	园地	0.04	0.005%
	牧草地	317.93	50.21%
	其他农用地	1.97	0.31%
	总计		占全地区土地总面积百分比
		633.20	79.45%
建设用地		0.74	0.09%
未利用土地		163.06	20.46%

数据显示，在山南市不高的城镇化水平中，本土居民的城镇化水平更低。整个山南地区城镇人口中外来人口比重大，外来人口约为城镇人口的

---

① 依据山南地区国土资源局网站数据整理，见http：//www.sn.xzgtt.gov.cn/。

50.27%，外来人口的机械增长对城镇化的贡献率极高。除扎囊县以外，各县的外来人口占城镇人口比重都在25%以上。在乃东区、贡嘎县、曲松县、措美县、洛扎县、隆子县外来人口占城镇人口的比重超过了50%，其中措美县的外来人口占城镇人口的比重甚至超过了75%。山南地区本地居民的城镇化发展之路任重道远。

（五）山南市城乡信息化建设基本状况

1. 基础设施建设情况

目前，山南市乃东区和11县城区以及72乡镇政府所在地均已实现有线电话全覆盖，有线电视或卫星电视全覆盖。2008年中国电信西藏分公司启动"乡乡通光缆"工程之后，山南市很快便实现了100%的乡镇通光缆、通宽带的目标。

2. 信息设备拥有情况

本次调研共发放200份调研问卷，回收调研问卷198份。其中180份有效问卷，18份无效问卷。统计显示，家中有电视机的170个，没有电视机的10个，电视机拥有率94%；家中有广播的80个，没有广播的100个，广播拥有率44%；有电话的60个，没有电话的120个，电话拥有率33%；有手机的180个，没有手机的0个，手机拥有率100%；有电脑的148个，没有电脑的32个，电脑拥有率82%；有iPad的42个，没有iPad的138个，拥有率23%，如图1所示。可以看出，手机的拥有率最高，其他依次为电视机、电脑、广播、电话、iPad。说明手机、电视的使用率是最高的。另外，通过谈话发现，在网络发达、手机功能强大的背景下，手机在一定程度上替代了电脑、广播，特别是固定电话的功能，很多人认为有了手机就没有必要装电话、买广播了，这应该是电脑、电话、广播拥有率不高的主要原因。

3. 信息设备的使用情况

通过调研问卷和访谈发现，不同家庭的信息设备的使用效率、使用方向等存在较大差异。有些家庭的信息设备很少使用，几乎作为摆设放在家里，使用效率极低；有些家庭的信息设备虽有使用，但更多的是用于娱乐、游戏等。统计显示，信息设备用于市场信息、新闻的占40%，用于娱乐的占85%，用于科技的占8%，用于信息交流的占32%，用于网上购物的占61%，用于其他的占28%。（见图2）通过上述统计信息可以看

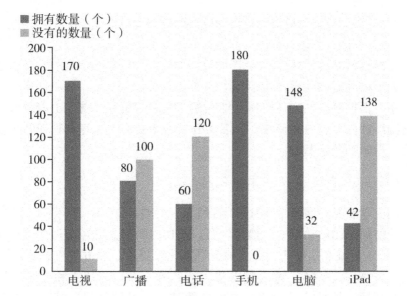

图1　山南市信息设备使用情况统计

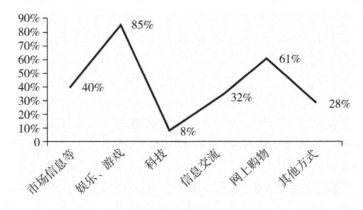

图2　山南市信息设备拥有状况统计

出，信息设备特别是电视机、电脑最广泛的是用于娱乐，主要集中在电视剧、电影、综艺小品等影视节目，用于市场信息、科学技术等方面的明显比例偏低。另外，上述信息设备中，手机、电脑的使用率明显偏高，几乎占据了所有信息设备使用时间的80%以上。

二、基于信息化的山南市城乡一体化建设的研究方法

通过调研掌握了关于山南市城乡一体化和信息化现状的相关数据资料，为了使调研结果更加清晰地体现信息化对山南市城乡一体化建设的重要作用。根据已有的实地资料，结合相关学者的研究，着手山南市城乡一体化测度和信息化管理测度，为后文分析基于山南市信息化管理的城乡一体化建设影响奠定基础。

（一）山南市城乡一体化指标测度

国内学者从不同角度阐述了对城乡一体化的理解，杨荣南（1997）从理论层面提出政治融合、经济融合、人口融合和生态环境融合，顾益康（2004）认为城乡一体化应涵盖城乡一体化发展度、差异度和协调度三个方面，完世伟（2006）等人提出空间、经济、人口、社会和生态环境五个一级指标，任平等（2006）提出自然基础、城镇体系、基础设施、经济发展、社会联系和环境条件，罗雅丽（2007）提出城乡发展水平、城乡发展协调度，朱顿（2008）提出城乡社会发展、经济发展和生态环境融合度，曹志刚（2009）认为经济、社会、产业结构、政策制定、生态和文化发展一体化有利于城乡一体化建设，马和等（2009）提出空间、经济、社会、基础设施和生态指标。[①]

通过实地调研发现，目前山南市融合互补抓一体发展。突出"十个一体化"，启动"拉萨山南一体化发展四年行动"。一是推进体制机制一体化。二是推进空间布局一体化。三是推进基础设施一体化。四是推进产业发展一体化。五是推进城乡建设一体化。六是推进生态环保一体化。七是推进公共服务一体化。八是推进市场体系一体化。九是推进改革创新一体化。十是推进社会治理一体化。目前，山南市城乡一体化建设取得一定成效。山南市统筹城乡建设，实施泽当城镇建设补齐短板工程，加快推进乃东3个棚户区改造项目，启动泽当市民公园和"见缝插绿"工程，开展海绵城市、综合管廊、环城路前期工作。开展泽当生态修复、城市修补

---

① 刘瑞强：《城乡一体化的动力机制构建与发展策略研究》，载《生产力研究》2018年第1期，第60-63页。

"双修"试点工作,推进泽当园林城市和文明城市创建,确保建成自治区级卫生城市。加快推进桑耶、杰德秀和勒布三个特色小城镇项目,高质量建成30个基层政权示范点和一批高寒乡镇供暖工程。同时,山南市通过城乡道路修建推进城乡发展,如尽快完成所有边境通村公路前期工作,启动边境村"户户通路"工程。城乡生态一体化是城乡一体化的重要组成部分,山南市制定"带着政策进山"方案,把玉麦乡和扎日、肖站等管控薄弱的边境一线重点村庄纳入固边富民工程。坚持一村一特色,科学规划96个边境小康示范村,精心打造拉郊、公章浦等生态文明小康示范村。

本文认为,山南市城乡化建设评价指标体系的构建必须参考学者对关于城乡一体化建设的指标体系,山南市城乡发展一体化水平的测度应当从城乡发展度和城乡协调度两个视角出发。其中,山南市城乡发展度是全面反映当地经济社会的水平,是建设高水平城乡一体化的前提。尽管山南市城乡一体化的核心内容是城乡居民在生活水平、基础设施和公共服务等领域享受同等待遇,但不能就此认为城乡一体化即是努力拉平城乡在上述领域的差距,营造一种城乡公平的局面,而应当是推动城乡协调发展,共同享受经济社会发展成果,我们要实现的是建立在物质与精神丰裕基础上的高水平的山南市城乡发展度和城乡协调度。山南市城乡发展度是全面反映山南市城乡经济社会发展的指标体系,其涉及内容包含经济、社会、生活、环境等多个领域,对山南市城乡一体化建设的物质基础和发展水平进行综合评价。对山南市城乡发展度的测度集中在宏观经济发展水平、居民生活水平、基础设施建设水平及资源环境保护水平四个方面。本文设置28个指标,分别从城乡宏观经济发展水平、居民生活水平、基础设施建设水平和资源环境保护水平四个方面进行考察。而城乡协调度是描述城乡一体化发展水平最直接的复合指标。城乡协调度则是对城乡在各领域发展水平差距的测度。城乡发展协调度的好坏反映了区域城乡二元结构问题的严重性和城乡一体化建设的难度。所以,从众多指标中筛选出10个基础指标衡量山南市城乡协调度,上述指标中,部分指标对应的数据可直接从相关统计资料中获得,另一些指标对应的数据则是初始数据经过计算之后得到的复合指标。

(二)山南市信息化建设指标测度

关于信息化,我国对信息化的研究可追溯到20世纪80年代中期。据文献统计，我国的信息化发展历程可以分为四个阶段：准备阶段（1993年以前）、启动阶段（1993—1997）、展开阶段（1997—2000）、发展阶段（2000年10月后）。我国于1997年召开第一次全国信息化工作会议，正式提出了国家信息化体系的概念，并把国家信息化的内容归纳为信息资源、信息网络、信息技术应用、信息技术和企业、信息化人才、信息政策法规和信息化标准六个方面。《国家信息化"九五"规划和2010年远景》确立了以信息化带动工业化的发展思路，信息化最终成为国家战略。①

关于信息化发展指标，我国信息化测度是国家统计信息中心受原国家信息化办公室委托，历经8年时间出台《国家信息化指标构成方案》。②信息产业部于2001年发布了我国国家信息化指标体系。我国的信息化指标是依据国家确定的信息化六要素，按照信息化指数法的思路，综合采用波拉特法和信息化法，将每要素分2～5项具体指标，细化为20项指标。③我国政府高度重视信息化工作，把信息化发展作为覆盖现代化建设全局的战略举措，并在《国民经济和社会发展信息化"十二五"规划（草案）》中引入信息化发展指数（Ⅱ）来综合评价和监测国家信息化发展的进程及总体目标的实现。信息化发展指数（Ⅱ）从"基础设施、产业技术、应用消费、知识支撑、发展效果"5个方面测量国家信息化的总体水平，对国家信息化发展状况做出综合性评价，从而为"十二五"期间准确把握我国及各省信息化发展水平和发展进程提供科学的、量化的依据。《"十三五"国家信息化规划》是指导"十三五"期间各地区、各部门信息化工作的行动指南。在发展目标上，《"十三五"国家信息化规划》与《国家信息化发展战略纲要》明确的2020年目标进行了衔接，使目标更加具体、更加细化，从信息化总体发展水平、信息技术与产业、信息基础设施、信息经济、信息服务5个方面确定了17项的量化指标，重新构

---

① 邱丽娟、王丹丹、苗雨君：《城乡一体化指标体系的构建与实证分析——以黑龙江省为例》，载《对外经贸》2017年第12期，第48–51页。

② 李晓红、潘明：《莆田：推进城乡融合发展》，载《中国电力企业管理》2017年总36期，第84–85页。

③ 胡洁：《西藏城乡发展一体化水平测度与评价研究》，载《西藏研究》2015年第5期，第75–86页。

建了我国信息化发展的量化指标体系。①

本文认为，山南市信息化水平评价指标体系的构建必须参考国家信息化指标体系，遵守信息化的基本规律，关注信息化要素过程特点及其与环境间的相互作用关系，同时还要考虑信息化发展现状以及发展目标，结合地方特点如人口、资源、环境之间的关系。因此，应参照国家信息化指标体系，结合山南市的实地调研、山南市的年度政府部门工作报告和山南市的地方发展现状，制定出涵盖六个方面的信息化水平评价指标。这些指标集合不是简单拼凑和堆砌，而是对信息化复杂系统特性的多指标综合评价，即把多个描述信息化不同方面、不同层次且量纲不同的统计指标，转化成无量纲的相对评价值，并综合这些评价值得出对信息化水平整体的评价。

三、影响西藏山南地区城乡信息一体化的问题及因素分析

（一）政府管理体系是城乡信息一体化的制度保障

1. 山南市多民族语言信息共享空间建设力度不够

多民族语言信息共享是支持少数民族相关学科科研人员跨语言信息获取和交流，与相关群体之间的科研协作，提升科学研究水平的现实需要。多民族语言信息共享空间建设是进一步巩固和加强民族团结，推进民族事务治理体系和治理能力现代化的迫切需要。多民族语言信息共享空间建设是构建多民族语言和谐社会生态，丰富中华民族多元一体格局实现形式的战略需求。跨语言信息交流平台是由西藏特殊的民族语言特征决定的。②山南市，特别是基层农牧区，藏族同胞占了90%以上，而相关信息策划，平台的顶层设计人员都是汉族，双方在信息交流上存在一定的困难，在一定程度上阻碍了城乡信息的交流。

---

① 汪士寒：《"互联网+"战略背景下城乡一体化商业模式创新的主要方法探讨》，载《经贸实践》2017年总第23期，第164页。

② 陈锡文：《以新型城镇化与新农村建设双轮推进城乡一体化》，载《求索》2017年第11期，第4—10页。

2. 山南市政府信息资源管理水平提升空间较大

信息资源管理水平是打造便民政府、服务型政府的重要手段,政府的信息资源管理手段直接影响百姓接受政府信息的效率。[①] 政府信息管理体系要素是城乡信息一体化的顶层架构,是政府信息管理的机制保障,缺一不可,包括政府信息资源基础建设、技术支撑等,如图3所示。政府是城乡信息流组成部分,山南市政府网上工作程度低,一站式门户在山南市尚未建立,山南市市级政府网上政务数据公开共享发展不是很成熟,政务信息交换速率不高,网络宣传方面的工作明显低于拉萨,农牧民从网上获取政务信息有限,调研中发现基层农牧民主要是通过横幅,标语获得政务信息。地区电子政务发展水平偏低制约信息共享。

图3 政府信息资源管理体系建设

(二)信息意识是城乡信息一体化的内生动力

信息意识是城乡信息一体化的重要影响因素,强烈的信息意识会促使各个层面的组织或个人参与信息化行为的自觉形成,为城乡信息一体化提供内生动力。我国在《中共中央关于制定国民经济和社会发展第十二个五年规划的建议》对全面提高信息化提出了总要求,即加强重要信息系统建设,强化地理、人口、金融、税收、统计等基础信息资源开发利用,实现电信网、广播电视机网、互联网三网融合,构建宽带、融合、安全的

---

① 朱容男:《我国城乡一体化发展的区域差异及其对策研究》,东南大学2015年硕士学位论文。

下一代国家信息基础设施,以信息共享、互联互通为重点,大力推进国家电子政务网络建设,整合提升政府为公共服务和管理的能力。可见,信息化的顶层设计已具有强烈的信息意识,其他层面的信息意识情况呈多样性的特点。对山南市来说,整体上信息意识的提升空间仍旧很大,主要表现在如下三个方面。

1. 农牧民的整体素质偏低,制约信息化的发展

受基础教育的影响,西藏农牧民对于信息特别是科技信息的接受能力不足,传统的生活价值理念使得对于信息攫取的主动性不强。据统计分析,西藏2015年15岁以上文盲率占全区33.73%。高于全国的平均水平。[①] 山南市作为西藏重要管辖地,农牧民受教育程度不高也是目前的客观现实。山南市位于冈底斯山至念青唐古拉山以南,雅鲁藏布江干流中下游地区,具有十分重要的战略位置,是藏民族和藏文化的发源地,藏族同胞氛围浓厚的宗教信仰深刻影响着藏族同胞的生活方式与农牧民偏好,导致农村信息化设备类型单一,不乐于接受新技术、新方法。调查显示,农牧民手机的使用率最高,手机已基本普及,但农牧民使用手机主要用于玩游戏等,用于获取信息的比率较低,这些因素将制约山南市城乡信息化的发展。

2. 信息技术人才不足

人才是发展建设过程中最为重要的资源,任何地方都离不开人才这一重要资源。信息化建设过程中,信息技术人才就是首要资源。信息技术人才的多寡决定了信息化的建设水平,也影响着周围环境对于信息化的认识,关系到信息化的发展理念。目前,山南市及管辖范围内的各级组织和各部门,信息技术方面的人才严重匮乏,农牧区的信息技术人才更是少之又少,高学历的人才更加少。信息化的发展离不开专业人员的技术和知识保障,信息技术人才的匮乏制约了山南市城乡信息化发展理念,影响了山南市信息化建设,限制了山南市信息化设备维护与更新等,最终也削弱了山南市整体的信息化意识。

3. 基层政府信息化建设的动力不足

西藏自治区是我国自治区域,享有自治权,实行村民自治。自治区政

---

① 朱新林:《城乡一体化背景下西藏农牧区公共服务供给研究》,载《西藏民族大学学报(哲学社会科学版)》2017年第3期,第19-25、154页。

府在中央政策的指导下，可根据当地实际情况实行自治。因此，从一定程度上讲，政府的行为对地方发展影响更大，基层政府的信息意识直接关系到城乡信息化建设进程。信息化发展规划、信息化建设的基本需求、信息化政策的具体落实等均依靠各级政府和政府部门的工作人员的信息意识，其能动性地执行国家信息政策、主动性地提出信息化的需求，按照国家政策积极主动地宣传、推动和落实，是信息化建设最为关键的影响因素之一。在调查中，基于特殊的区域环境，基层政府因为各种主客观原因在推动信息化建设过程中相对乏力，信息化意识相对薄弱，各种综合因素导致信息化步伐相对滞后。

（三）信息化基础设施建设是城乡信息一体化的先决条件

山南市地处西藏东南方位，位于雅鲁藏布江上游，属青藏高原东南边缘地带。喜马拉雅山、喀喇昆仑山围绕周边地区，地理位置交错格局，各县之间呈现天然阻隔。独特的自然地理区位决定山南城乡信息一体化的基础保障体现在信息化基础设施建设以其横跨地域的时空特性和基础设施建设规模程度。山南市的信息化基础设施建设面临的问题主要表现在如下两个方面。

1. 社会资金融资难，国家财政资金压力大

山南市高海拔、多山、沟壑纵横等具有高原特点的自然条件决定了信息化基础设施建设资金投入量大，投资具有周期长、风险大、成本高、收益低的特点，这些特点使得国内贷款、外资、企业投资等社会投资往往不愿意投资于西藏基础设施领域，投资职责自然而然就落到以财政拨款为主的国家投资身上。[①]

2. 基础设施建设困扰多

山南市的信息化建设现状决定了要做好山南市城乡一体化建设必须依靠以信息化基础设施建设为主的发展战略。自2013年来，山南市信息化基础设施建设呈高速发展状态，基本实现了有线电视或卫星电视全覆盖、电话全覆盖，完成了100%的乡镇通光缆、通宽带目标。但是，与内地相比较，山南市的信息化基础建设还处于较低水平。山南市信息化建设面临

---

① 尼玛扎西：《西藏林芝地区城镇化的"双向性"推动及城乡一体化过程可持续性发展研究》，载《四川民族学院学报》2014年第2期，第42-48页。

着诸多困扰,一是复杂的自然环境,造成基础设施建设难度大、周期长、成本高。二是资金压力大。基础设施建设是一项庞大的工程,需要大量资金来支撑,仅靠中央或地方财政难以为继。三是信息化专业人才匮乏,导致在建设过程中需要大量依靠外力。四是整体信息化意识不强,信息化设计理念相对落后等。这些问题不同程度地影响着山南市信息化基础设施的进程。

四、对策建议

(一)加快信息基础设施建设,缩小城乡空间割据

信息化是城乡一体化的加速器,城乡一体化是信息化的主要承载体,城镇化与信息化之间的必然联系使二者融合发展成为可能。① 信息网络是未来区域经济、社会联系的主要空间载体,为了拓展信息化发展方向,必须加快乡村地区的信息基础设施建设,构建一个信息传播网络、信息处理设施、信息资源储库三位一体的信息基础设施平台。依托传统电信的光缆网和通信卫星,交汇各级信息节结点的信息流,共同构成区域信息交互网络,缩小城乡空间割据,弥合数字鸿沟,② 加速城市的各种技术、理念、服务向广大乡村地区的溢出和辐射。

(二)加快信息资源整合共享,缩小城乡数字鸿沟

利用信息技术增强城乡之间的依赖性和关联度,打破行政地域的壁垒,使城际之间的物资流、人才流、资金流、信息流在更广阔的乡村空间内流动和交汇,以实现资源的最佳配置。此外,政府信息应是信息资源共享的重点,应继续依法鼓励政府信息公开力度,重点推进公益性强、涉及面宽、公众关注程度高的政府部门信息公开,使政府网站真正成为对外宣传的窗口、在线管理的平台以及服务公众的桥梁。积极推动交通、人事、规划、环保、质监等行政部门的协同作业,采用统一的数据传输标准和技

---

① 张玉梅、孟娜:《对城乡一体化背景下农村信息传播的思考》,见《吉林日报》2014年2月25日第8版。

② 马江月:《农村信息化推动苏南区域城乡一体化快速发展对策研究》,南京邮电大学2012年硕士学位论文。

术规范，实现互联互通和数据共享。

（三）实现多渠道投入模式

只有拥有了强大的资金支持、政策支持和先进的科学技术，农村信息化服务体系构建工作才能得以正常开展。因此，为了获取足够的资金，学习最前沿的技术，就必须开发多渠道的投入方式，实现以政府为主导，以企业、金融机构、科研院校为主体的投入模式。一方面，政府应该重点支持农业信息化建设，通过创新机制、出台政策等方式来调动农村居民学习信息化技术的积极性；同时，政府还需要对企业、协会、金融机构、科研机构提供必要的引导，充分协调各方投入力量，更好地实现信息化服务。另一方面，外资企业、金融机构等多方社会力量的投入，也可以为农村信息化服务体系的建设提供充足的资金支持，提高信息服务的效率。他们可以共享内部信息，并通过外部交流的方式来实现信息化服务。一些服务商、运营商也可以通过加盟来提供资金支持和技术支持。

（四）培养信息化专业人才

专业人才是农村信息化服务体系建设不可或缺的一个部分，它不仅是农村地区发展信息化服务的核心竞争力，也是促进农村地区经济发展和实现城乡一体化的重要力量。[①] 要培养信息化专业人才队伍，一方面可以依托科研机构、高等院校等开展培训班和远程教育，帮助农村居民学习信息化服务技术和相关科学技术，从而提高其专业技能和知识素养；另一方面，可以为县、乡、村配备专门信息化指导人员，或者开展专家下乡指导等类似活动，为培养基层农村信息化人员进行引导和交流，从而为农村信息化服务体系构建储备一批专业的信息员和技术人才。同时，还需要通过互联网实现跨区域、多渠道的知识传播和技能学习，从而全面提高农村居民的综合素质。

（五）加快智慧城市建设，推动新型城镇化发展

基于城乡一体化的信息化是力求在信息化规律的前提下，实现城乡发

---

① 杨海波：《城乡经济社会发展一体化进程中的农村公共文化信息服务》，载《理论学习》2008年第11期，第8-9页。

展效率与公平的统一,而绝非追求城乡间信息、建设、发展的绝对平均主义。城市是信息扩散的信息源,是区域经济社会高度集聚的空间载体,信息化的建设中应该加快推进数字城市的建设,并将其规划为城乡一体化发展的增长极。为此,基于信息化的城乡一体化,要立足建设智慧城市的目标,首先将数字化、虚拟化、网络化技术全面渗透到城市发展中,并以此为原动力,然后利用信息化的资源优势,将城市中先进的科学技术、管理理念向农村扩散,加快城乡一体化进程。

西藏决胜脱贫攻坚战推进全面建成小康社会问题调研

陈鹏辉①

党的十九大明确提出，精准脱贫是从现在到2020年全面建成小康社会决胜期的"三大攻坚战"之一。坚决打赢精准脱贫攻坚战，让贫困人口和贫困地区同全国一道迈入全面小康社会，是我们党的庄严承诺。具有特殊区情的西藏，是全国唯一的省级集中连片贫困地区，是贫困面积最大、贫困程度最深的地区，是全面建成小康社会最大的挑战和"短板"。在西藏，坚决贯彻落实中央的战略决策部署，打赢精准脱贫攻坚战，是实现西藏与全国一道全面建成小康社会的关键之举，也是进一步夯实发展稳定基础性工作的重中之重，是实现长治久安的重要保障，具有特殊的重要意义。

党的十八大以来，西藏自治区党委、政府深入贯彻习近平总书记治国理政新理念新思想新战略，特别是围绕总书记"治国必治边、治边先稳藏"的重要战略思想和"加强民族团结，建设美丽西藏"重要指示要求，始终把扶贫开发、脱贫攻坚摆在突出位置，有计划有组织地推进大规模开发式扶贫，取得了显著成就。但必须清醒地看到，脱贫攻坚已到了"啃硬骨头、攻坚拔寨"的冲刺期，而经过多轮扶贫开发，截至2016年年底，西藏剩余贫困人口约44.2万，占农牧区总人口的19.2%，居全国前列；同时，西藏集高海拔地区、边疆少数民族地区、集中连片特困地区于一体，存在脱贫难度大、扶贫成本高、扶贫任务重等困难。总体而言，西藏决胜精准脱贫攻坚战面临着时间紧、任务重、难度大等挑战。

本调研报告旨在盘点西藏脱贫攻坚取得的主要经验、成效以及存在的问题，并在此基础上提出相关对策建议，以期对决胜脱贫攻坚战推进全面

---

① 作者简介：陈鹏辉，西藏民族大学民族研究院讲师、博士，主要研究方向为西藏历史文化与西藏社会发展问题等。

建成小康社会有所裨益。本报告中所有数据、案例均来自课题组成员实地调研与文献调查，文中不一一注明。

一、西藏贫困状况与主要致贫原因

（一）贫困状况

西藏是国务院扶贫办认定的全国唯一的省级集中连片贫困地区，是贫困面积最大、贫困程度最深的地区。西藏全区74个县均为国务院扶贫办认定的贫困县，被列为全国脱贫攻坚战的重点区域和主战场；其中西藏确定的重点贫困县36个，重点贫困乡镇684个，重点扶贫户14.75万户。

根据精准识别，西藏贫困村共计5369个，占比高达98.21%。按照2013年农民人均纯收入2736元（相当于2010年2300元不变价）的国家农村扶贫标准，2015年年底西藏建档立卡贫困户共计148695户588711人，占农牧区总人口的25.2%，贫困发生率24.7%，为全国最高。其中，一般贫困户77586户328357人，贫困人数占比55.78%；低保贫困户62951户251151人，贫困人数占比42.66%；五保贫困户8158户9203人，贫困人数占比1.56%。详见表1。

表1 2015年西藏建档立卡贫困人口构成

地区	总户数（户）	总人数（人）	一般贫困				低保贫困				五保贫困			
			户数（户）	占比（%）	人数（人）	占比（%）	户数（户）	占比（%）	人数（人）	占比（%）	户数（户）	占比（%）	人数（人）	占比（%）
拉萨市	11235	44162	6554	58.34	27622	62.55	4227	37.62	16031	36.3	454	4.04	509	1.15
日喀则市	42362	169608	24857	58.68	106049	62.53	16518	38.99	62477	36.84	987	2.33	1082	0.64
山南市	18980	57844	9864	51.97	36592	63.26	6324	33.32	18401	31.81	2792	14.71	2851	4.93
林芝市	6631	22803	3873	58.41	15232	66.8	1851	27.91	6576	28.84	907	13.68	995	4.36

续表1

地区	总户数（户）	总人数（人）	一般贫困				低保贫困				五保贫困			
			户数（户）	占比（%）	人数（人）	占比（%）	户数（户）	占比（%）	人数（人）	占比（%）	户数（户）	占比（%）	人数（人）	占比（%）
昌都市	36277	170473	15936	43.93	80196	47.04	18028	49.69	87302	51.21	2313	6.38	2975	1.75
那曲地区	26718	102402	12718	47.6	49213	48.06	13503	50.54	52618	51.38	497	1.86	571	0.56
阿里地区	6492	21419	3784	58.29	13453	62.81	2500	38.51	7746	36.16	208	3.2	220	1.03
合计	148695	588711	77586	52.18	328357	55.78	62951	42.33	251151	42.66	8158	5.49	9203	1.56

建档立卡的贫困人口中，昌都（重点贫困县 8 个）、日喀则（重点贫困县 11 个）、那曲（重点贫困县 8 个）3 地市贫困人口共 43.84 万人，占总贫困人口的 74.31%，是西藏脱贫攻坚战的主战场。

（二）主要致贫原因

受自然的、历史的因素制约，西藏贫困人口的深层致贫原因主要在于：第一，自然环境恶劣、资源匮乏、基本生存环境差，这是千百年来制约经济社会发展的最大瓶颈，是导致贫困的客观因素；第二，西藏近现代化起步晚、起点低、市场经济发展不充分，贫困人口脱贫致富门路少；第三，群众整体文化水平低、观念落后，脱贫致富主体意识不够强。根据"精准识别"中的分类及统计，西藏建档立卡贫困人口主要致贫原因及占比为：缺发展资金户占 29.5%，缺劳动力户占 25%，缺技术户占 16.2%，缺土地户占 7.5%，因病致贫户占 6.8%，自身发展动力不足户占 4.1%，因残致贫户占 3.3%，因学致贫户占 3.1%，因交通条件落后致贫户占 2.1%，因缺水致贫户占 0.9%。

（三）贫困识别的基本经验

精准识别贫困人口，是脱贫攻坚一切工作的前提。为摸清底数、解决好"扶持谁"的问题，2015 年西藏组织 5 万多名干部走村入户，通过

"几看几比""十一步识别法"等方法和建档立卡"回头看""数据清洗"等多轮摸底排查，精准掌握了贫困人口与致贫原因，精准识别率达到99%，这为"谁来扶""怎么扶""如何退"打下了坚实基础。西藏在全国率先建立了多维贫困重要程度评价指标体系，完成了致贫原因的综合分析和贫困重点县的定量识别。

在贫困人口精准识别中，洛扎县摸索总结出的"九看标准"和"十一步认定法"（案例1），错那县的"五个二"（案例2）贫困户认定标准得到了贫困群众的普遍认可，具有代表性。

案例1 洛扎县精准识别贫困人口"九看标准"和"十一步认定法"。"九看标准"：一看房、二看粮、三看劳动力强不强、四看有没有读书郎、五看有没有病秧秧、六看机械车子是啥样、七看电器硬家当、八看家禽和牛羊、九看存款和现金账。

"十一步认定"程序：一是工作队进村入户宣传；二是贫困户根据政策自评并写申请；三是工作队根据申请入户调查；四是各村民小组根据申请和调查互评；五是在本村民小组公示互评结果；六是村级评议，由村两委、驻村工作队、驻村第一书记、村民代表和党代表五方共同根据公示情况进行评议；七是在本村公示评议结果；八是乡镇根据公示汇总情况拟订建档立卡贫困户；九是乡镇公示拟定贫困户名单；十是县脱贫攻坚指挥部将乡镇确定的贫困户进行包保分配并予以公示；十一是包保工作队员上门认人认亲。

案例2 错那县"五个二"贫困户评选标准。确定两个标准：一是确定住房等级标准，二是确定生产资料标准。分析两个状况：一是分析劳动力状况，二是分析子女上学状况。摸清两个情况：一是摸清老弱病残情况，二是摸清惠民政策享受情况。掌握两个底数：一是掌握每个家庭的财产收入，二是掌握每个家庭的经营性收入。别除两个境况：一是别除成员中有干部职工的家庭，二是别除家中有开办企业或组建农牧民施工队的家庭。

二、党的十八大以来西藏脱贫攻坚的主要措施与成就

党的十八大以来，西藏贯彻习近平总书记扶贫开发、脱贫攻坚重要战略思想的一系列新观点、新论断、新要求，围绕"六个精准""五个一

批"，创新机制、强化举措，扎实推进脱贫攻坚，成效显著。

（一）加快完善顶层设计，建立健全脱贫攻坚政策体系

1. 坚持规划引领，顶层设计不断完善

针对脱贫攻坚剩下的都是难"啃"的"硬骨头"的情况，西藏制定了"十三五"时期脱贫攻坚、产业扶贫、易地扶贫搬迁等5部规划，35家行业部门也制定了行业扶贫规划。这些一揽子规划，围绕"总目标""总任务"制定了到2020年决胜脱贫攻坚战的"路线图"和"时间表"，明确了"扶持谁""谁来扶""怎么扶""如何退"4个关键问题，解决了工作中对象不准、路子不清、责任不实、退出程序不规范等问题。"四梁八柱"的顶层设计，为脱贫攻坚提供了行动指南。

2. 建立健全政策体系

根据《中共中央国务院关于打赢脱贫攻坚战的决定》，西藏在出台实施意见的基础上，出台政策文件41个，形成了以实施意见为统领，涵盖"五个一批"、退出摘帽、考核评估、宣传教育、金融优惠等为配套的"1＋N"政策体系，为决胜脱贫攻坚战提供了政策保障。

3. 积极创新脱贫帮扶方式，不断完善合力攻坚格局

在"精准识别"的基础上，为实现帮扶方式从"大水漫灌"向"靶向治疗"、精准脱贫的转变，西藏动员社会力量参与脱贫攻坚，着力构建专业扶贫、行业扶贫、社会扶贫、金融扶贫、援藏扶贫多方合力的"五位一体"大扶贫格局，政府、社会、市场统筹资金的"三位一体"工作机制，形成了分类施策、精准扶贫的合力攻坚格局。目前，西藏已组织132家单位定点帮扶贫困村，13.67万名科级以上干部结对帮扶26.62万名贫困群众，实现了贫困村驻村工作队和第一支部书记全覆盖。西藏470家各类企业与670个贫困村（居）结成帮扶对子。对口援藏省市、央企也积极投入脱贫攻坚，坚持将80%的资金投向扶贫开发领域。

4. 加大财政投入

精准脱贫攻坚战打响以来，中央和西藏加大财政投入，落实扶贫资金161.03亿元，年均增幅21%。同时，西藏全面落实财政扶贫资金每年递增30%以上，地（市）和县（区）按不低于上年地方财政收入2%的比例安排扶贫资金，地方财政收入的70%以上用于民生建设。2016年，西藏采取"多个渠道引水、一个龙头放水"的方式，推动涉农资金、产业

基金向贫困地区、贫困群众聚集，统筹整合36类涉农财政资金98.66亿元，其中中央专项扶贫资金26.99亿元，较2012年增加15.78亿元，增长140.8%，财政资金投入的大幅增长为脱贫攻坚注入了强劲动力。

5. 狠抓宣传，大力营造脱贫攻坚氛围

西藏结合"四讲四爱"主题教育实践活动和"扶贫日"宣传活动，加大脱贫攻坚舆论宣传，各级各类网络媒体共刊发刊播相关稿件16000余篇，累计阅读量140余万次，累计转载8000余篇。通过大力营造舆论氛围，一方面对教育引导贫困群众解放思想、转变观念，激发脱贫致富内生动力效果明显；另一方面使脱贫攻坚必胜的信念深入人心，脱贫攻坚战成了一场没有硝烟的人民战争。

6. 强化组织领导，建立脱贫攻坚专项工作体制机制

一是强化组织领导机制。西藏调整充实各级扶贫开发领导小组，及时组建区、地（市）、县（区）三级主要领导担任总指挥的脱贫攻坚指挥部，构建起了责任明确的脱贫攻坚指挥领导体系。目前，西藏将扶贫开发工作的领导级别提到了最高，是全国唯一设立脱贫攻坚指挥部的省区。二是逐级落实攻坚责任。实行党政"一把手"负总责、"五级书记"抓落实，逐级立下军令状、签订责任书，建立了"自治区负总责，地（市）直管，县抓落实，乡（镇）专干"的扶贫工作体制，形成了扶贫资金、任务、权力、责任"四到地"工作机制。三是建立扶贫开发信息系统。形成了人有名、户有卡、村有册、乡有簿、县区有档案、地市有平台、自治区有数据库的扶贫开发信息系统，以及"有进有出、动态管理"的精准扶贫管理机制。此外，西藏率先实现了农村低保线、扶贫标准线的"两线合一"。

7. 强化督导检查

为防止数字脱贫、虚假脱贫，西藏建立了严格的脱贫攻坚专项督导检查机制。各级督查组采取重点督导督查、随机抽查相结合的方式，深入脱贫县、乡（镇）、村，对精准识别、资金拨付、项目建设等重点领域和关键环节，进行督查和考核评估，确保扶真贫、真扶贫和真脱贫。2017年完成了2016年度脱贫攻坚成效交叉考核、130家区（中）直定点扶贫单位扶贫考核和全区脱贫攻坚第三方评估；同时，配合中央深改办、民政部、文化部和成都理工大学，完成了脱贫攻坚的督导、巡查督查和评估工作。

(二)以"怎么扶"为导向,大力推进"五个一批"

1. 大力推进产业脱贫

西藏将产业精准脱贫与加快农牧业特色化、产业化紧密结合,引导和支持有劳动能力的贫困人口就地、就近脱贫。其中创新实施的电子商务进村、"百企帮百村""能人+合作社+贫困户""贫困户+合作社+公司"等模式带动脱贫效果显著,如错高乡实施的藏香猪产业模式(案例3)。2016年西藏产业脱贫项目开工528个,完工145个,完成产业脱贫投资26.9亿元,实现产业带动脱贫群众58683人,详见表2。

表2　2016年西藏各地(市)产业脱贫项目实施情况统计

地区	计划实施项目(个)	计划投入资金(亿元)	开工项目(个)	建成项目(个)	完成投资(亿元)	带动脱贫人数(人)
拉萨	115	23.01	61	33	5.48	6634
日喀则	237	39.73	87	21	6.66	19390
山南	172	25.49	82	14	3.08	3175
林芝	216	25.90	107	34	1.5	6687
昌都	495	68.77	154	34	4.25	17514
那曲	115	26.52	34	9	3.89	5263
阿里	11	4.07	3		2.06	20
合计	1361	213.49	528	145	26.9	58683

案例3　工布江达县错高乡创新实施"贫困户+合作社+公司"的藏香猪产业模式。2016年共有75户297人,入股能繁母猪275头,已取得了带动50户203人脱贫的成效。

2. 大力推进易地扶贫搬迁建设

西藏明确提出用3年时间(2016—2018)对居住在"一方水土养不起一方人"的地方的26.3万建档立卡贫困人口实施易地扶贫搬迁,用2年时间(2019—2020)进行巩固。在充分尊重群众意愿的前提下,搬迁采取自然村整村搬迁和分散搬迁两种方式,安置采取集中安置与分散安置相结合的方式多渠道解决。同时，统筹扶贫搬迁与城镇化、新农村建设、产业开发、就业、医疗、教育等条件改善相结合，依托中心城市、小城镇、产业园区、旅游景区、地震灾后恢复重建等平台，结合各安置点实际千方百计地解决搬迁群众就业增收问题，确保"搬得出、稳得住、能致富"。针对搬迁户不同的致贫类型及原因，帮扶脱贫采取因户施策、因人施策，全面落实"5+N"脱贫措施，因地制宜地扶持民族手工业、民俗文化产业、畜牧业等特色优势产业；同时，有计划地对搬迁户开展种养殖业、驾驶、烹饪、汽车修理、水电工等实用技能培训，如曲水县达嘎火车站安置点建设（案例4）。2016年，国家确定的6348户25000人易地扶贫搬迁计划任务顺利完成。

案例4 曲水县在易地扶贫搬迁"挪穷窝"中，将"搬迁与产业相结合、产业与就业相结合、就业与能人带动相结合"。建设达嘎火车站安置点时，精心规划了藏鸡养殖、奶牛养殖、种植业合作社及商铺经营四个配套产业，采取"基地+合作社+农户"的经营模式和"贫困户劳动力统一安排、合作社统一管理、农畜产品统一收购、经营收入统一分配"的经营方式，规划养殖奶牛500头、藏鸡5万羽（已养殖奶牛200多头、藏鸡1万羽），种植饲草、藏中药材等，带动搬迁户184户172人全部参与项目建设与分红，搬迁贫困人口年人均收入达到3800元以上。同时，积极开展养殖、家政、民族手工艺等就业技能培训，已有245人通过参加培训，具备了脱贫能力。

3. 大力推进教育脱贫

按照"扶贫先扶智、彻底斩断贫困链条"的总体思路，西藏采取倾斜支持贫困地区基础教育、加大贫困生资助力度、开展贫困人口职业技能教育等措施，着力阻断贫困"代际传递"。2016年，面向贫困家庭"两后生"定向招生2120人；全面实施贫困农牧民子女高考录取专项计划，录取950人；资助家庭经济困难大学生4.11万人次、资助金额达1.87亿元。此外，中职学校面向贫困群众5万多人开展驾驶、民族手工艺、农牧业技术、旅游服务等技能培训，转移就业率达80%以上。

4. 大力推动健康扶贫

着力提升各级医疗机构服务能力，改扩建32个乡镇卫生院；完成全区235个乡镇卫生院信息系统建设；深入开展"组团式健康扶贫"，大力推进"1774"工程，实施全国三级医院"一对一"帮扶区内医院。2016

年完成24名唇腭裂患儿免费修复手术、救治先心病患儿118例及4300名白内障患者。

5. 大力推动生态扶贫

整合生态补偿资金，按照"定岗定员、定岗定责、定岗定酬"的原则，落实林业生态保护、草原生态保护、野生动物保护等各类专兼职生态补偿岗位70万个（其中2017年增设20万个），人均补助标准3000元，使贫困人口中有劳动能力的群众就地就业，吃上了"生态饭"。与此同时，生态和环境保护成效显著，自2013年以来，西藏已命名自治区级生态县7个、生态乡镇128个、生态村1296个。林芝、山南和日喀则3市被批准为国家生态文明先行示范区，拉萨市被评为国家环境保护模范城市。

（三）严格"如何退"程序和标准，精准考核成就

党的十八大以来的五年，是西藏扶贫开发史上最不平凡的五年，是减贫成效最大的五年，也是贫困群众得到实惠最多的五年。一是农牧民收入明显增长。2016年年底，农村居民人均可支配收入达到9316元，较2012年增加3671元，贫困群众人均收入增长速度高于全区平均水平3个百分点。二是贫困人口和贫困发生率明显下降。五年来共减少贫困人口41.7万人，贫困人口从2012年年底的86万人下降到2016年年底的44.2万人，年均减少贫困人口10万人以上。贫困发生率由2012年年底的35.8%下降到2016年年底的19.2%，下降16.6个百分点。三是基础设施和公共服务能力明显改善。集中力量补齐基础设施和公共服务短板，倾力打造一批美丽宜居、设施配套、文明富裕的脱贫样板村、小康示范村。据初步统计，2017年，西藏全面启动边境地区小康村建设，实施"水电路讯网、教科文卫保"十项提升工程，计划项目共17类5367个，投资717.75亿元。

在成就面前，西藏严格执行"如何退"的程序和标准。贫困县摘帽、贫困村退出，以贫困发生率下降到3%为主要标准；贫困人口脱贫以建档立卡的户为单位，以该户人均可支配收入连续2年超过国家扶贫标准，稳定实现"三不愁、三有、三保障"为主要衡量标准，同时综合公共服务等项指标。

根据"如何退"的程序，经过层层审核，2016年西藏14.7万贫困人

口、1008个贫困村（居）脱贫退出，拉萨市城关区、日喀则市亚东县、山南市乃东区、林芝市巴宜区、昌都市卡若区5个贫困县（区）贫困发生率下降到3%以下，这5个县（区）在西藏率先实现了脱贫摘帽。西藏被中央确定为脱贫攻坚成效考核"综合评价好"的8个省区之一，在省级交叉考核和第三方评估中综合评价为优秀等次，西藏实现了脱贫攻坚首战告捷。

三、西藏精准脱贫攻坚面临的挑战与存在的问题

西藏脱贫攻坚有以习近平同志为核心的党中央的特殊关心，全国大力支援，西藏自治区党委、政府高度重视，贫困群众脱贫愿望强烈等有利的发展机遇，同时存在以下挑战与问题。

（一）主要挑战

1. 难度大

西藏有些地区自然灾害频发，极大地制约着贫困地区经济发展和人民生活水平的提高。作为农牧民收入主渠道的农牧业，难以摆脱传统的生产方式，近80%的农牧区人口创造的产值仅占生产总值的15%；农牧业生产长期处于抗灾与灾后重建的循环之中，巩固扶贫成果难。如那曲地震、雪灾、雹灾、旱灾、风灾等自然灾害频繁，近3年来造成27854户民房不同程度受损；那曲中西部8县草场多属于高寒草甸型草场，沙化、退化、荒漠化及草原"三害"严重，一定程度上导致因灾返贫率高。

西藏生活在地方病高发区、高寒牧区、深山峡谷区、自然灾害频发区、边境特殊困难区"五类贫困区"的建档立卡贫困人口还有26.3万人，占比44.58%。生活在这些地方的贫困人口的平均返贫率在20%以上，易灾多灾频发区达30%以上，局部重灾区高达50%以上，这是西藏脱贫攻坚最迫切需要端掉的穷窝。解决的根本办法，就是易地扶贫搬迁，但西藏地广人稀，贫困人口分布呈现出大分散、局部集中的基本格局，这又增加了易地扶贫搬迁的难度。

2. 任务重

由前述"贫困现状"可知，西藏贫困人口还有约44.2万人，并且贫困人口比例超过全国贫困人口比例18.5个百分点，贫困发生率超过40%

的县达12个，其中昌都贡觉县高达52.4%。而西藏人均GDP为全国平均水平的62.7%，比全国平均水平少17264元；农村居民可支配收入仅为全国平均水平的70.2%，相差3130元。总之，西藏减少贫困人口、补齐基础"短板"都面临着艰巨的任务。

3. 短板多

一是"基础"短板。由于历史欠账多，西藏农牧业生产基础设施薄弱，基本公共服务设施滞后。仍有24.13%的贫困户未稳定解决饮水安全问题，17.27%的贫困户未通广播电视，仍有部分贫困村不通路、不通宽带。贫困地区群众出行难、用电难、饮水难、就医难、致富难等问题仍是短板。二是脱贫主体素质不高的短板。受环境、历史等多种因素影响，贫困人口主体素质不高的短板主要体现为：①受教育程度普遍偏低、观念落后。西藏建档立卡贫困人口文盲或半文盲率达47.1%，相对集中片区贫困人口中文盲或半文盲比例达50.45%，个别地方的文盲率是全区平均水平的67倍，如昌都"三岩"片区、藏西北"无人区"的自然村落等。素质性贫困导致人们对市场经济的认识，对脱贫致富的办法等十分缺乏，脱贫攻坚内生动力不足。②贫困人口中无劳动能力者占比高。西藏地方病、高原慢性病多发，导致无劳动能力者占比高。如那曲建档立卡贫困户中，无劳动能力者40801人，占比高达39.84%。（见图1）③主动脱贫积极性不高。贫困人口大多处于相对封闭的环境，固化的生活习惯短时间内难以改变，主动脱贫意识不强，如案例5。

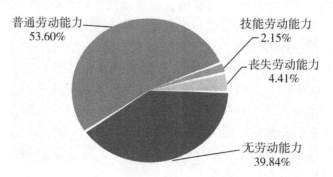

图1　2016年那曲地区建档立卡贫困人口劳动力状况

案例5 2016年阿里地区实施转移就业脱贫，组织14名贫困农牧民进行劳动技能培训合格后，为他们联系了就业岗位，但不到一个星期，这14人均因长期散漫的生活习惯难以改变，不能适应工作岗位，全部辞职离岗。

4. 干扰大

西藏广大农牧民基本全民信教，宗教影响政治、经济、司法、科普、意识形态及生产生活等现象一定程度仍然存在；加之扶贫开发始终面临十四世达赖集团和西方反华势力的干扰破坏，稍有不慎就会成为不稳定的暗流祸源。此外，个别特殊地方尚存在血亲为纽带的原始父系制、母系制、部落制社会的残存痕迹，各种陈规陋习对脱贫攻坚有一定的干扰。

（二）主要问题

1. "精准脱贫"有待加强

"精准"是脱贫攻坚的关键和核心。西藏在精准识别上摸索出了符合实际的一套方法，但精准施策、精准发力、精准脱贫等方面的有机结合还有待进一步加强。

2. 产业脱贫中的问题

一是龙头企业少，辐射带动作用有限，难以形成规模效应；二是致富带头人少，贫困人口参与度不高，市场开拓能力不强；三是农牧民合作社规模小，管理水平低，带动能力不突出；四是产业项目贷款融资难，产业项目推进较慢，产业扶贫利益联结机制不强。

3. 发展教育脱贫中的问题

一是异地搬迁安置点配套建设村级幼儿园或小学跟进不及时；二是职业技能培训成效不够高，培训机制需进一步完善。

4. 转移就业脱贫中的问题

一是贫困群众对就业认识不够、参与度不高，仍然存在"等、靠、要"现象；二是有的贫困群众受训后不愿离开本乡本土就业，导致就业率不高；三是培训项目有待与市场人才需求进一步衔接，创业扶持政策有待进一步完善，人力资源市场信息化建设滞后。

5. 体制机制方面的问题

精准脱贫机制有待进一步完善，项目管理及资金常态化监管机制有待进一步完善；贫困户进退的精准考核、地县和行业部门考核指标体系还不完善。行业扶贫缺乏针对贫困群众的差异化措施、社会扶贫机制尚未建立、援藏扶贫没有定量倾斜指标、产业扶贫处在起步阶段、金融扶贫力度不够、扶贫开发合力有待进一步整合等。此外，部分地方责任不明、措施不力，个别地方领导重视程度有待加强。

四、"十三五"时期西藏决胜精准脱贫攻坚战的建议

（一）以打好"四场硬仗"为突破口，加快补齐基础设施短板

持续加大贫困地区基础设施和基本公共服务投入力度，确保贫困人口实现小康生活质量，让贫困群众有更多获得感。一是努力完善交通设施建设。加大断头路、瓶颈路、年久失修路、牧场道路和危桥的改造，打通贫困地区与外界的交通联系，搭建脱贫致富"快车道"。二是加强水利建设。进一步加强农牧业生产领域水利工程建设，特别是加快实施农村安全饮水巩固提升工程，着力解决农牧区安全饮水问题。三是加强能源利用建设。因地制宜加大水能、风能、太阳能等清洁能源项目建设，加大节能灶、太阳能照明等生态能源的推广应用，加快推进农网升级改造，提升农网供电能力和质量。四是加大广播电视、信息网络、物流网络"三网"建设。加快广播电视入户，丰富文化生活、引导观念转变；加快光纤到屋，缩小"数字鸿沟"，让信息化助力脱贫致富；加快快递等物流网络向农村延伸，畅通农牧区生产生活物资流通渠道。

（二）围绕"精准"，实现"五个"转变

一是转变思路。坚持"标本兼治"，加强"思想脱贫"方法的研究，引导贫困对象由"要我脱贫"向"我要脱贫"转变，向更加注重增强贫困人口的自我发展能力转变，变"授之以鱼"为"授之以渔"。着力消除区域性发展差距，从当前注重生存和经济层面的扶贫向更注重提升精神状态层面的扶贫转变。二是转变机制。随着贫困人口的逐年减少及经济社会的发展，脱贫攻坚须由依靠外源推动向激活内力转变，由瞄准贫困地（市）、县（区）、乡（镇）向以贫困村和贫困户为单元的精准瞄准机制转变，由"大水漫灌"的方式向"靶向治疗"、精准脱贫

转变。三是转变策略。脱贫攻坚在组织形态上须由全域分散向更加注重贫困户个体化和组织化转变，更加注重面上带动、点上攻坚、点面结合和扶持到户到人。充分发挥贫困对象的主体作用，大力发展规范各类农牧民经济合作组织，提升贫困户的组织化水平，加强合作组织与贫困对象之间的利益链接，增强贫困户抵御风险和获得发展的能力，增强贫困对象的致富动力和创业能力。四是转变方式。脱贫攻坚由单纯依赖一产增收向依靠第二、三产业致富转变，不仅解决贫困人口的吃穿住行等问题，还要搞好发展配套、搭建平台，提供均等化基本公共服务，使贫困对象获得更多的发展机会和权利，让更多的贫困人口通过发展农产品加工、乡村旅游、电子商务等产业脱贫。五是转变办法。脱贫攻坚须由单一部门负责向全社会合力攻坚转变，最大限度地挖掘、整合、统筹、利用好各方面的资源和力量，更加注重政府和市场的双轮驱动，政府更好地为贫困对象参与市场活动提供全方位服务，整合多方力量推进精准扶贫和整体扶贫开发，形成强劲的脱贫攻坚合力。

（三）以"攻坚战"为抓手，做好"四个"结合

一是脱贫攻坚与戍边固疆结合。加强军民融合深度发展，推进基础设施、资源等军地共建共用，加快贫困地区发展、贫困人口脱贫的同时，为国防建设打好基础。统筹用好边境地区转移支付等优惠政策，加大实施边境地区小康村建设，加快边境地区基础设施建设和产业发展，着力改善边民生产生活条件，让边民安得下、守得住、能致富。二是易地扶贫搬迁与城镇化结合。在安置点选址、规模等方面充分考虑城镇化空间布局、人口规模、环境承载能力等因素，既能让安置人口有事做、有钱赚，又能促进安置地加快发展，力争一举双赢。三是产业脱贫与产业长远发展规划结合。当前产业脱贫涉及特色产业、传统产业，涵盖第一、二、三产业各领域，产业脱贫项目的安排既要符合当地实际和贫困人口需要，也要服从产业长远发展布局规划，为产业长远发展打下基础。四是精准脱贫与西藏长治久安结合。西藏打赢脱贫攻坚战，是全面建成小康社会的关键之举，也必将为西藏实现长治久安打下坚实基础，要以此为契机，全面贯彻党的民族政策和宗教政策，加强民族团结，增进西藏各族群众对伟大祖国、中华民族、中华文化、中国共产党、中国特色社会主义的认同，应及时总

结脱贫攻坚战中的好做法、好经验,在脱贫攻坚战中铸牢国家统一、民族团结、社会稳定的思想基础。

(四)坚定必胜信念

习近平总书记强调:"社会主义是干出来的。脱贫攻坚是硬战中的硬战,必须付出百倍努力。"要发扬"老西藏精神""两路精神""孔繁森精神",知难不难,进一步增强各级各部门干部和贫困人口的信心和斗志,知难而进,结合西藏经济社会发展阶段性特征,探索超常规思路,采取超常规举措和超常规办法,以坚定信念打赢脱贫攻坚战。

目前,西藏各族干部群众坚持不忘初心、牢记使命,以饱满的精神、高昂的斗志,以空前的物力、财力、人力等投入和空前的力度推进脱贫攻坚战。我们坚信,在以习近平同志为核心的党中央的关心和全国人民的大力支持下,在西藏自治区党委、政府的坚强领导下,西藏一定能决胜精准脱贫攻坚战,实现2020年全面建成小康社会的伟大胜利。

下编

西藏社会发展

西藏小学"一专多能"型教师需求调研[①]

杨小峻 王 毅[②]

一、调研背景

(一) 国家重大规划聚焦小学教师队伍提质优化

教育基本实现现代化是国家全面建成小康社会的重点目标之一。党的十九大报告中在提到"提高保障和改善民生水平,加强和创新社会治理"时,首先讲到的就是优先发展教育事业。优先发展教育事业、建设教育强国是中华民族伟大复兴的基础工程,其中教师队伍建设是核心。作为国家教育事业发展的基础力量,小学师资队伍建设直接关系到国家基础教育质量的优劣。因此,小学教师队伍建设质量的提升与优化已成为国家重大规划的要点。

《国家中长期教育改革发展规划纲要(2010—2020)》明确指出,要"加强高素质教师队伍建设,严格教师资质,提升教师素养,努力建设一支师德高尚、业务精湛、结构合理且充满活力的高素质专业化教师队伍"。要"提高中小学教师队伍整体素质,创新教师补充机制,完善制度政策,从而吸引更多优秀人才从教"。《教育部关于实施卓越教师培养计划的意见》指出:"大力提高教师培养质量成为我国教师教育改革发展最核心最紧迫的任务。""针对小学教育的实际需求,重点探索小学全科教师培养模式,培养一批热爱小学教育事业、知识广博、能力全面、能够胜任小学多学科教育教学需要的卓越小学教师。"2015 年,《国家教育"十

---

① 基金项目:本调研报告系西藏民族大学 2011 西藏文化传承发展协同创新中心 2017 年委托课题"西藏'一专多能'型小学教师培养试验研究"(课题编号:XT－WT201703)的阶段性成果。

② 作者简介:杨小峻,西藏民族大学教育学院院长、教授,主要研究方向为西藏高等教育;王毅,西藏民族大学教育学院博士,主要研究方向为西藏高等教育。

三五"规划》出台,在"推进教育现代化建设"一章中也明确提到,要"加强教师队伍特别是乡村教师队伍建设,落实乡村教师支持计划,解决结构性、阶段性、区域性教师队伍短缺的问题"。

因此,国家聚焦小学教师培养,关注小学教师队伍建设,特别是抓紧探索小学全科教师培养模式,着力培养能够胜任小学跨学科教育教学需要的卓越小学教师,已成为我国教育发展亟待解决的重大课题。

(二) 补齐教育短板,着眼小学教师队伍质量提升

2016年4月发布的《西藏自治区"十三五"时期国民经济和社会发展规划纲要》明确提出,"补上教育短板,夯实教育发展基础,促进教育公平,提高教育质量,基本实现教育现代化"。在追求西藏基础教育发展速度的同时,提高教育质量成为现实要求。

西藏师资队伍存在地域差异和城市与农牧区间的不均衡,西藏基础教育的"短板"因此显现,同时也成为影响西藏整体可持续发展的重要因素。西藏"十三五"规划明确指出,"实施教师振兴行动计划,通过师德师风建设工程、教师培养补充工程、教师全员提升工程、幸福教师工程、教师科学管理工程等改善教师队伍紧缺、教师工作环境差等问题。将提升教师待遇,建立符合西藏教师职业特点的工资分配激励机制,全面落实并逐年提高乡村教师生活补助,深化中小学教师职称制度改革"。因此,西藏基础教育发展的研究应当着力推进西藏小学教师队伍建设,从西藏小学师资的自身矛盾和问题出发,尝试破解西藏小学师资数量与质量的双重问题。

在当下西藏小学师资总体不足、结构不均的情况下,破解西藏小学师资数量与质量的双重困境,必须立足西藏实际,从小学师资培养类型需求这个基本问题出发,参照国家全面推进小学"全科"教师培养计划及卓越教师培养计划,尝试提出培养适应西藏发展实际的"一专多能"型小学教师的可能性,为西藏未来基础教育发展提供现实依据,并指明改革方向。

二、调研方法

（1）调研时间：2017 年 7 月 22 日—2017 年 8 月 2 日。

（2）调研地点：西藏 6 个市、区、县（林芝、日喀则、堆龙德庆、米林、贡嘎、当雄）的教育局及相关学校。

调研地点的选择主要考虑生活聚落差异（城市与城市边郊的镇区）、生计方式差异（农区与牧区）和行政区划差异（西藏各地市），以保证抽样的代表性与典型性。

（3）调研对象：各地、市、县教育局（师资管理部门）及各地小学。

（4）调研方法：访谈、问卷。

调研总体设计突出问题导向，由三个核心问题展开调研，第一是西藏小学教师总体情况调查，第二是西藏小学教师差异化需求调查，第三是西藏小学"一专多能"型教师需求调查。

访谈提纲主要涉及师资基本情况、主要问题、现实需求、已有举措。而调查问卷则涉及对"一专多能"型教师的认识。

三、调研结论

（一）西藏小学教师队伍建设现状

截至 2016 年年末[①]，西藏自治区小学教职工人数达 21004 人（其中专任教师 20808 人，行政人员 45 人，教辅人员 35 人，工勤人员 116 人）。近年来，西藏小学教职工与专职教师的数量都在不断增长，如表 1 所示，从 2010 年到 2016 年，西藏小学教师职工与小学专任教师数量都在呈增加态势，特别是从 2012 年到 2016 年，短短四年时间，小学教职工增加了 2038 人，专职教师增加了 1949 人。小学教职工与专任教师数量的增加，解决了西藏小学教师短缺的问题，促进了基础教育的发展。

---

① 本部分数据自来中国教育部官方网站西藏教育事业统计资料。

表1 西藏2010—2016年小学教师职工与专任教师数量统计

年份	小学教职工数量（人）	小学专任教师数量（人）
2016	21004	20802
2015	20933	20680
2014	20287	20071
2013	18998	18679
2012	18966	18853
2011	19200	18912
2010	19289	18901

注：统计数据来自中国教育部网站，http://www. moe. edu. cn/s78/A03/moe_560/jytjsj_2016/2016_gd/index_1. html。

就师生比而言，西藏自治区2016年小学在校生是302892人，师生比是1∶14。① 具体到各市来说，拉萨市小学在校生是54321人，师生比为1∶14；日喀则市小学在校生是70071人，师生比是1∶14；昌都地区小学在校生为66450人，师生比是1∶18；山南市小学在校生是24159人，师生比是1∶11；那曲地区小学在校生人数是56392人，师生比为1∶16；阿里地区小学在校生是10366人，师生比为1∶12；林芝市小学在校生是17765人，师生比为1∶9。师生比最高的是昌都地区为1∶18。

西藏小学教师在数量增加的同时，其学历水平也在逐渐提升。据统计资料显示，在小学教师中专科学历、高中学历及高中以下学历的专任教师在逐年减少。

---

① 此数据统计来自2017年1月西藏教育厅财务处提供的《西藏自治区基础教育分学校统计表》。其中包含了西藏民族大学附属小学的17名教师，格尔木小学的52名教师，以及其他部门与民办统计的122名教师，与教育部统计数据稍有偏差，仅供参考。

表2 西藏2013—2016年小学专职教师学历水平统计

年份	专任教师数量（人）		专任教师的学历情况（人）				
	男	女	研究生	本科	专科	高中	高中以下
2016	10183	11621	33	8706	11652	666	27
2015	9525	11365	17	7557	12353	896	67
2014	9289	10978	19	6350	12848	978	72
2013	9008	9826	17	5293	12069	1339	119

注：统计数据来自中国教育部网站，http://www.moe.edu.cn/s78/A03/moe_560/jytjsj_2016/2016_gd/index_1.html。

由表2可见，高中学历以下的专任教师数量剧减，2013年还有119名，到2016年只剩下27名；而本科学历与研究生学历的专任教师数量在快速增加，特别是研究生学历的专任教师增加得非常快，从2015年到2016年就增加了16名高学历的专任教师。从专任教师性别比例来看，男性要略小于女性，在专任教师当中，女性的比例超过了54%，而男性的比例不足46%，这也预示着西藏小学教师在今后的发展中男女老师的比例将发生变化。

（二）西藏小学教师队伍建设存在的问题

从总体统计数据来看，西藏小学教师数量高速增长，有效地缓解了西藏教师数量匮乏的情况，同时，一定程度上也有效地提升了西藏小学教师队伍素质。然而在具体调研中我们了解到，西藏小学教师数量增长但缺少质量上的内在支撑，形成了缺员不缺编的怪象，教师数量与学历增长并没有解决西藏小学教育质量问题，这种不平衡极大地影响了西藏小学师资队伍未来的可持续发展，无法满足2020年西藏基础教育发展的要求。因此，课题组将通过调研呈现西藏小学教师结构性失衡的现实情景，希望发现其中存在的突出问题。

1. 区域需求不平衡

受自然生态、经济发展水平与社会文化习惯等因素影响，区域发展不平衡是西藏经济社会事业发展的典型特征，此类不平衡在西藏基础教育领域的表现尤为显著。在西藏小学教师供需关系中，这样的不平衡表现出区域间教师数量的失衡。此次调研组的第一个调研问题就是西藏小学教师数量需求的区域间差异。

从官方统计数据与基层调研过程中发现，西藏小学教师在数量上的逐年增长与地区不平衡是当前西藏小学教师队伍的主要矛盾。通过对西藏各地市的调研发现，地区间的教师需求差异显著。总量供给充足，结构性供给被忽视，具体表现为数量分布不平衡。数量供给困难一直是西藏基础教育长期未能解决的问题，除了师范生培养的规模问题外，工作条件与人才待遇也是其中原因。近年来，西藏整体教师数量呈几何倍数增长，学前教育普及、义务教育均衡发展等新政策都对西藏小学教师队伍的壮大起到了推动作用。然而，在与一些地区的教育局与学校主管人员座谈时，我们了解到基层教师、边远地区教师与农牧区教师的紧缺问题仍没有得到有效缓解。

调研中我们了解到，海拔较高，特别是偏远牧区的小学教师多因为学校生活设施缺乏导致生活质量差而大量申请调离或请辞，出现优质师资流失严重、青年教师留不住的恶性循环，教师流动性大，基本的师资数量无法保证。

还有一些县，在乡镇小学师资薄弱的情况下，县教育局拆东墙补西墙，从中学抽调一些教师赴乡镇小学任教。这样上调下派、两面夹击，很难形成一支相对稳定的教师队伍。例如，墨脱和察隅地区由于交通闭塞、条件落后，多数教师希望调到林芝市区。阿里与那曲高海拔地区与市县小学教师数量缺乏更为严重。从当雄县教育局的反馈中我们了解到，教师流失主要为从当雄调到拉萨。2013年、2014年共调走了80多名教师，只来了20多名；2016年分配了76名教师，只报到了30名教师。

数量分布的不平衡还体现为小学教师在学前教师与中学教师之间转岗的主要来源。在林芝市教体局与堆龙德庆区教育局调研中，我们得知在"十二五"期间两地建立了许多村级幼儿园，学前学生数量增加，导致林芝市乃至整个西藏学前教师都十分紧缺，小学教师中转岗到幼儿园的人数较多，造成小学教师的数量不足。

与此同时，西藏小学教师在师生比上完全达到了国家标准，甚至部分市区存在小学师生比高达标。然而，师生比标准的国家参照系具有普适性而缺少特殊性，农牧区和边远地区的基层学校多为寄宿制，教师除了教学工作之外，还有生活管理任务，使得教师工作量加大，原有的就教学任务而言的师生比远不能满足现实需要。

因此，数量上分布不平衡在地区间形成师资需求上的差异，从而导致地区间教育发展水平的差异。

2. 专业学科需求不平衡

调研中我们深切感受到，西藏小学优质办学条件与教师队伍的专业结构不平衡，成为制约西藏教育发展的因素之一。"缺员不缺编"现象成为西藏教师队伍建设中的顽疾。具体而言，主要表现在一些地、市、县小学教师编制充足，甚至有一些超编情况，但基层学校的教师在教学工作上仍然力不从心，其原因就是专业学科教师短缺。调研中我们发现，汉语文、英文教师远远大于数学教师、音体美教师以及其他综合实践课程教师的供给，而数学、音体美教师的需求无法得到满足。从调查情况看，西藏小学近年来考录的教师主要来源于文史类的师范生，而理工类师范生多考录进入中学，本土的音体美师资来源有限，此种形势下，西藏小学在提升理科教育、推进素质教育的工作力度上受到了很大影响。

近年来，随着西藏社会保障水平的提高，中央特殊政策允许长期工作在边疆和边远地区的教师提前退休。从日喀则市教育局了解到，国家对西藏教师出台了照顾退休政策，使得边远地区很多老师有了条件都想退休，工作积极性降低，而新教师大都经验不足，教师队伍的培育与衔接上出现了问题。大量工作在边远地区一线的优秀藏文教师退休，使部分地区的小学教学质量受到影响，其中不乏优质藏语文师资和双语师资。

3. 教师队伍专业化需求不平衡

教师专业化是提升教育质量的关键要素。近年来，西藏教师专业化推进主要是从学历层次与业务素质两个方面展开。从调研与统计数据看，西藏小学教师的学历基本上达到专科以上，甚至有近60%的教师具有本科及以上学历。在偏远基层学校低学历教师占的比例急剧减小。这些成就的取得归功于近年来西藏各地市对小学教师继续教育的重视。与此同时，近年来西藏师范生培养层次不断提升，西藏民族大学与西藏大学都开设了小学教育专业，为西藏小学输送了大量本专科师范生。加之近年来公职招考吸引了大批本专科生进入教师队伍，由此使得小学教师队伍的整体学历水平不断提高。

从业务素质角度看，西藏近年来小学师资质量提升有了一定成效。主要归功于国家教师培训体系的建立，由国家培训、自治区培训与援藏省区培训共同形成合力,有力地推动了西藏小学师资的专业化水平提升。

然而,在这样的成绩下仍然存在着许多问题。调研中,各地教育局与基层学校反映最为集中和强烈的主要是非师资教师的专业化问题和现有师范生的教学实践素养弱化问题。

近几年为了解决师资不足问题,西藏公招师资中,小学教师没有专业限制,在录取要求并不是很高的情况下,非师范专业学生进入教师队伍。非师范专业毕业生与师范专业毕业生相比,最大的问题就是难以快速进入教学工作。在与基层学校校长的交流中了解到,非师资刚毕业的大学生,连最基本的写教案都需要培训,无形中增加了学校的岗位培训成本。大量非师范专业毕业生只是为了找到一个生存的岗位,对学校工作没有热情,导致了学校很难将其培养成为骨干教师。这就出现了部分招进来的教师占着岗位,却无法真正用得上的情况,最终影响了学校的教学质量。

师范生教学实践素养弱化也是在此次调研中被聚焦的问题,与许多基层学校校长和相关管理人员座谈交流中我们得知,他们认为当前高校师范生在教学实践技能技巧培养上不如传统的中专师范生。早期中专师范学校培养的教师都是全科教师,而现在的师范生专业过于专一,许多高校师范毕业生无法胜任多学科的教学。加之,多数高校师范生专业方向为汉语言文学、英文、思想政治等,无法适应小学综合化的教学。这些都导致了新进教师的基本素质不达标。

四、结论分析

对调研结论进行进一步分析,我们发现,随着西藏教师数量不断增长,原有的师资短缺问题得到了一定程度的解决,从师生比中足以说明这一点。然而,师资单纯的数量增长并没有解决师资的质量问题。课题组从教师数量分布的不平衡、教师学科专业结构的不平衡、教师专业化发展不平衡三个问题的调研中分析认为,西藏小学教师队伍的突出问题就是教师类型不能适应西藏教育发展的需要,是制约西藏基础教育发展的主要因素。

(一)结构改革是解决西藏小学教师队伍问题的关键

通过分析我们认为,西藏小学教师整体队伍建设呈现出数量增长与需求结构的矛盾主要归因于西藏师资队伍建设的结构改革有待深化。其中最为突出的"缺员不缺编"现象充分说明，西藏教师从职前培养与职后发展都存在着需求与供给的矛盾，在政府政策引导、师资培养规格与教师专业化发展水平上都需要加快结构调整。从结构改革思维出发，从提高教师发展与培养的供给质量出发，推进师资结构调整，提高供给结构对需求变化的适应性和灵活性。

（二）培养"一专多能"型教师是西藏小学教师质量提升的优先途径

通过对西藏小学教师队伍的供给侧结构改革认识，我们针对性地提出了"一专多能"型教师设想，希望从培养"一专多能"型教师改革入手，尝试破解西藏小学师资队伍的结构性问题。所谓"一专多能"型教师就是以语文或数学或外语为"一专"，以音乐、体育、美术、科学、综合实践活动为"多能"，既强调对某一类学科教学高水平的要求，同时也强调多学科教学能力素养的提高。

基于此种设想，在调研的过程中，课题组向各地教育局与基层学校提出"一专多能"型小学教师的培养意愿，得到了大多数基层教育的管理者与实践者的认可与肯定。同时，课题组通过调查问卷了解了西藏一部分小学对"一专多能"型教师的需求，其中90%的教师认可"一专多能"型教师培养的必要性。调研发现，95%的教师都有任教多门科目课程的经历，87%的教师承认在自己专业之外的学科教学中能力较弱。在对教育管理者的调查问卷中，100%的管理者认为"一专多能"型教师可以解决西藏小学师资总体不足的问题，89%的管理者认为"一专多能"型教师是解决西藏小学师资学科结构矛盾的优先途径。

着力培养"一专多能"型小学教师，通过教师学科能力的综合化培养解决基层小学师资数量缺员问题，同时，通过教师学科综合化培养解决西藏小学学科结构的缺员问题，更通过教师学科综合化培养解决西藏小学优质师资不足的问题。

五、对策与建议

2020年，西藏将与全国一道全面建成小康社会，将基本实现教育现代化，实现西藏自治区"十三五"规划提出的"到2020年，西藏教育将实现整体发展水平接近全国平均水平"。在实现目标的过程中，基础教育的现代化水平将成为西藏决胜全面小康的重要成就，同时也是实现西藏经济社会发展的"五位一体"格局的重要构成部分。

从西藏基础教育发展的历史规律与阶段性特征来看，补齐基础教育师资的短板将是西藏教育迈向2020年的攻坚目标。从这一目标达成过程与质量考量，小学师资不仅是西藏教育发展的关键要素，同时也是西藏教育发展的瓶颈因素。具体而言，西藏小学师资既要补齐教师因地区差异形成的数量上的短板，又要补齐西藏小学教师队伍自身结构的短板，重点需要解决西藏经济社会现代化过程中的小学师资面临的新旧矛盾。

面对2020年西藏经济社会现代化发展愿景时间表，精准把握习近平新时代中国特色社会主义思想在西藏工作实践的重要内涵，将问题解决的思路与方法置于"治边稳藏"战略思想之中，从长足发展与长治久安出发，坚持问题导向，研究探索西藏"一专多能"型师资培养的现实路径。

（一）积极应对"一专多能"型教师需求

结合课题组调研结论，一方面，西藏小学师资数量分布不均将会是长期存在的问题，在加大制度政策吸引力度的同时，还需要"一专多能"型师资解决基层小学教学科目开设不全的问题。另一方面，针对西藏小学师资学科结构失调问题，不仅要从学科培养上找突破口，更应当优化师资自身的学科素质结构，使公招教师不应因学科单一而造成学校教学工作困难。与此同时，随着国家课程改革中综合化取向的不断深化，"一专多能"型教师不仅限于解决师资缺乏问题，更重要的是通过"一专多能"型教师的培养推进西藏教育质量，更好地服务于人的全面发展。

因此，应从政府、基础教育学校与高校三个方面达成共识，积极着手西藏小学"一专多能"型教师的培养改革工作。区党委政府应尽快出台"一专多能"型教师培养的鼓励与支持政策，加大资金支持。由教育主管部门牵头，着手普查西藏小学"一专多能"型教师需求状况，进而与师范教育机构协同，加快"一专多能"型教师的改革试点，以便于尽快形成经验与模式进行推广落实。

（二）加快西藏高校"一专多能"型师资培养改革

师资培养在西藏一直是被关注的重点。在此次调研中，各地教育局与基层学校在谈到西藏小学师资学科与能力结构失衡的问题时，向课题组提出了一些建议。这些建议主要集中于如何强化高校师范生的教学实践能力，如何缩短岗前培训时间，特别是要求加快"一专多能"型教师的培养。这些建议其根本是西藏对教师专业化发展的模式不适应。

一方面，西藏在前几年的师资培养模式改革中，盲目停办了西藏各地市的中等师范学校，并且没有整合与转化原有中等师范生培养的力量。由此，在西藏现有的师范生培养中，小学师资理论化倾向过重，且受到高校师资力量方面的局限，小学师资培养的实践能力弱化严重。与此同时，高校师资培养的规模有限，特别是内地高校的师资培养无法与西藏实际相适应。

从西藏小学教师培养角度看，特别是针对"一专多能"型小学教师的需求，加快高校师范生培养改革，改革西藏高校师资生培养模式是当务之急。从西藏基础教育实际出发，西藏高校应当加大小学教育专业培养，在能力上与学科上应当区别于中学师资培养，加大综合化培养模式改革，在培养方案中增加音体美课程，加大教学实践比重。在培养过程中，对高校师资理论与实践能力培养应强化理论性与应用性并重。应着力培养"双师型"教师，从基础教育实践群体与高校理论研究群体中培育"双师型"人才，创新实践教学形式，以满足需要。

（三）加速构建西藏小学"一专多能"型教师培训体系

在调研中，困扰西藏小学师资专业化水平问题主要集中于教师任教学科不对口（水利、水电专业从事小学教师职业）。由于西藏自然环境限制，不断降低教师选拔的专业标准，以满足西藏的当下现实需要，也影响西藏小学教师队伍质量的提高，从而使得西藏小学教师队伍良莠不齐。与此同时，近年来的国培、区培、校本培训的效果有限，无法完全满足教学一线的需求。

面对现实情况，各地教育局与基层学校校长对近年来的教师培训提出了看法。大家一致认为，加强教师培训无疑是一条可能改善教师队伍质量的路径。但是，需要改革现有的教师培训模式。

由此，针对西藏小学教师队伍现实情况，从培养"一专多能"型小学教师的角度，课题组提出差异性与多样化的培养取向，并形成西藏特色的教师培训体系。具体而言：

首先是构建"双向"培训模式。所谓"双向"有两个层面的含义，即理论指导与实践指导的双向，高校团队与学校自身的双向。在访谈中，许多基层学校管理者对高校培训与校本培训需求较大，改革以往单一的培训方式，高校培训者与校本培训者通过沟通提出培训内容，针对实践问题开展培训，如"送培下校""一人对一校的培训"。

其次是构建"跨界"培训模式。这里的"跨界"主要指学科的跨界、能力的跨界、思维的跨界。为满足学校学科结构发展，基层学校针对学校紧缺学科，可以尝试引导教师参加多学科培训，同时提高培训层次。对参加多学科培训的教师开展"一专多能"型教师认证，提高个人待遇，同等条件优先评聘职称，更重要的是培养具有综合思维的教师，以满足基础教育课程改革的需要。

最后是构建"培训"成长记录模式。改革以往教师培训不系统、培训目的不明晰、培训效果不可知等缺点。对教师培训过程进行成长式记录，对每一个教师培训进行追踪。针对"一专多能"型教师更需要将职前培养与职后培训相统一，使培训成为培养优质师资的重要途径。

关于西藏中小学及高等学校的德育情况调研[①]

陈敦山 高峰[②]

为了更好地完成课题"西藏中小学德育与高等学校德育衔接问题研究",课题组成员深入西藏对相关问题进行调研。本次调研针对课题内容,选取了具有代表性的拉萨市堆龙德庆区小学、拉萨市城关区白定小学和拉萨市曲水县小学3所小学,拉萨市堆龙德庆区第一初级中学、拉萨市曲水县中学和拉萨中学3所中学以及拉萨师范高等专科学校和西藏大学2所高校分别进行了以访谈、座谈、参观等形式为主的调研活动。

在此次调研过程中,课题组了解到西藏各学校在德育教育方面取得了一定成效,但同时也存在着包括德育教育理念相对老套、德育教育内容相对集中、德育教育形式相对陈旧等不足。针对西藏各学校在德育教育方面存在的不足,课题组成员提出了对策与建议,以便更好地促进西藏地区德育教育工作。

一、西藏中小学及高等学校德育情况概述

调研围绕学校德育工作如何规划、学校德育教学如何开展,校园文化如何建设,民族团结教育、爱国主义教育、社会主义核心价值观等方面的具体培养措施以及学校在学生的行为管理、养成教育方面的好做法五个问题进行展开。通过深入调研,调研组了解到目前西藏地区中小学及高校在德育工作方面取得了一定的成绩同时,中小学德育教育与高校德育教育仍

[①] 基金项目:本调研报告系西藏民族大学2011西藏文化传承发展协同创新中心"西藏中小学德育与高等学校德育衔接问题研究"(课题编号:XT-WT201713)的阶段性成果。

[②] 作者简介:陈敦山,西藏民族大学科研处处长、2011协同创新中心管委会主任、教授,主要研究方向为思想政治教育;高峰,西藏民族大学马克思主义学院教授,主要研究方向为思想政治教育。

存在一些问题。

(一) 西藏中小学及高等学校德育取得的成效

西藏各学校德育始终坚持民族教育特色,结合西藏区情,挖掘民族教育资源,教育内容更具特色,效果也更明显。

以校园环境建设为切入点,优化德育育人环境。良好的育人环境往往能产生润物细无声的效果。区内很多学校对其校门、教学楼、餐厅、围墙等主要建筑及学校宣传册、校办刊物等进行设计,注重突出本校校园文化特色。也有一些学校将校园划分为教学区、生活区、活动区,根据每个功能区特点设置相应主题。教学区以爱国主义教育、党的民族政策宣传、"四讲四爱"教育为主题,生活区以团结友爱、讲究卫生介绍为主题,活动区以积极开展体育运动、保护环境(以西藏曲水县小学"绿色储蓄银行"为例)为主题建设校园文化。这些特色鲜明、贴近学生实际的校园文化营造了浓厚的德育教育氛围,为德育教育创造了条件。

以课堂教学为主渠道,使德育教育真正落到实处。一些中小学校较好地实现了德育渗透目标,如在语文课教学中渗透爱国主义教育,在"双语"教学中渗透民族团结教育,在课堂上适时拓展和延伸包括对民族传统文化、民族常识等内容进行介绍的民族团结教育,在数学课以应用题形式渗透环境保护教育,使德育教育内容更加贴近学生生活,更加符合区内学生认知特点。

以丰富多彩的活动为载体,使德育教育寓教于乐。德育教育理论性较强,如果只是对学生进行枯燥乏味的说教,则难以取得理想的教育效果。自治区大多数学校通过开展活动,如文化艺术节、民族体育运动会、校园广播、观看爱国影视片等,对学生进行以爱国主义等为主的德育教育。

以心理健康教育为辅助工具,完善德育体系。为了使学生拥有健全的人格,西藏大部分条件较好的中学注重学生心理健康教育,普遍开设心理健康教育课,设有心理咨询室,主要对学生进行日常心理健康辅导。针对学生的考试压力,在考前对学生进行心理疏导;针对部分特殊学生,采取个别辅导的方式。

以《德育工作汇总》为监督手段,完备德育过程。为了规划、记录、总结学校德育工作,以便更好地开展德育教育,西藏大部分中小学都编著有《德育工作汇总》,在《德育工作汇总》中,主要涉及"我们的收获"

"班主任信息""新学期新风貌""师生共创美好校园""我们是快乐的学生""给孩子们点赞""团员老师的征文""班级文化"八方面的内容，做出上学年德育工作总结及新学年德育工作计划。

由此可见，西藏大多数大中小学意识到德育的重要性，并且在德育方面取得了一定成效，但仍然存在一些不足。

（二）西藏中小学及高等学校德育中存在的问题

1. 德育理念相对老套

学校德育的意义和任务要渗透于学校全部教育、教学活动中。但在本次调研过程中发现，受我国应试教育的影响，西藏各学校普遍存在"偏重智育，轻视德育"的现象，教师更侧重于对学生进行智育教学，注重提高学生的文化课成绩，提高本校升学率，在德育方面大多也只是为完成"道德与法治"等课程要求而例行公事式地开设该门课程，完成教学时数。在对学生考评方面，也只是建立了严格的智育考评体系，缺乏多元化考评体系。

我国教育普遍存在以教师为主、重理论轻实践、重知识传授轻运用能力的教育理念。在这种理念引导下，西藏各学校德育教育也更倾向于以教师讲授相关理论为中心，在给学生进行德育教育时习惯采用教师对学生"满堂灌"，"一言堂"地对学生进行爱国主义教育、民族团结教育、反分裂教育等，而缺乏学生对相关问题的探究与实践。

学生在这种教育理念牵引下，形成了"你教我学，你讲我记"的填鸭式学习习惯，对德育课本内容、我国社会主义核心价值观、我们党的民族理论与政策、"四讲四爱"内容等相关理论知识还只是从知识点识记的目标进行学习，习惯于应对考试而进行死记硬背。但是，对于课堂教学与实际相结合、理论学习与现实运用相结合做得不够，当学生在现实生活中遇到问题时，不能很好地运用所学知识灵活应对解答。

2. 德育内容相对集中和直白

西藏各中小学都专门设有"道德与法治""思想品德"等有关德育课程，各高等学校普遍开设有"思想道德修养与法律基础""马克思主义基本原理概论""毛泽东思想和中国特色社会主义理论体系概论""中国近现代史纲要""马克思主义四观两论""形势与政策"等课程，对学生进行德育教育。但从整体上看，西藏各校普遍使用国家统编教材，很少有学校结合学生实际情况编写乡土教材,只有"马克思主义四观两论"是使用西藏自治区乡土教材,因此,大多数老师在讲授过程中很难真正做到结合西藏区情、把握西藏学生特点对学生进行德育教育。

在课堂上,老师多以讲授方法对学生进行爱国主义、社会主义核心价值观、民族团结、反分裂教育,综观这些德育内容,可以发现当前西藏大中小学德育教育内容过于直奔主题或者可以说过于集中于理论方面。受所处时代影响,部分藏族学生对旧西藏的黑暗无法感同身受,无法深刻理解党对西藏的各项优惠政策,缺乏感恩意识。部分学生在进校之前对本民族历史以及对我国其他民族的基本情况知之甚少,加上学校以藏族学生为主,在这种情况下,学生很难一蹴而就地理解我国的民族团结相关理论,对民族团结缺乏真正的、深层次而且全面理解。

3. 德育方式相对陈旧

西藏各学校对学生进行德育时,大多是采用课堂讲授方式。大部分西藏学校都有自己的心理咨询室及心理辅导教师对学生进行心理咨询及辅导,但是,在调研中发现,大多数学校心理辅导老师多是兼职老师并没有进行过专业心理学以及心理咨询技能学习和训练,这就导致在对学生进行辅导时不够专业,所设置的心理咨询室缺乏一整套专业、科学的心理咨询设备。在调研中,课题组了解到大多数学校心理咨询室工作主要是定期向学生讲授简单的心理健康知识,心理健康教育实际效果与预期目标相差甚远。

部分学校虽然设有文化走廊、校园广播站等媒介对学生进行潜移默化的德育影响,但是,学校对学生进行德育时,大部分还是采用报告会、举行相关主题讲座以及在学校宣传栏宣传相关内容等陈旧模式。如,近期西藏自治区下达"四讲四爱"教育任务,学校多以张贴"四讲四爱"条幅及老师向学生宣讲"四讲四爱"内容为主,而围绕"四讲四爱"举办的实践活动少之又少。

这些教育方式相对陈旧,从一定意义上说,很难让学生真正理解学校德育教育内容,从而不能很好地达到德育内化于心、进一步外化于行的目的。

大部分报告会和讲座都是学校投入大量时间、财力、人力进行筹划,不管是主报告人还是讲座主发言人都是提前准备讲稿,花很长时间精心准备,但是大部分学生对报告会和讲座的形式已感到厌烦,很难真正静下心去学习相关理论知识，他们有的会边听讲座边听音乐或玩手机，有的学生甚至对"听"有关此类报告会、讲座产生抵触心理，这种集中式显性德育效果值得深入反思。

二、西藏中小学及高等学校加强并改进德育的必要性

（一）德育的定义

中国素有"礼仪之邦"之称，自古以来就有重视道德教育的传统，德育在中国教育中居于首要地位。儒家主张"德治"和"礼治"。孔丘强调"以德教民"，认为"道之以政，齐之以刑，民免而无耻；道之以德，齐之以礼，有耻且格"。

"德育"这一概念，起始于中国近代，大都作为道德教育的简称或同义词。随着社会经济发展、政治进步和文化发展，德育本身在适应社会变化中不断与时俱进，内涵日渐丰富，外延不断扩展。但无论德育内涵和外延怎样变化、发展，其本质属性是不变的，德育是教育者根据一定社会、阶级要求和受教育者需要，有目的、有计划、有组织地对受教育者施加教育影响，通过教育者和受教育者在教育活动中的互动和受教育者积极的认知、体验和实践，把一定思想观点、政治准则、道德规范、法律法规和心理品质等转化为受教育者的思想素质、政治素质、道德素质、法律素质和心理素质等的活动。①

（二）西藏中小学及高等学校加强德育的必要性

毛泽东在中国新民主主义革命时期就指出，青年应把坚定正确的政治方向放在第一位，他说：学校一切工作都是为了转变学生思想，政治教育是中心的一环。在社会主义时期，更强调指出：没有正确的政治观，就等于没有灵魂。党的十一届三中全会以来，邓小平、江泽民、胡锦涛、习近平等历届党和国家领导人都非常重视青少年德育工作。近年来，中央高度重视学校德育工作，陆续下发了《中共中央关于改革学校思想品德和政

---

① 李璐璐：《增强大学生德育工作时效性方法论问题研究》，山东大学 2012 年硕士学位论文。

治理论课教学的通知》《中共中央关于改革和加强中小学德育工作的通知》《中共中央关于进一步加强和改进学校德育工作的若干意见》《中共中央国务院关于进一步加强和改进大学生思想政治教育的意见》，特别是2017年中共中央国务院又印发了《关于加强和改进新形势下高校思想政治工作的意见》。这些重要文件精神指出了学校德育工作的重要地位、总体要求，并明确提出要解放思想，实事求是，加强改革创新，增强做好学校德育工作的责任感和紧迫感。

西藏区情特殊，作为宗教氛围浓厚的少数民族地区，也是西方敌对势力和达赖分裂集团分裂破坏的重点地区，处于反分裂斗争前沿。当前，西方敌对势力对我国进行干涉和渗透，他们试图将宗教和民族问题作为对我国实施"西化""分化"图谋的一个突破口。近年来，反动组织通过资助出国留学、引诱青年学生出境等手段对各类在校生进行思想渗透，与我们争夺青少年，妄图培植"藏独"的后备力量。2003年，西藏大学的在校学生尼玛扎西被分裂分子拉拢腐蚀，蜕化成分裂分子的教训深刻。同样，新疆近年破获的数起以建立伊斯兰教国家为目的的"伊扎布特"反动组织中，其成员主要是各类在校学生，而且多数为少数民族学生。在2003年破获的一起"伊扎布特"反动组织中，成员涉及多所大中小学校，情况堪忧。2008年发生在拉萨的"3·14"事件造成18人死亡，382人受伤，烧毁学校、医院、银行、机关、企事业单位建筑物30多座和民宅100多户。事实证明，此次事件是由达赖分裂集团有组织、有预谋、精心策划和煽动的，由境内外"藏独"分裂势力相互勾结一手制造的，其目的是分裂祖国，破坏祖国的安定和谐，而且有不少青年参与，对不少在校学生思想行为也有一定程度的影响。

面对如此严峻的形势，在西藏各校开展包括爱国主义教育、反分裂教育、民族团结教育在内的德育教育，直接关系到维护祖国统一、反对民族分裂的重要思想保证。在西藏加强学校德育教育，扎实有效地开展爱国主义教育、反分裂斗争教育、民族团结教育就显得十分重要了。

（三）西藏中小学及高等学校进一步改进德育的必要性

在经济全球化的今天，我国在享受着经济全球化带来的诸多好处的同时，经济全球化对我国的国家意识、民族文化等也造成了一定冲击，使一些人淡化了国家意识和民族认同感。一部分中小学生和一部分大学生对中华民族的认同感不够强，对中华民族的大团结与中华民族的伟大复兴不利。

针对西藏自治区特殊的地理人文环境，我国出台了一系列的特殊优惠政策，如对西藏区内农牧民子女上学实行"三包"（包吃、包住、包学习费用）政策，但是在享受这一政策的很多学生中存在缺乏感恩意识、缺乏上进心的问题，认为这些优惠政策是他们理所应得的，因此不珍惜来之不易的学习机会，未树立起"知识改变命运"的观念，不愿意努力学习。针对上述情况，在西藏各中小学及高等学校普遍开展包括理想信念教育、感恩教育等在内的德育教育，以更好地培育"四有"青年，服务西藏经济社会长足发展与长治久安是极其必要的。

近年来，西藏中小学和高等学校按照教育部和自治区教育工委、教育厅要求，认真开展德育教育工作，但是，大多数学校都将德育课程上成了纯知识讲授型的课程，德育教育效果不明显。因此，课题组认为重视学校德育工作很重要，但是仅仅是重视，德育教育的方式方法不改进，一贯采取满堂灌的方法进行纯理论灌输，教育不能够贴近西藏实际，不能够贴近学生实际，教育内容不能入脑入心，学生不能将学到的理论与实践结合起来，这种德育教育效果值得反思。因此，在当前时代背景下，有必要进一步加强西藏中小学及高等学校德育工作，创新德育模式，以增强西藏中小学及高等学校德育的针对性和实效性。

三、西藏中小学及高等学校德育模式创新对策

2017 年 8 月，国家教育部出台《中小学德育工作指南》，提出"始终坚持育人为本、德育为先，大力培育和践行社会主义核心价值观，以培养学生良好思想品德和健全人格为根本，以促进学生形成良好行为习惯为重点，以落实《中小学生守则（2015 年修订）》为抓手，坚持教育与生产劳动、社会实践相结合，坚持学校教育与家庭教育、社会教育相结合，不断完善中小学德育工作长效机制，全面提高中小学德育工作水平，为中国特色社会主义事业培养合格建设者和可靠接班人"①。

《中小学德育工作指南》中明确指出了德育要分阶段设目标，以课程

---

① 教育部：《中小学德育工作指南》（教基〔2017〕8 号），2017 年第 8 期。

育人、文化育人、活动育人、实践育人、管理育人和协同育人相结合的方法以达到"培养学生爱党爱国爱人民,增强国家意识和社会责任意识,教育学生理解、认同和拥护国家政治制度,了解中华优秀传统文化和革命文化、社会主义先进文化,增强中国特色社会主义道路自信、理论自信、制度自信、文化自信,引导学生准确理解和把握社会主义核心价值观的深刻内涵和实践要求,养成良好政治素质、道德品质、法治意识和行为习惯,形成积极健康的人格和良好心理品质,促进学生核心素养提升和全面发展,为学生一生成长奠定坚实的思想基础"[①] 的总体目标。

根据以上文件要求,结合本次调研中所发现的西藏各学校在德育上存在的问题,课题组认为西藏中小学和高等学校德育教育应努力从如下几方面加强创新,从而提升德育质量。

(一) 德育理念的创新

各学校应始终坚持"育人为本、德育为先"的教育理念,重视学生德育发展,根据学生的年龄特点,按学段制定德育目标,如,小学低年级应以教育和引导学生热爱中国共产党、热爱祖国、热爱人民,爱亲敬长、爱集体、爱家乡,初步了解生活中的自然、社会常识和祖国有关的知识,保护环境,爱惜资源,养成基本的文明行为习惯,形成自信向上、诚实勇敢、有责任心等良好品质为主要德育目标;高中阶段应以教育和引导学生热爱中国共产党、热爱祖国、热爱人民,拥护中国特色社会主义道路,弘扬民族精神,增强民族自尊心、自信心和自豪感,增强公民意识、社会责任感和民主法治观念,学习运用马克思主义基本观点和方法观察问题、分析问题和解决问题,学会正确选择人生发展道路的相关知识,具备自主、自立、自强的态度和能力,初步形成正确的世界观、人生观和价值观为主要德育目标。

各学校在对学生进行德育时要尽快改变传统的教育理念,树立以学生为中心的现代教育理念,提升学生的主体地位,培养学生的主体意识、参与意识、独立意识以及创新意识。

为此,首先要将以老师为主,学生被动接受理论知识的"师本"传统教育,转向以学生为主、老师引导教学的"生本"教育新理念。在进

---

① 教育部:《中小学德育工作指南》(教基〔2017〕8号),2017年第8期。

行德育时，突出学生主体地位，努力将老师角色由原来的知识传授者转变成为学生学习的指导者、服务者和促进者。

其次，要最大限度地发挥学生的主观能动性。各类学校在进行德育教育时，要充分考虑学生学习需求、接受能力以及兴趣点，尊重学生个体差异和自身发展需求，通过一个动态的、开放的、创新的教育过程，激发学生学习有关民族团结知识的积极性，鼓励学生进行研究性和实践性学习，从而提高他们解决实际问题的能力。在西藏大学进行访谈时，该校马克思主义学院院长介绍，他自己在上课时，先是让学生写出自己在本门课程中真正想要学习了解的知识，然后再进行有针对性的讲授，这一点值得其他学校老师学习借鉴。

（二）德育内容的创新

各中小学都开设了"道德与法治""思想品德"等课程，老师在上课期间，还应结合区内学生的生活特点，融合藏族传统文化使该课程更加生动有趣，让学生更容易接受教材所传达的知识。"道德与法治"课应与科学课相结合，让学生在做实验的过程中了解自然现象，从而淡化宗教迷信对其的影响。

思想政治理论课作为大学生通识公共课，是每个大学生的必修课程。西藏各高校的思想政治理论课老师可以在其教学过程中增加相关专题。如在"马克思主义基本原理概论"课中，增加马克思主义民族理论与党的民族理论政策；在"毛泽东思想和中国特色社会主义理论体系概论"课中，增加毛泽东、邓小平等国家领导人关于民族地区进步与发展的理论知识、增加习近平等国家领导人的成长史，使学生了解国家领袖，从而从心底里尊重国家领袖；在"思想道德修养与法律基础"课中，增加少数民族爱国史、民族地区自然环境与资源、中国少数民族传统道德等；在"中国近现代史纲要"课中，增加对"藏族简史""西藏通史"的讲授，进行新旧西藏对比，使学生了解旧西藏的黑暗与落后，让他们知道当前生活来之不易，从而培养学生的爱国主义情怀；在"形势与政策"及"当代世界经济与政治"课中，增加民族问题的专题，通过介绍国际社会中的民族冲突和矛盾，让学生懂得民族分裂、冲突的危害，使其更加深刻地理解我国实行民族区域自治政策的必要性和科学性，理解马克思主义民族观的理论意义和现实意义，从而增强民族团结的自觉性。

课后，老师要指导学生阅读有关我国历史文化及少数民族宗教文化方面的书籍。爱不是凭空产生的，而是以深刻地认识为基础的。"知我中华、爱我中华、兴我中华"是一个紧密联系的整体，只有了解了我国的发展历程才能用历史的眼光、国际的视野"多角度"了解中国、了解中华民族，从而从心底爱国家、爱民族、爱社会主义，达到"懂党恩、报党恩"的学习目的。

（三）德育方式的创新

想要增强德育的针对性和实效性，仅仅对教育内容进行创新是远远不够的，还需要教育者在教育方式上进行探索与创新。

1. 营造良好的校园文化氛围

在各中小学校园内选择有利位置以大家喜闻乐见的形式设置爱国主义教育、民族团结教育、社会主义核心价值观教育等内容的专栏，学校德育处和教导处配合工作，及时更新有关党和国家政策、西藏自治区发展成就、民族风俗习惯等内容，校园广播多播放爱国英雄人物小故事、爱国歌曲、民族团结歌曲等以细水长流、潜移默化式地培养学生对中华民族优秀传统文化、伟大祖国的悠久历史、中国共产党的辉煌历史以及中国特色社会主义道路的认同，牢固树立其维护国家安全稳定、增强民族团结和促进各民族共同繁荣的思想意识。

在高校校刊、校报上设置专栏刊登有关德育的理论性学术文章，同时面向全校学生举办德育方面的征文活动，选择优秀文稿进行刊登并给予奖励。这样既有助于调动学生自主学习相关理论的积极性，同时也有利于学生形成自我学习和自我教育的良好氛围。

2. 积极开展有关德育的校园文化活动

学校德育处、学工处和团委要积极举办丰富多彩的德育校园活动，西藏各中小学可以多举办类似西藏拉萨市城关区白定小学的"我是一个小小环卫工"等校园活动，让学生在活动中懂得爱护环境，珍惜他人劳动成果；西藏各高校可以定期举办大学生民族团结论坛和以少数民族题材为主题的戏剧表演、书画摄影展、少数民族服饰展示、饮食展示等活动；各学校可定期定点播放《农奴》《红河谷》等有关西藏历史题材的影视作品；开展具有藏族特色的体育活动，如藏族传统的射箭比赛、押加比赛等，一方面可以促进学生强身健体，另一方面也可增进学生对民族传统文化的了解，同时在竞技中培养学生团结协作的精神，培养学生的集体观念；举办有关以爱国主义、社会主义核心价值观、民族团结等为主题的知识竞赛，增进其自豪感，同时让学生更深层次地了解我国是多民族共同缔造演进形成了多元一体的中华民族格局，增强青少年学生的中华民族意识和各民族团结意识。

3. 积极组织学生参与相关的社会实践活动

将德育理论知识教育与社会实践活动相结合，通过有效的社会实践活动进一步深化德育教育。

组织学生参观爱国主义教育基地。爱国主义是中华民族的光荣传统，是推动中国社会前进的巨大力量，是各族人民共同的精神支柱。办在区内的高校可以组织学生参观如西藏和平解放纪念碑、西藏自治区军博馆、西藏自治区博物馆、谭冠三纪念馆等爱国主义教育基地，让学生通过参观并结合讲解员讲解，增强学生的中华民族认同感，让学生懂得深深根植于数千年文明历史与优秀传统中的中华民族精神，始终是维系中国各族人民共同生活的精神纽带，是支撑中华民族生存、发展的精神支柱，是推动中华民族走向繁荣富强的精神动力，是中华民族之魂。

利用假期组织学生投身到爱国主义教育、民族团结教育的宣传活动中。学校可以鼓励学生担当爱国主义教育、民族团结教育义务宣传员，一方面可以使其家乡人进一步了解党的民族政策；另一方面也让学生把自己学到的先进科学文化知识运用到家乡发展中来。让学生积极参与支教、志愿服务等社会实践活动，为本民族人民及本地区经济社会发展贡献力量，同时让学生在参与社会实践的过程中提升思想觉悟和精神境界。

增强西藏自治区政府"放管服"改革针对性和协同性调研[①]

王彦智[②]

"简政放权、放管结合、优化服务"(简称"放管服"改革)是深化行政管理体制改革的核心和有力抓手,是党的十八大以来全面深化改革的重要组成部分。在我国改革开放步入40周年及改革开放后开启的中国特色社会主义进入新时代的背景下,深入推进"放管服"改革,对于决胜实现全面建成小康社会,进而乘势而上开启全面建设社会主义现代化强国新征程,向第二个百年奋斗目标进军,具有决定的意义。对于西藏这一特殊的边疆少数民族省区而言,改革实践中,如何切实增强"放管服"改革的针对性和协同性,将直接关系到建设党和人民满意的法治政府、创新政府、廉洁政府和服务型政府的成败,直接影响到中央"四个全面"战略布局和中央第六次西藏工作座谈会提出的"确保国家安全和长治久安,确保经济社会持续健康发展,确保各族人民物质文化生活水平不断提高,确保生态环境良好"之"四个确保"党的治藏方略目标的实现。有鉴于此,笔者于2017年8月11至22日,赴西藏自治区审改办,拉萨市、林芝市、山南市审改办及其各县乡进行了为期11天的调研访谈。通过调研访谈,进一步明晰了西藏自治区"放管服"改革的进程和具体成就,尤其是需要加强改革针对性和协同性等方面的顶层设计。

---

① 基金项目:本调研报告系西藏民族大学2011西藏文化传承创新中心2017年委托课题"增强西藏自治区政府简政放权针对性和协同性研究"(课题编号:XT – WT201708)的阶段性成果。

② 作者简介:王彦智,西藏民族大学马克思主义学院副院长、教授,主要研究方向为西藏基层政权建设。

一、西藏自治区"放管服"改革的历程

党的十八大以来,以习近平同志为核心的党中央对深化行政管理体制改革提出了明确的要求。十八届二中全会指出,转变政府职能是深化行政体制改革的核心。为此,《国务院机构改革和职能转变方案》中提出:"必须处理好政府与市场、政府与社会、中央与地方的关系,深化行政审批制度改革,减少微观事务管理,该取消的取消、该下放的下放、该整合的整合,以充分发挥市场在资源配置中的基础性作用、更好发挥社会力量在管理社会事务中的作用、充分发挥中央和地方两个积极性,同时该加强的加强,改善和加强宏观管理,注重完善制度机制,加快形成权界清晰、分工合理、权责一致、运转高效、法治保障的国务院机构职能体系,真正做到该管的管住管好,不该管的不管不干预,切实提高政府管理科学化水平。"① 十八届三中全会通过的《中共中央关于全面深化改革若干重大问题的决定》(以下简称《决定》)绘制了全面深化改革的蓝图,《决定》特别强调,"经济体制改革是全面深化改革的重点,核心问题是处理好政府与市场的关系,使市场在资源配置中起决定性作用和更好发挥政府作用"。② 在此背景下,国务院将"放管服"改革作为推动政府职能转变、处理好政府与市场关系的"先旗手"和"突破口",以期达到为企业松绑,为市场添力,为人民群众提供各种便利和创新创业提供全方位支持的目的。③

(一)西藏自治区是全国较早启动"放管服"改革的省区之一

早在 2011 年 4 月 26 日,西藏自治区人民政府第六次常务会议即审议

---

① 新华社:《国务院机构改革和职能转变方案》,见《人民日报》2013 年 3 月 15 日第 5 版。
② 新华社:《中共中央关于全面深化改革若干重大问题的决定》,见《人民日报》2013 年 11 月 16 日第 1 版。
③ 李克强:《简政放权、放管结合、优化服务,深化行政体制改革、切实转变政府职能——在全国推进简政放权放管结合转变职能工作电视电话会议上的讲话》,见《人民日报》2015 年 5 月 15 日第 2 版。

通过了《西藏自治区人民政府关于认真贯彻落实国务院有关决定进一步推进行政审批项目清理调整工作的意见》(藏政发〔2011〕46号),2012年5月10日,西藏自治区人民政府第八次常务会议审议通过了《西藏自治区行政审批目录管理办法》①,2013年5月16日,西藏自治区人民政府工作会议讨论并通过了《西藏自治区人民政府关于简政放权进一步精简调整行政审批项目的决定》。②据报道,2012年以来,西藏全区共清理了127项行政事业收费项目,取消调整了192项行政审批项目;2013年,共对643个行政审批项目进行精简或调整,精简调整率达60%。精简调整后,全区对行政审批项目的精简调整率累计达到81%。③ 2015年10月8日,《西藏自治区推进简政放权放管结合转变政府职能工作方案》印发,进一步推进"放管服"改革,并对每一项具体改革任务的完成,提出了明确的时间要求。④ 2015年10月29日上午,自治区推行权力清单制度工作部署会议在拉萨召开,对推行权力清单制度工作进行安排部署。根据这一工作方案,各地市、行署(人民政府)和各委、办、厅、局立即着手制定本单位和本部门的权力清单、责任清单。截至2016年12月,自治区政府部门权力清单和责任清单全部在政府门户网站公布,并研究制定了《西藏自治区行政权力和责任清单管理办法(试行)》。⑤迄今为止,西藏各地市和部分县区陆续公布了各自的权力清单和责任清单。

(二) 2017年以来西藏自治区政府加快了"放管服"改革的步伐

为深入推进"放管服"改革,促进大众创业、万众创新,激发市场活力和社会创造力,转变政府职能,加快推进法治政府建设,确保各项改

---

① 玉珍:《白玛赤林主持召开政府第八次常务会议,研究制定〈西藏自治区行政审批目录管理办法〉》,见《西藏日报》2012年5月11日第1版。
② 赵书彬:《传达陈全国书记关于当前经济工作重要讲话精神,通过关于精简调整行政审批项目决定》,见《西藏日报》2013年5月19日第1版。
③ 刘玉璟:《海拔高,服务质量更高——我区简政放权工作纪实》,见《西藏日报》2014年5月18日第1版。
④ 西藏自治区人民政府办公厅:《西藏自治区推进简政放权放管结合转变政府职能工作方案》,见《西藏自治区人民政府公报》2015年第10期,第5—12页。
⑤ 赵书彬:《自治区政府晒权力"家底"亮服务"底牌"》,见《西藏日报》2016年12月6日第1版。

革措施有效衔接落地，根据《国务院办公厅关于进一步做好"放管服"改革涉及的规章、规范性文件清理工作的通知》（国办发〔2017〕40号）文件要求，对全区现行有效的规章、规范性文件进行一次清理。5月31日，西藏自治区人民政府办公厅发布了《关于开展"放管服"涉及的规章和规范性文件清理工作的通知》（藏政办发〔2017〕77号）。经过一个多月的努力，全区分三批集中清理规范行政审批中介服务事项66项，有效约束政府权力，减轻企业负担，方便群众办事创业。① 2018年1月2日，全区经济工作会议在拉萨召开，吴英杰书记在讲话中特别强调指出，要坚持以人民为中心的发展思想，正确处理好"十三对关系"，要"承接好中央各项改革的总体设计，坚持越改越好、越改越符合实际、越改越对群众有利，处理好简政放权和地方承接的关系，以完善产权制度和要素市场化配置为重点，扩大对外开放，加大招商引资力度，推进融资体制、财税体制、国企国资、商事制度、行政体制等重点领域和关键环节改革"。②

（三）各地市积极推进行政审批事项相关文件的规范化改革和监管体系建设

例如，日喀则市围绕"在放权上求实效、在监管上求创新、在服务上求提升"的总体部署，以群众和市场主体满意、释放激发社会创造力为工作标准，坚持不懈推动政府职能转变。2017年以来，实现市级权责清单第一批动态调整，涉及单位15家，涉及行政职权78项，其中新增13项，取消37项，调整职权依据28项。进一步构建职权行使的事中事后监管体系，健全责任追究机制，全面推行"双随机、一公开"抽查机制，形成了职能部门行使权力遵守清单、规范运行、违必有责的良好格局。利用现代信息手段，积极完善行政权力网上运行监督平台建设，让权力在阳光下运行，最大限度地方便群众和企业。同时，研究制定并下发《日喀则市下放行政权力实施方案》，明确下放原则、范围、方式、步骤

---

① 刘倩茹：《我区"放管服"改革持续释放市场活力》，见《西藏日报》2017年7月27日第1版。

② 蒋翠莲、肖涛、陈跃军：《全区经济工作会议强调，深入贯彻落实习近平新时代中国特色社会主义经济思想，努力走出一条具有中国特色西藏特点的高质量发展路子》，见《西藏日报》2016年12月6日第1版。

和相关要求，下大力气下放一批行政职权，推进简政放权向纵深发展。①山南市进一步健全权责清单，先后2次实地对33家市级部门、12县区重点加强权责清单开展了专项督查。据报道，通过改革，进一步降低门槛放宽市场准入，企业前置审批由226项缩减至33项，减负达87%，进一步减少登记环节，激发了市场活力。2014年实施商事制度改革以来，山南市新设各类市场主体1.41万户，平均每月增长246.27户，其中新设个体户1.11万户，平均每月增长194.4户；新设企业共2072户，平均每月增长36.03户；新设农专911户，平均每月增长15.8户。率先在全区开展个体工商户登记制度改革试点工作，实行名称自主申报、住所自主申报、免于登记等8项举措，为在全市以及全区范围内改革个体工商户登记制度积累经验。截至2017年9月底，山南市各类市场主体2.18万户，注册资本388.62亿元，分别同比增长16.12%和41.77%，其中，非公经济市场主体2.105万户、注册资本254.73亿元、从业人员6.5万人，分别同比增长16.41%、50.13%和23.53%。激发市场活力的同时，不断创新监管方式，运用企业信用信息公示、"双随机、一公开"抽查、信息共享和联合惩戒等手段，提高市场监管的效率。通过实施信用监管，共有442户市场主体被列入经营异常名录。②

二、西藏自治区"放管服"改革的现状

（一）西藏自治区"放管服"改革的具体成就

总体而言，西藏自治区的"放管服"改革取得了阶段性的成绩，集中体现在以下几方面。

1. 各级政府都成立了审改办这一协调议事机构

当前，从自治区到各县区，都成立了由编办作为牵头单位，行政首长任组长，各职能部门行政负责人为成员的行政审批制度改革工作领导小组办公室（简称"审改办"），全面负责"放管服"改革的推进工作。在各

---

① 王杰：《日喀则市扎实推进"放管服"改革》，见《西藏日报》2017年9月25日第2版。
② 王欢欢：《"三管齐下"持续推进"放管服"改革》，见《西藏日报》2017年12月4日第5版。

级审改办的领导下,使"放管服"改革有序推进。

2. 自治区和地市政府制定了较为详细的权责清单

自治区政府层面有序承接国务院下放的行政审批、投资审核和资格认定等事项,制定了较为详细的权力清单和责任清单。2016年,各地市和各委、办、厅、局全部发布了本单位的权力清单和责任清单,在已有基础上,进一步取消行政许可22项,累计下放审批权限686项。2017年伊始,自治区政府进一步完善规范权责清单和随机抽查事项清单,改革市场准入制度,有序实施市场准入负面清单。深化企业"五证合一"、个体工商户"两证整合"登记制度改革,开展"证照分离"试点。① 对地市而言,"放管服"改革的主要成就即体现在商事制度改革方面。例如,林芝市全面落实"五证合一"和个体"两证整合"改革。2017年年初,组织林芝市和巴宜区工商局全体干部及其他县工商局负责人、注册登记窗口工作人员进行培训,重点学习国务院办公厅发布的《关于加快推进"五证合一、一照一码"登记制度改革的通知》、工商总局等五部门联合发布的《关于贯彻落实〈国务院办公厅关于加快推进"五证合一"登记制度改革的通知〉的通知》和国家工商总局召开的全面推进"五证合一""一照一码"登记制度改革电视电话会议精神,通过各种途径提高干部的知晓率。同时,以市政府名义下发《加快推进"五证合一"登记制度改革的通知》并通过媒体发布"五证合一、两证合一"登记制度改革公告。截至2017年3月,林芝市已经发放"五证合一"营业执照689张,"两证合一"营业执照1716张。与登记制度改革同步推进的是行政审批"一窗口全程服务"改革。笔者在调研中发现,林芝市群众办理营业执照的时间基本缩短到2至3个工作日内,手续齐全者立等可取,让数据多跑路、群众得实惠成为常态。降低市场准入门槛,严格按照国务院正式公布的工商登记前置审批事项目录做好注册登记工作,国务院正式公布目录外的一律不作为公司登记前置审批项目,坚持"非禁即入、非限即准",给予市场主体更大的经营自主权。截至2017年3月,全市实有市场主体14721户,注册资本金333.88亿元,比2016年分别增长了23.91%和65.04%。非公经济主体比重达到96.55%,非公有制经济市场主体14231户,非公经济实

---

① 洛桑江村:《政府工作报告》,见《西藏日报》2017年2月13日第1版。

体带动就业创业 45539 人。①

3. 各地市和县区结合本地实际进行学习部署改革工作

在自治区系列文件的规范指导下，所有各地市和部分县区也在结合本地实际，多举措并举，深化改革，做到了学习到位、组织保障到位和协调动员到位。对此，以《西藏日报》和各地市的传统媒体及中国西藏新闻网为核心的网络媒体均进行了较为详细的报道分析。

（二）西藏自治区"放管服"改革需要改进的几个方面

成就与问题就像一枚硬币的两面而同时存在。通过对自治区第九次党代会报告、全区经济工作会议公报等文献的研读，通过调研访谈即知，全区"放管服"改革在推进过程中也面临着诸多急需破解的问题。

1. 自治区政府在"放管服"改革中需要加强顶层设计

据日喀则、林芝、山南等地市的工作人员反映，对于土地使用、公共交通建设和环境保护审批方面，时至今日，自治区没有统一的审批标准，在参照国家标准进行审批时，部分不符合西藏实际，很难执行。

2. 地市县区的承接能力较弱的问题非常突出

国务院取消和下放的大批行政审批、投资核准、资质认定等事项，自治区政府层面承接得比较好，而自治区往地市和县区的"放"以及地市和县区的"接"还存在不少的问题，放下去的权力接不住，自然也管不好，越向下承接能力越弱。更为重要的是，全区绝大多数县区还未将"放管服"改革列入党委和政府的议事日程，县区进一步向乡镇政府下放权力的问题还没有展开。

3. 自治区、地市、县区和乡镇政府之间的协同性不强

因为各县区和乡镇总体发展滞后，尤其是藏北牧区和边境地区县乡的区位特殊，发展严重滞后，部分职权虽然在地市或县区，但实际上并没有开展工作。与此同时，各地市的权力清单和责任清单存在着所引用的职权依据不够规范全面、法律法规知识缺乏等明显不足。

4. 县乡两级政府的"放管服"改革还没有真正启动

笔者在巴宜区鲁朗镇、工布江达县、曲水县、当雄县、拉孜县实地调研和通过电话访谈比如县、错那县、洛扎县等地的党政干部获知，地市层

---

① 资料来源于笔者 2017 年 8 月份的实地调研。调研资料编号：2017 - L - 001。

级的"放管服"改革的确取得了不小的进展,特别是2017年年初,在自治区政府的督促检查下,各地市迅速行动起来,制定了本地市的改革规划和实施方案,召开了专门的工作部署推进会,并向自治区政府上报了自查报告。但是,除了地市政府所在地的区政府基本能够按照地市政府的要求,逐渐推进各项改革工作外,到县这一级,只有负责此项改革事务的党政干部到地市开过几次会,会后基本没有部署,仅是一线具体操作的干部知道有此改革事项,其他干部根本不知道"放管服"改革是干什么的,对是否有审改办这样一个临时性的协调议事机构并不知情。某县一位援藏干部坦言:"在内地各县区风风火火推进的'放管服'改革,在这里还没有列入党委和政府的工作日程!"对于乡镇这一级,情况更为糟糕。一位乡党委书记明言,他只是听说过此事,当笔者谈及其内容和意义时,他说:"我们的核心任务是维护稳定,这些事情暂时还不需要。"

(三) 简要总结

西藏自治区政府"放管服"改革的成就我们应当充分肯定,同时,对于深入推进这一事关西藏全区顺利实现经济社会持续健康发展和长治久安战略目标的重要改革发展事项而言,我们更应当重视问题的存在。在贯彻落实党的十九大精神,决胜全面建成小康社会的关键时期,如何在最短的时间内解决西藏全区"放管服"改革的针对性和协同性不足,各地市和县区政府承接能力不足,尤其是作为具体落实中央和自治区党委政府决策部署的县乡两级政府推进"放管服"改革的动力不足问题,如何在实践中达成改革发展的共识,构建起改革发展的协同机制,真正达到《西藏自治区推进简政放权放管结合转变政府职能工作方案》所提出的"重点围绕行政审批改革、投资审批改革、职业资格改革、收费清理改革、商事制度改革和教科文卫体改革等领域,协同推进社会反响大,群众意见集中的热点难点问题,实现从重数量向提高含金量转变,从'给群众端菜'向'让群众点菜'转变,从分头分层推进向纵横联动、协同并进转变,从减少审批向放权、监管、服务并重转变,切实为企业'松绑',为市场'减负',为创业创新清障搭台,努力建设人民满意的法治政府、创新政府、廉洁政府和服务型政府,为我区经济社会跨越式发展和长治久安提供有力保障"之改革目标,都需要学术界进行深入研究,需要上至自治区政府下至乡镇政府戮力同心深入推进"放管服"改革。

三、增强西藏自治区政府"放管服"改革针对性和协同性的建议

"放管服"改革是一项系统工程,涉及各层级、各部门权力和利益的重新分配,碰触到中央与地方、地方政府间、国家与社会、政府与市场的关系的优化问题。因此,在改革实践中,既需要自治区党委和政府根据中央的统一决策部署,做好改革的针对性和协同性为核心内容的顶层设计,更需要各地市县乡政府统一思想认识,精准发力,切实推进"放管服"改革,为西藏全区顺利实现中央第六次西藏工作座谈会上所提出的"四个确保"战略目标提供有效的制度供给。

(一)西藏自治区各级政府需要充分认识"放管服"改革的意义,凝聚协同推进改革的共识

党的十九大报告指出,中国特色社会主义进入了新时代,新时代中国特色社会主义面临的主要矛盾是人民日益增长的美好生活需要和不平衡不充分的发展之间的矛盾,而要逐步解决不平衡不充分发展的突出问题,就需要我们全面深化改革。作为全面深化改革重要组成部分的"放管服"改革,是全面贯彻落实党的十八大以来,特别是党的十九大精神,紧扣打造"双引擎"(即打造新引擎,推动大众创业、万众创新;改造旧引擎,扩大公共产品和公共供给),实现"双中高"(经济增速目标放缓至"中高速",发展目标设定为"中高端"),决胜全面建成小康社会并向建设社会主义现代化强国目标而奋勇前进的战略性举措。深入推进"放管服"改革,需要坚持以人民为中心,坚持问题导向,重点围绕阻碍创新发展的"堵点",影响大众创业、万众创新的"痛点"和市场监管的"盲点",用实实在在的举措,打出组合拳,在放权上求实效,在监管上求创新,在服务上求提质,在深化行政管理体制改革,在法治政府、创新政府、廉洁政府和服务型政府建设方面迈出坚实步伐,促进国家治理体系和治理能力现代化。对于西藏自治区而言,除了上述一般性问题和目标外,还始终面临着经济发展主要依靠国家投资拉动和对口支援省市及央企的援助而自身的发展动能不足的突出问题。同时,经济发展任务繁重、反贫困任务艰巨同反分裂斗争和维护全区和谐稳定局面之间具有明显的关联性。

因此，西藏自治区政府需要通过召开专题会议、优化审改办的成员构成和构建起督促检查机制，使各地市县区和各有关部门，要把"放管服"改革放在突出位置，政府主要负责同志亲自部署推动，分管负责同志要逐项抓好落实，相关部门各负其责、密切配合，形成从全区实现经济社会持续健康发展和长治久安战略目标高度认识"放管服"改革的共识，形成推动改革的强大合力。

（二）有效规避"放管服"改革的风险

任何事情都是具有两面性的，深入推进"放管服"改革当然也存在着风险。"放"本身仅是手段，"管"什么和怎么"管"是重点，这一环节做不好，最终的目的"服"是不可能达到目标的。众所周知，我国的行政审批制度形成于20世纪50年代，这一制度的形成深深受到苏联体制和中国传统政府管理体制的影响，并同中国共产党在革命斗争中积累的实践经验、形成的政治文化、党自身的奋斗目标和不同时段的战略目标选择直接相关。历史上，行政审批制度作为国家调控经济的核心手段，在我国经济社会发展中发挥了至关重要作用的同时，也使得各级政府在政策实践中存在着目标与手段的冲突、角色和职能的错位、责任的无限性和自身能力的有限性之间的矛盾等，不仅抑制了经济社会发展的活力，导致行政成本高昂，也容易滋生腐败。随着经济社会的持续发展进步，这些问题会愈益严重，必须改革，这是上至决策层、下至人民群众的共识。但是，一方面，由于我国的市场经济体制脱胎于高度集权的计划经济体制，迄今为止，仍然没有很好地探索出符合我国经济社会又好又快发展需要的政府与市场关系。同时，在国家与社会的关系上，当前正处于由国家与社会高度同构向有限分离转变，社会力量的培育和发展仍需要一个较长的历史过程。换言之，作为市场主体的企事业单位、社会组织为核心的"第三部门"和社会公民缺乏"用权"的意识和能力。多年来，行政审批制度改革和政府机构改革都是按照自上而下的逻辑顺序递次推进的，而实际上，改革要想成功，首要的民意和呼声均来自基层社会并最终汇集成为整个社会的共识，也只有充分调动起市场和社会各种力量的参与度，才能确保改革的成功。在这方面，如何培育和扶植能够有效维护市场和社会秩序，积极参与市场和社会竞争与管理及有效参与公共服务供给的主体，还有很长的路要走。另一方面，各级政府，尤其是地市、县区和乡镇政府客观上没能实现职能的根本性转变，没有为简政放权后的市场和社会的运行提供良好的对接程序和规则秩序。在这方面，我国是有惨痛教训的。

在西藏这一特殊的边疆少数民族省区，特别是在藏北牧区和边境地区，上述问题比内地更为突出，当地的经济社会发展环境和条件，决定了在当前和今后一个时间段内，仍然需要政府在法治原则下介入到市场经济活动中去，并大力培育市场经济得以发展壮大的环境，大力培育市场主体和社会组织。更为核心的问题是，西藏各级政府长期处于维护稳定的最前沿，政府自身的改革建设自然也比内地迟滞，加之专业人才的稀缺和财政能力的过分羸弱，地市、县区和乡镇政府的承接能力较低是必然的。我们更不能忘记，从古至今，历代中央治藏的首要目标是维护祖国的领土和主权完整，促进民族团结。因此，习近平总书记在总结历代中央治藏经验基础上提出了"治国必治边、治边先稳藏"的重要论述，在中央第六次西藏工作座谈会上的讲话中指出："西藏工作的着眼点和着力点必须放到维护祖国统一、加强民族团结上来，把实现社会局势的持续稳定、长期稳定、全面稳定作为硬任务，各方面工作统筹谋划、综合发力，牢牢掌握反分裂斗争主动权。"① 可以肯定地说，倘若不顾及这些基本条件和特殊的政治及行政目标，没有认真调研分析基层的实际情况而一味要求按照中央的部署推行"放管服"改革，有可能导致"软弱国家""低能政府"的出现，其必然后果是国家的安全稳定、公共秩序和公民权利失去应有的强力保障，建立党和人民满意的服务型政府建设便无从谈起。这就需要自治区政府进行充分的调研研讨，根据全区的总体情况和各地市县乡地处"一江两河"流域中心地带、藏北牧区、边境地区等现实情况，明确确定"放""管""服"三个层面的重点。

---

① 新华社：《依法治藏富民兴藏长期建藏，加快西藏全面建成小康社会步伐》，见《人民日报》2015年8月26日第1版。

(三) 自治区政府需要更加注重"放管服"改革的流程设计和后续服务

1. 自治区审改办需要对"放管服"改革进行整体设计和操作流程设计

重点是组织党委、人大、政府、市场主体、社会力量和专家学者在充分调研研讨的基础上，根据中央的统一决策部署、党的治藏方略、西藏特殊的区情，明确各层级政府重点"放"什么、"管"什么、"服"什么，鉴于各地市和县区的承接能力不强的现实，现在"放"什么、"十三五"期间达到什么样的改革程度等问题都需要深入研究，从而有效地规避改革风险。在此基础上，进一步完善各层级政府和政府各部门的权力清单和责任清单并通过政府网站、新闻媒体等及时向社会公布。暂时没有建立政府网站的县，通过地市政府网站及时向社会公布，提高社会的知晓率。

2. 构建科学监管规则和监管体系

放权与管理都是发展的需要，"放"的目的是为了更好更有效地管理，把该放的坚决放下去，把该管的坚决管到位，这才是"放管服"改革所期望的政策目标。因此，需要建立一套科学的监管规则和方法，建立一套完善的监管体系，厘定监管体系中各监管主体的权责边界。监管体系既包括审改办和政府相关部门，也应包括中介组织、行业协会、市场主体和公民个人。在这个监管体系中既是监管主体又是监管对象，在监管与被监管中实现各监管主体的自我监管，从而避免单一政府监管主体的"不批不管、批了不管、谁批谁管"和"突击"监管、选择性监管的发生，也可以避免企业、组织或个人的投机行为发生。[①]

3. 加强对地市县区的业务培训力度

西藏各县，特别是藏北牧区县和地处林芝、山南、日喀则和阿里四个地市的21个边境县，因工作环境艰苦，党政干部生存和发展的难度大，尽管自治区人社厅每年大量招录基层公务员予以补充，但是，一方面，难以引入优秀人才到当地工作，另一方面，当地党政干部通过调动或者辞职致使当地县乡政府本就人数不足的现实雪上加霜。同时，这些地域极为广

---

① 史瑞杰、李欣：《简政放权不能一放了之》，载《行政科学论坛》2014年第3期，第11页。

阔，人烟稀少，行政半径自然比"一江两河"流域的县区大得多。这些现实情况就需要自治区政府通过对县乡基层干部进行培训、派遣基层干部赴对口支援省市短期交流学习、选派党校和高校干部挂职等方式，尽快让县乡政府对"放管服"改革的意义和具体的承接流程、技术等，以及后续的监管和服务具有明确的认知和操作能力。

（四）深入推进县乡基层政府改革建设

西藏自治区地市县乡，尤其是县乡政府对"放管服"改革的认识不到位、行动缓慢、承接能力弱等问题的存在，其原因无非是主观上贯彻落实中央和自治区党委政府的决策部署不力，改革创新的动力不足，懒政现象还没有从根本上消除。客观上经济社会发展滞后，改革创新的需要较低，政府自身的工作人员配备不足且能力不能满足改革发展的需要所致。这些问题的消除，归根结底还是需要通过县乡基层政府的改革建设来实现。

1. 加强党的建设，发挥党委统揽全局，统筹谋划改革发展的主体责任

党政军学民，东西南北中，党是领导一切的。西藏和平解放以来，西藏工作取得举世瞩目的成就和地市县乡经济社会发展取得长足的发展进步，最重要的一条经验即是加强党的领导。在新时代背景下，需要按照党的十九大关于全面从严治党的八大建设任务，推进各级党组织的建设，全面增强地市县乡党委的学习本领、政治领导本领、改革创新本领、依法执政本领、群众工作本领、狠抓落实本领、驾驭风险本领，按照自治区政府的统一安排部署，立即行动起来，党委切实承担起统筹谋划"放管服"改革的主体责任，政府切实承担起深入推进"放管服"改革的具体行政责任，激发本地经济社会发展的活力。

2. 按照责、权、利统一原则制定、修改完善符合实际的权力清单和责任清单

公共权力部门的权、责、利应当是统一的，权、责、利应该是一个"等边三角形"，权是审批部门职责范围内所拥有的支配一切可使用资源的力量，责指所要承担的责任即职务所对应的义务，利就是利益即得到的好处。权、责、利统一就要求审批部门更好地履行其职责，同样，被责任束缚的权力在运行过程中亦不容易出现"寻租"现象。同时，构建起地市和县乡政府的民主制度，使政府的改革发展决策建立在科学理性的基础上；构建起畅通的民意表达机制，有效征集民众的所思、所想、所盼，使下放的行政审批项目更好地服务于经济社会与人民群众；构建起政府兜底的制度保障，逐步化解改革过程中的各项风险。

3. 将"放管服"改革与政府机构改革统筹推进

"放管服"改革一定会影响到地市县区原有的组织机构设置与运行机制。为了更好地承接、运行下放的权力，就需要对现有的组织机构进行调整，该合并的合并、该拆分的拆分、该取消的取消、该新设的依据法定程序组建新的部门，从而为下放审批项目提供良好的生长平台。同时，权力的下放和地方政府组织机构的调整，必然需要引进优秀的专业人才，一定会引起人事变动。一方面，通过对组织内部的人事进行调整、优化工作流程，从而调出一部分人手来接任新的工作。如前所述，自治区政府应当适时对接手这些工作的人员进行业务培训并选派优秀的工作人员到对口支援省份进行学习考察，使他们尽快适应新的工作。另一方面，每年从高校中招录公务员时，要充分考虑到"放管服"改革的需要，并按照《西藏自治区人民政府贯彻落实中央第六次西藏工作座谈会精神实施方案》的决策部署，每年从内地高校招录一定数量的高层次人才。同时，从高校、行业协会和事业单位外聘具备一定职业资格的工作人员。如此，能够使工作较快开展，节省培训成本。

4. 落实"双随机"抽查机制，破解监管难题

调研中，党政干部反映最多的问题即是监管难，倘若监督机制跟不上导致系列问题的出现，这会从实质上毁掉已有的改革成果，一定会出现"软弱国家"和"低能政府"的严重政治后果。笔者认为，加强监管，首先需要各职能部门做好上下级政府业务部门间的衔接。对于取消核准事项，按照产业政策和发展规划相关要求做好项目备案和后续监管工作；对于下放审批和精简办理事项，要加强督促检查，按照优化流程后的要求做好对接工作，确保下放和简化的权力能够接得住、管得好。其次，制定详细的审批规范和具体的流程，并建立专家咨询制度。在这方面，林芝市制定了《林芝市发展改革委政府投资项目评审操作规程（试行）》《林芝市预算内投资项目基本预算费使用管理暂行办法（试行）》《林芝市政府采购管理办法》等系列文件，并建立了由60多名专家组成的"工程咨询评审专家"，这些有益的经验可供借鉴。最后，运用企业信用信息公示、

"双随机、一公开"抽查、信息共享和联合惩戒等手段,提高市场监管的效率。从昌都市、林芝市、山南市和日喀则市的实践结果来看,这样的创新监管方式,能够促成让"失信惩戒"促进"诚信经营"新局面的形成。

5. 通过发展经济和财政转移支付等方式,加强地市县乡政府的公共服务功能

"放管服"改革的最终目的是增强各级政府的公共服务能力,让一切生产要素得到充分利用。实践证明,建立起有效的利民便民公共服务体系,为市场主体提供各种便利化措施和可靠的监管体系,为"大众创业、万众创新"提供全方位服务,激发一切社会生产要素的活力,是在新时代背景下推动我国经济社会持续健康发展的迫切需要,也是不断夯实党的执政基础和提高政府合法性水平的必经途径。首先,针对当前和今后一段时间内西藏各地市和县区的财政增收能力弱,除了拉萨市和各地市所在地的县区每年有一定数量的财政收入外,截至2017年,超过75%的县的财政收入在2000万元以下,县域经济社会发展所需资金的95%以上依靠中央和自治区的财政转移支付的现实,需要自治区政府通过转移支付资金等形式,加大对县(区)的支持力度。特别是收费项目清理规范后,上级部门更要确保相关经费及时足额发放到相关单位,从根本上杜绝乱收费行为。与民生关系密切的教科文卫体领域改革中,要进一步加大投入。其次,更为重要的是,各地市县乡政府,需要认真分析研究本地的优势和劣势,找准经济发展的增长点,着力发展特色优势产业,统筹谋划好经济社会发展和财政增收的经济基础。重点是要深化供给侧结构性改革,立足资源条件、产业基础和国家战略需要,统筹谋划好近期对群众增收、脱贫攻坚发挥作用的短平快富民产业和长远对经济发展起支撑作用的战略产业,突出重点、科学布局、综合施策、精准发力,大力培育具有地方比较优势和市场竞争力的产业集群。大力实施乡村振兴战略和区域协调发展战略,立足实际,坚持农牧业农牧区优先发展,按照产业兴旺、生态宜居、乡风文明、治理有效、生活富裕的总要求,建立健全城乡融合发展体制机制和政策体系,推进区域协调发展,激发农牧业农牧区发展活力,大力提升农牧业产业化水平,大力促进城乡融合发展,加快推进美丽乡村建设。最后,最终的目的是确保各地市县乡政府按照自治区第九次党代会精神,坚持将财政资金的70%以上用于公共服务,着力解决好当地农牧民最需要的基础设施、医疗卫生、居住条件改善、公共文化、社会保障等公共服务建设事项，做好做实基层基础，充满信心地团结和带领当地各族人民群众脱贫致富，到 2020 年，确保全区各族人民群众同全国人民一道步入小康社会，顺利实现中央第六次西藏工作座谈会上确定的确保国家安全和长治久安，确保经济社会持续健康发展，确保各族人民物质文化生活水平不断提高，确保生态环境良好之"四个确保"战略目标。

西藏时政外宣翻译存在的问题与对策[①]

彭萍 郭彧斌 周江萌[②]

一、引言

长期以来,西方媒体总是从自己的意识形态和利益出发,在涉华报道中存在明显的偏差,尤其是在涉藏报道中,时常违反新闻报道客观公正的原则,严重损害西藏地方政府乃至整个中国的整体形象。实际上,打造西藏的国际形象,提升中国的话语权,不仅需要加强西藏文化传播、做好涉藏旅游翻译等,更要注重对西藏时政外宣的正确翻译。这不仅对中国时政外宣翻译具有一定的现实指导意义,而且有益于塑造西藏的国际形象,让世界更好地了解中国的西藏政策。约瑟夫·奈(J. S. Nye)的"软实力"理论认为,文化、价值观、意识形态的吸引力及国家形象是一个国家软实力的基础,而当代国际政治竞争在很大程度上就是软实力的竞争。时政外宣与意识形态密切相关,因此,探讨西藏时政外宣的翻译对更好地提升西藏乃至中国的软实力和中国的国际形象具有一定的实际意义。本文基于对西藏自治区的三个对外宣传部门(以下简称为 A 部门、B 部门和 C 部门)进行调研的基础上,分析西藏时政外宣翻译存在的问题并提出相应的对策:要提高西藏时政外宣翻译工作的质量和水平,需要提高对翻译的重视程度,提高译者和审校的翻译伦理水平,加强译文的多渠道传播和多层级传播。

[①] 基金项目:本调研报告系西藏民族大学 2011 西藏文化传承发展协同创新中心 2017 年招标课题"西藏时政外宣翻译与西藏国际形象的提升"(课题编号:XT – ZB201708)的阶段性成果。

[②] 作者简介:彭萍,北京外国语大学专用英语学院教授、博士,主要研究方向为文化研究、翻译学、英语教学;郭彧斌,西藏民族大学外语学院副教授,主要研究方向为少数民族外语教育与涉藏翻译研究;周江萌,西藏民族大学外语学院讲师,主要研究方向为语料库语言学。

二、西藏时政外宣翻译的意义概述

讲好西藏故事,是讲好中国故事的重要组成部分;宣传好西藏的形象,也是宣传好中国形象的重要组成部分。西藏时政外宣是讲好西藏故事、宣传西藏形象的重要一环,因为时政外宣包括各种主题的实时对外传播,具体涉及政治、经济、文化、宗教等动态的实时传播,有助于国际社会更好地了解西藏各个领域的最新发展,也有助于更好地宣传西藏。再则,"某些西方国家的议员出于意识形态的偏见、对西藏缺乏了解以及选举利益、党派利益等多重现实利益的考量,不时在涉藏问题上提交一些向中国施压的议案,或发表一些攻击中国的言论。由于这些议员在本国政治生活中乃至西方社会都具有重要地位和影响力,他们的涉藏错误言行不仅对双边关系造成伤害,也对国际涉藏、涉华舆论产生了不利影响"①。在这种情况下,做好西藏时政外宣翻译就显得尤为重要。

一直以来,国家十分重视西藏的外宣工作。就西藏外宣翻译而言,无论是西藏自治区还是国家的相关部门,都会对西藏的重大问题组织相关的翻译工作,比如《西藏白皮书》的发布均会提供不同语种的译本。西藏自治区也组建了三个重要的外宣部门,均配有自己的译者队伍,具体负责对日常时政报道和事务的翻译工作。以上三个部门均提供内部专家审校、译者互审与外部专家审校三种形式,审校过程中都会注意到是否正确传达了中国特色的意识形态。有的单位的审校也会有意识地强化以事实为根本,主要宣传文化、群众的日常生活,弱化具有宣传色彩的主题。关于审校过程中对读者的关注,A 部门提到一般考虑的是读者所在国家背景,如欧美、拉丁美洲等,C 部门提到会考虑到西方读者。

但是,综合考虑中国当前的经济发展速度和国力以及西藏的海外形象现状,尤其是根据笔者对三个重要部门所做的调查,发现西藏时政外宣翻译目前还存在一定的问题。

---

① 陈鹏:《让世界认识真实的西藏——兼谈如何把握涉藏外宣话语权》,载《现代传播》2012 年第 2 期。

三、西藏时政外宣翻译存在的问题

(一) 翻译工作受重视程度不足

轻视翻译是国内外一个普遍的现象。正如美国学者韦努蒂(Venuti)指出,译者的存在似乎只是个影子,译文的合法定位显得模糊和不利,译者没有版权,只是原作者的附庸,原作者决定性地控制译文的出版,译者从没有著作权。[①] 在中国,高校管理者、大学教师、政府部门很多时候对翻译的重视程度不够,整个社会对翻译的重视程度也不够,尤其是对笔译。这种现象在西藏自治区也不例外。在问到"译者由谁来确定"时,A部门回答说由上级主管部门(领导)与本部门(领导)确定,B部门回答说主要由本部门(领导)决定,C部门则未予以说明。这显示,在译者选择方面,西藏外宣翻译缺乏统一的选择标准,多数情况下,上级主管部门甚至不参与译员的选择。实际上,外宣翻译非常重要,选择译者需要各方共同协商,从而选定优秀的译者。另外,调查还发现,三个部门的外宣翻译基本没有标准,因为在涉及"翻译标准由谁来确定"这个话题时,被调查者基本都没有填写或选择"不清楚",说明没有人来确定具体的翻译标准。这也说明,主管部门对外宣翻译工作的重视程度不足。

对外宣翻译的轻视还表现在翻译的费用问题方面。三个部门均有自己的译员队伍,大部分翻译由本部门的译者承担。如果需要外聘翻译时,价格是300元/千汉字,这个价格在其他城市只是中等水平,因为拉萨目前的物价水平相对偏高,上述三个部门的译者也认为这个价格与付出的劳动不相符合。具体工作中,如果重视翻译,聘请外部译员时,应该聘请资质较高的译员,这样一来,翻译的品质将有所保证,报酬也会相应提高。而且,对翻译的重视首先表现在对译者工作的尊重上,而尊重则首先体现在付酬方面。

---

① Venuti, L. The Translator's Invisibility: A History of Translation. London and New York: Routledge, 1995.

（二）译者选择及队伍构成、译者素质与后续培养存在一定的不足

在对 A、B、C 三个部门调查过程中发现，译者的选择标准、译者的素质等存在一定的不足。不同单位选择译者的标准不同，其中 A 部门优先选择学者、专家，其次是本单位的译员，最后看是否拥有资格证书；B 部门则首先选择本单位的译员，其次看是否有翻译资格证书，再次看工作经验，最后看学历；C 部门则注重工作经验。三个部门译者选择的标准如图 1 所示。

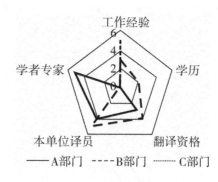

图 1 译者的选择标准

在接受调查的三个部门中，译者学历普遍偏低。三个单位的译者学历主要以硕士、本科与专科为主，没有博士学历的译者，其中 B 部门拥有本科学历者居多。在当今时代，这样的学历层次显然偏低，尤其对时政外宣翻译这种对译者素质要求极高的工作，本科学历的层次显然不够理想。三个部门译员的学历层次如表 1 所示。

表 1 三个部门译员的学历层次

	博士	硕士	本科	专科	专科以下
A 部门	0	4	0	0	0
B 部门	0	3	6	0	0
C 部门	0	1	3	1	0

调查还发现，以上三个部门的译者并无翻译专业教育背景，B部门与C部门多数译员的背景仅为英语专业背景，这说明这些译者并没有接受过足够的翻译专业训练，因为我们知道，英语专业学生一般只学过基本的翻译课程，缺乏足够的翻译专业化训练，因此，这些译者在翻译技巧方面会存在一定的欠缺。更值得注意的是，B部门还有一些中文专业背景与其他专业背景的译员，而A部门的四名译员均为除英语、汉语和翻译之外的其他专业背景。没有翻译专业教育背景的翻译队伍往往对翻译的重要性、翻译技巧、中英思维模式差异不够了解，其译文的质量就难以得到保障。

三个部门皆无外籍译员或审校。实际上，如果译者或者译文审校队伍中有外籍译员对译文进行润色，将会有助于提高译文的可读性。

以上存在的问题也给三个部门的译员带来一些压力。除C部门认为其面临的英译压力较小之外，A部门和B部门均认为压力较大。三个部门所面临的具体压力类别如图2所示。

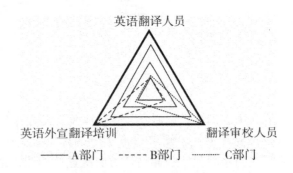

图2 三个部门面临的压力

图2说明B部门面临的翻译压力来自多个方面，包括图中所列的五种压力，A部门则面临四种压力，C部门虽然相对前两个部门压力小，但也面临"译员数量缺乏"和"译员水平堪忧"两大困难，而这两大困难又举足轻重，亟待解决。

所以，在被问及"如有可能，贵处希望在外宣英译方面获得何种支持"时，三个部门基本上均表达了需要支持的愿望，其中A部门提出在"英语翻译人员""翻译审校人员"和"英语外宣翻译培训"等三个方面需要支持，B部门表示需要在"英语外宣翻译培训"方面得到支持，C部门表示在"翻译审校人员"方面需要支持。从这样的需求中,也可以窥见时政外宣译员面临的挑战。三个部门所需要的支持详见图3。

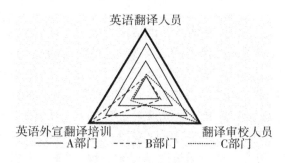

图3 三个部门所需要的支持

正因为译员的素质和译审的缺乏导致译员的信心不足,在被问及"贵处翻译人员,常常遇到的困惑是什么?"这一问题时,三个部门均表达了一些困惑。

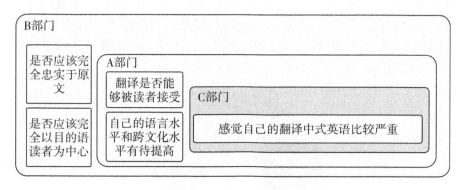

图4 三个部门面临的困惑

如图4所示,B部门译员的困惑最多,包含了图中列出的五种困惑,A部门有三种困惑,C部门有一种,三个部门的困惑都包含了"中式英语比较严重"一项,而"中式英语"往往又是造成译文不被接受或不被理解的首要原因。

（三）时政外宣翻译的广识度和译文的发布手段均存在一定的不足

在调查中，三个部门均表示，西藏出台的一些政府文件中仅有少部分得到了翻译，被翻译的西藏时政要闻数量也不多。在回答"如果西藏的文件是有选择性地进行翻译，哪些翻译成了英文"这一问题时，A 部门表示涉藏官方文件（如政府白皮书）和西藏涉外法律法规均翻译成了英文，B 部门表示涉藏官方文件（如政府白皮书）、西藏涉外法律法规和时政要闻均翻译成了英语，C 部门则回答说，只有涉藏官方文件（如政府白皮书）翻译成了英文。笔者通过网站搜索发现，"中国西藏网"和"中国西藏新闻网"均提供外语版，这说明西藏在时政外宣翻译内容方面还是相当全面的，可能只是 C 部门对此并不十分了解。这说明，西藏外宣翻译网站的广识度有待提高。

虽然"中国西藏网"和"中国西藏新闻网"均提供外语版，但是在参与调查的三个部门中，其外宣的渠道明显不足。在回答"贵处时政外宣的渠道有哪些"这一问题时，A 部门选择了"网站""广播电视"和"纸媒"三个选项，B 部门选择了"网站"，而 C 部门选择了"筹备中"。具体如图 5 所示。

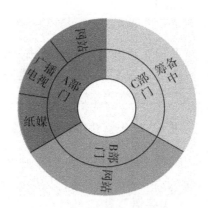

图 5　时政外宣渠道

在 21 世纪的今天，随着新媒体（数字杂志、数字报纸、数字广播、手机短信、移动电视、网络、数字电视、数字电影、触摸媒体、手机网络）和自媒体（博客、微博、微信、百度官方贴吧、论坛/BBS 等网络社区）的发展，西藏外宣的译文应更多地出现在这些新媒体形式上。但从目前看，新媒体和自媒体的利用度显然不足，比如微信公众号"西藏发布"，目前仍没有英文版。

（四）对外语读者的关注度不够

任何译文最终要指向读者，如果没有读者，译文就失去了存在的价值，所以任何翻译都应该关注读者的反应。翻译涉及两个文本，即用原语言写成的原语文本（source language text，即 SLT）和用译语写成的译语文本（target language text，即 TLT，或 receptor language text，即 RLT），前者是翻译的起点，后者是翻译的终点，也就是翻译的成果。在翻译中，译文意义的生成过程为：原语作者→原语文本符号→译者阅读→译语文本符号→读者阅读→意义生成。① 由此可见，读者在译文意义生成过程中的重要地位。

读者的作用不仅表现在意义生成的过程中，还表现在文本的传播和接受上。但是，我们在三个部门的调研中发现，关于西藏时政外宣是否制定翻译标准的问题，仅 B 部门制定了译文标准，即一是准确表达原文的思想、意义和文化信息，准确无误地反映原文的内容实质；二是译文语言通顺易懂，符合英语规范，吸引读者。A 部门和 C 部门均未制定明确的译文标准，这说明这两个部门很少考虑译文的可接受性，虽然这两个部门在回答"审校时是否考虑过西藏时政外宣英译的读者群"这个问题时，均选择了答案"是"。另外，三个部门均未曾在英语读者中做有关译文接受度的调查。可见，读者的作用在西藏时政外宣翻译中很大程度上被忽略了。

三、西藏时政外宣翻译与西藏国际形象提升的对策与建议

前面说过，西藏时政外宣翻译直接关系到西藏的国际形象乃至整个中国的国际形象，也是提高中国国际话语权的重要手段。在福柯（1970）看来，话语不仅是思维符号和交际的工具，还是人们斗争的手段，他提出

---

① 彭萍：《伦理视角下的中国传统翻译活动研究》，外语教学与研究出版社 2008 年版。

了"话语是权力,人通过话语赋予自己权力"① 的著名命题,这就给看似没有任何意识形态色彩的话语赋予了权力和利益的功能。因此,在对外交往中,赢得和掌握话语权力非常重要。如果想赢得话语权力,翻译作为一种语言转换行为就显得尤为重要。美国传播学者拉斯韦尔(H. Lassewell)于1948年在《传播在社会中的结构与功能》一文中指出,任何传播行为都包括以下五个要素(5W模式),即:Who→says what→through which channel→to whom→with what effects。② 由于翻译也存在谁来译以及翻译中还有哪些参与者、译什么、如何译、译文由谁来阅读以及译文读者的接受程度或受影响的程度如何。因此,从宏观角度看,翻译实际上是一个完整的传播行为。根据传播学理论,前文提到的西藏时政外宣翻译存在的问题可以通过以下对策解决。

(一)西藏有关各方乃至国家有关部门要提高对翻译的重视程度

长期以来,翻译活动仅被视为译者的工作,与其他人没有关联。实际上,从宏观看,翻译更是一种社会行为,有关各方均起着非常重要的作用。要想让翻译在西藏时政外宣中发挥更重要的作用,从国家和西藏自治区政府到有关部门均应重视翻译工作。

各政府部门对翻译的重视主要表现在:①提高译者的待遇,如果译者是外宣或外事等部门的内部工作人员,要关心译者的工作状态;如果需要外聘译者和译审人员,应该对这些人员的资质进行审核,同时提高译者和译审的翻译费用,从而提高译者的积极性。②对翻译的内容进行总体把控,确认哪些内容需要翻译,而且必须翻译,哪些内容无需翻译,从而让外语读者更好地了解西藏,提升西藏的国际形象。③积极邀请有关国内外专家对西藏时政中一些惯用表达法进行外语定名,以保证不同的译者对同一现象进行相同的表达,有助于加强外语读者的印象。④组织有关部门和人员对如何拓展西藏时政外宣翻译的发布渠道进行探讨,在重要渠道的拓

---

① [法]福柯:《话语的秩序》,见许宝强、袁伟选编《语言与翻译政治》,中央编译出版社2001年版。
② [美]拉斯韦尔:《社会传播的结构与功能》,谢金文译,见张国良主编《二十世纪传播学经典文本》,复旦大学出版社2003年版。

展方面进行决策。⑤组织相关人员对现有译文的接受情况进行访谈和调查,从而获得有效信息,并根据这些信息对翻译工作做出更加有效的部署。⑥为译者提供更好的在职培训,拓宽译者的培训渠道和内容,提高译者素养、职业素养以及政治意识和大局意识。

(二) 译者和译审应树立高度的责任感和使命感,具备一定的职业伦理

译者是翻译行为的具体实施者,其作用不言而喻。在西藏时政外宣翻译中,译者如果是政府部门的内部员工,就不应该只是把外宣翻译看作一项普通的常规工作,而是要树立一种责任感,具有翻译的职业伦理。周作人曾经将译者分为三类:一是职务的,二是事业的,三是趣味的。他认为,职务的翻译是完全被动的,这类翻译则只在传话或动笔,但很难取得很好的成绩,读者也并不看重;事业的翻译则以译书为其毕生的事业,其事业之发达与否与一国文化之盛衰大有关系;趣味的翻译乃是文人的自由工作,完全不从事功上着想,可其价值与意义也很重大,因为这种自动的创作性译文多具有生命。① 西藏时政外宣的政府部门或媒体部门的译者应该将职业、事业和兴趣结合在一起,把自己的翻译工作视为西藏形象传播和国家话语权提升的重要组成部分。不仅内部译者如此,内外部译审和外聘译者也应该具有这样的使命感和责任感。只有具备高度的使命感和责任感,译者和译审才能根据上级的部署选择翻译内容,更好地打磨译文,在保证提升西藏形象和国家话语权的前提下,让自己的译文得到更加有效的传播。

译者和译审要注意提高自己的政治意识和大局意识。翻译也是一种政治行为,与意识形态等有着密切的联系。习近平指出:"提高国家文化软实力,要努力提高国际话语权。……增强对外话语的创造力、感召力、公信力,讲好中国故事,传播好中国声音,阐释好中国特色。"② 参与西藏时政外宣翻译的译者如果具有了这样的政治意识和大局意识,就会努力为塑造西藏良好的国际形象而做好翻译,讲好西藏故事,这也是对讲好中国

---

① 周作人:《谈翻译》,见罗新璋、陈应年编《翻译论集(修订本)》,商务印书馆2009年版,第540-544页。

② 习近平:《习近平谈治国理政》,外文出版社2014年版。

故事的重要贡献。

译者和译审也要注重自己专业素养的提高。针对前面提到的译者的困惑，译者和译审还要注重提高自己的语言基本功，多研究中外文的差别，从而提高自己的中外文水平，这样可以减少翻译中的"中式英语"现象，更好地做到既忠实原文，又能照顾到译文读者。当然，译者和译审还要注重提高自己的跨文化能力，拓展自己的知识面，了解有关西藏的地理、历史、风土人情以及国家和地方的大政方针，经常关注人民网和新华网的英文版，熟练掌握中国特色新词汇的翻译。在翻译过程中，要研究外文读者的思维，在不违背中国主流意识形态的前提下，采取有助于读者接受的翻译方式，甚至有时候还需要改变叙述的方式来吸引读者。译审在审校过程中，也要注意将意识形态问题和英文表达问题并重。另外，为提高自己的专业素质，译者和译审应积极参与翻译培训和跨文化培训。

译者和译审应利用自己的外文优势，抓住各种有利时机与外国读者接触，了解外国读者对西藏时政译文的反应、理解和接受程度，将这些状况及时反馈给上级部门，同时在自己的翻译中注意取舍，改进翻译的质量，从而提高译文的接受度，有效地传播国家和地方关于西藏的大政方针、西藏发生的故事、西藏的经济发展状况和人民生活的状态等。从个人层面讲，这样做也避免了自己劳动成果的浪费。

（三）各相关方要注重加强译文的多渠道传播和多层级传播

当今时代，技术发展日新月异，各种新媒体和自媒体飞速发展，这些媒体形式均理应成为西藏时政外宣的对外传播渠道。正如习近平指出："要加强国际传播能力建设，精心构建对外话语体系，发挥好新兴媒体作用……"[①]

首先，继续利用传统媒体传播译文。传统媒体包括报刊、户外广告、通信、广播、电视等。建议国家层面和西藏自治区层面继续利用国家的英文报刊（报纸和杂志）、广播和电视将西藏重要的时政要闻传播出去，当然也要开办自己的英文报刊、英文广播和英文电视台，毕竟传统媒体依然拥有自己的读者群、观众和听众。

---

① 习近平：《习近平谈治国理政》，外文出版社2014年版。

其次，利用新媒体进行译文的传播。新媒体包括网络媒体、移动端媒体、数字电视、数字报刊等。目前，"中国西藏网"除提供中文和藏文版外，还提供了英语、法语和德语版，"中国西藏新闻网"除中文版和藏文版外，还提供英文版。这两个网站的英文内容相当丰富，对传播西藏的文化、经济和政治等现状发挥着重要作用。这都是值得学习和推广的新媒体宣传方式。建议国家和西藏自治区要更好地利用移动终端、数字电视和数字报刊发布英语及其他语种的时政新闻，尤其要利用移动终端用外语简短推送一些时政要闻。

最后，利用自媒体形式进行英文传播。自媒体包括博客、微博、微信、百度贴吧、论坛/BBS等网络社区，如今，这些自媒体的使用率越来越高，而且自媒体除官方微博和官方微信公众号外，个人博客、微博、贴吧、论坛等具有民间色彩的自媒体，能够使得信息在个体之间进行迅速传播。所以，西藏自治区可以将自己的官方微博和微信公众号发布的时政要闻译成英文和其他文字进行发送（例如"西藏发布"微信公众号发布的时政要闻），同时号召相关人员进行国内外转发，从而开启联动效应，使得有利于有效传播西藏形象的译文能够通过多渠道、多层级进行传播。

总之，西藏时政外宣翻译和译文传播如图6所示。

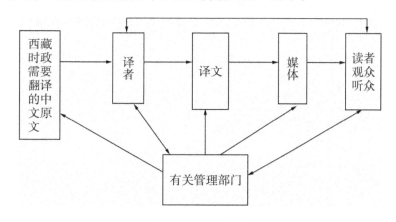

图6 西藏时政外宣翻译和译文传播

四、结语

目前，西藏时政外宣翻译虽然取得了可喜的成绩，但是根据我们的调查，还存在一定的问题。本文基于对西藏自治区三个重要外宣部门的调查，对西藏时政外宣存在的问题进行了剖析，并提出了对策和建议。当然，要想获得更多的数据，还需要对西藏自治区相关部门开展更深入的调查和研究，发现更多可行的做法，及时查找问题，及时解决问题。相信在习近平新时代中国特色社会主义思想的指引下，西藏时政外宣翻译一定会做得更为出色，从而为提升西藏的国际形象乃至中国的国际话语权做出更大的贡献。

西藏自治区定结县陈塘镇夏尔巴人社会发展的现状、问题及对策

马宁[①]

夏尔巴人是一个跨境民族，主体部分居住在尼泊尔境内，总人口大约4万人。我国境内的夏尔巴人主要生活在西藏自治区日喀则市的定结县陈塘镇、定日县绒辖乡、聂拉木县樟木镇等地，总人口约4600人。夏尔巴人属于我国的未识别民族之一，有本民族语言夏尔巴语，但无文字，使用藏文。2015年4月25日，尼泊尔里氏8.1级强烈地震发生后，日喀则市聂拉木县樟木镇受灾严重，西藏自治区对当地夏尔巴受灾群众进行了整体搬迁，安置到了日喀则市桑珠孜区。这样一来，定结县陈塘镇就成为我国为数不多的夏尔巴人世居地，对其社会发展状况进行调查就显得非常必要。

一、陈塘镇夏尔巴人概况

定结县陈塘镇位于西藏自治区的西南边陲，距定结县150千米，东南连尼泊尔，北靠日屋镇，西临定日县，是西藏边境乡镇之一，全镇总面积254.55平方千米，边境线长12千米，有14个国界界桩，5个山口通尼泊尔，地理位置非常重要。全镇平均海拔2500米，受印度洋暖湿气流影响，形成亚热带山地季风气候，多雨潮湿，遍布原始森林，全镇林草覆盖率为98%。陈塘镇是我国夏尔巴人最集中的地方，下辖那塘、藏嘎、沃雪、比塘、萨里、休修玛6个行政村，有农牧民606户、2321人，其中农业人口2296人、非农业人口25人。陈塘镇属林农镇，2015年年末总耕地面积为988亩，人均耕地面积0.43亩，农村经济总收入1302.08万元，人

---

① 作者简介：马宁，西藏民族大学民族研究院副教授、博士，主要研究方向为民族学和非物质文化遗产。

均收入4071.32元，其中现金收入2646.36元。

(一) 夏尔巴人的内部划分

陈塘镇夏尔巴人没有经过西藏民主改革，属于"直过"民族，一直过着相对封闭的生活，截至目前，全镇还有将近30%的人从来没有走出过陈塘沟。他们对外统称为夏尔巴人，但在内部却分为"仲巴"和"提给巴"两大群体，"仲巴"是本地人，"提给巴"是一百多年前从康区迁徙而来的藏族人，在交往过程中逐渐形成了两大群体之间相互婚配、禁止各自群体内部婚配的婚俗。20世纪30—40年代时，陈塘镇夏尔巴人与尼泊尔"唐木青"地方的人通婚最多，主要以女人互嫁为主，男人入赘的极少，现在这些人都已去世。21世纪以来，由于边境管理政策收紧，陈塘镇夏尔巴人和尼泊尔夏尔巴人相互通婚的人数不多，2008年以后嫁到陈塘镇的十多名尼泊尔妇女都没有落实户口。

(二) 夏尔巴人的生计方式

夏尔巴人主要从事农业生产，主要农作物有鸡爪谷、青稞、玉米、土豆等，饲养鸡、山羊、黄牛、犏牛等家畜，其中，鸡爪谷是夏尔巴人的主食，用鸡爪谷酿成的酒，是夏尔巴人的最爱。由于土地资源匮乏，夏尔巴人在种植庄稼时都是精耕细作，用特制的铁耙子"欧格林玛"定期梳理鸡爪谷幼苗，在收获鸡爪谷和小麦时，用小镰刀一把把收割麦穗，将其放在随身背篓中，晒干后悬挂在房梁上储存，茎秆在地里晒干后焚烧作为肥料。

陈塘镇建有2座蔬菜大棚，那塘村有1座蔬菜大棚，陈塘冬营地一户村民建有1个4平方米的温室，出产辣椒、黄瓜、西红柿、茄子等蔬菜，仅有一家贵州人开的饭馆。夏尔巴人体格瘦小，饮食结构单一，以素食为主，绝大多数村民只能食用土豆、豆角、吊瓜、白菜等蔬菜，偶尔食用鸡肉、牛肉。当地主要饲养山鸡和牛，山羊的数量较少。村民采取合作放牧的形式管理牛群，颇为惜杀，只有当牛老了以后才会宰杀。一旦有老牛被宰杀出售，得到消息的村民就会前去购买十来斤，一次食用不完的则悬挂在火塘上熏制保存，没有大量储存肉食的习惯。近年来也出现了几家人合伙从尼泊尔买牛分食的现象。

采挖野蜂蜜也是陈塘镇夏尔巴人的主要副业，在朋曲河东北面的高山瀑布上分布着大量野蜜蜂巢穴，每年春、夏、秋三个季节，夏尔巴人青壮年男子都会组成若干支每队十多人的采蜜队。采挖蜂蜜时，采蜜队用绳索将身体瘦小的年轻男子从悬崖上放下去作业，1个蜂巢每次可采70～80斤蜂蜜，仅高山瀑布上那一处采挖点每年大约能采得3000斤蜂蜜。这些蜂蜜除少量自用外，大部分都会卖到拉萨和日喀则等地。还有一些村干部从尼泊尔夏尔巴人手里购买蜂蜜，以1斤120元的价格销往北京，销售量最大的村1年能出售5000斤蜂蜜。

此外，陈塘镇夏尔巴人也从事边贸。2005年之前，陈塘镇夏尔巴人的生活状况不如尼泊尔人，主要是粮食不够吃。迫于生计，他们会去尼泊尔桑库瓦萨巴县（俗称肯达巴热）的帮甲、彻卜瓦、唐木青、塔占等地务工，将工费折算成粮食后背回来养活家人。2005年西藏落实兴边富民工程以后，陈塘镇夏尔巴人的生活水平开始不断提高，也就不再去尼泊尔务工了，但因为陈塘镇距离定结县路途遥远，路又不通，为女性购买银币和白海螺等饰品的人还是会去尼泊尔。

这些年，陈塘镇经济社会发展迅速，建筑工程较多，尼泊尔边民就经过69号界碑的中尼友谊桥进入陈塘镇打工，每周一、三、五他们还会到藏嘎村赶集，出售佛珠、弯刀、蜂蜜、木碗等物件，并在藏嘎村的6家较大的百货商店里购买桌子、铁皮、衣服、鞋、食品、饮料等各种物品。也有加德满都的工匠慕名来到吉玛唐卡，以制作夏尔巴人的传统木质酒桶"久卜辛"为生。总而言之，现阶段尼泊尔边民在生活上也严重依赖于陈塘镇。

（三）夏尔巴人的居住情况

夏尔巴人采取集体居住与分散居住相结合的居住形式，其居住地分为夏营地和冬营地，冬营地集中在陈塘镇镇政府所在的山上，夏营地则分散在朋曲河两边的高山上。各村没有明显的界限，村民交错居住在一起，非常拥挤。冬营地是夏尔巴人先民最早居住的地方，后来随着人口的增加，生存压力增大，粮食紧张，各村村民就分散开辟出各村的田地，形成了以本村村民聚居的夏营地。开辟新田地的过程中，一些夏尔巴人从山上搬到了河谷地带，分离出山脚下的藏嘎村和相距10千米的那塘村两个村寨。

夏尔巴人根据鸡爪谷的种植和收割时间划分在两处营地的居住时间，每年3月份，夏尔巴人中的青壮年劳动力就从冬营地前往夏营地种植鸡爪谷,让老人和小孩留守在冬营地,10月份鸡爪谷收获后,青壮年又搬回冬营地生活。

夏尔巴人的房屋是用石头"干砌"而成的,没有水泥和泥土黏合,抗震能力很差。冬营地的房屋质量较好,屋内陈设比较多,而夏营地则比较简单,大多数家庭屋内只有1个火塘,没有桌椅板凳和床铺,晚上全家人围着火塘,在卡垫上睡觉。

2004年,陈塘镇才通电,截至目前,休修玛、沃雪、比塘等村的夏营地还没有通电。

(四) 夏尔巴人的出行方式

由于交通不便,人们往来于冬营地和夏营地时只能依靠步行,这培养了夏尔巴人善于攀登的本领,妇女们穿着十字拖鞋都能非常稳健地负重爬山。除了水以外,陈塘镇冬营地的所有物资都是依靠人力从山下的藏嘎村背上去的,背一箱方便面上山的运费是5元、1斤沙子的运费是1元、1块标准分板木料的运费是6元,钢筋的运费最贵,能达到10元1斤,以至于人们宣称陈塘镇冬营地的每一座建筑的重量都能计算出来。人力搬运使陈塘镇冬营地的物价居高不下,1个苹果2元、1瓶矿泉水3元、1瓶拉萨啤酒5元、1瓶红牛饮料7元、1碗面条20元、1条普通长裤的价格则在200元以上,生活成本过于昂贵。

近年来,西藏自治区党委、政府非常重视夏尔巴人的生活情况,为方便群众出行,2011年,西藏自治区开始修建"萨陈公路",但在往陈塘镇政府所在山顶上修公路时,因为会破坏冬营地的大量田地,被群众阻挡,公路只通到了河谷中的那塘村和藏嘎村。随后,西藏自治区政府往陈塘镇政府所在的冬营地修建了1700多级台阶,依次修建了5座歇脚凉亭,2017年8月份,又往夏营地修建了水泥台阶,改善了人们的出行条件。

2016年5月5、6日,西藏自治区政府主席洛桑江村到陈塘镇调研后,批准了6.6亿元的公路工程项目,要求避开田地,将公路修到陈塘镇冬营地。2016年12月1日,西藏自治区党委书记吴英杰到陈塘镇检查边防工作时强调,要把精准扶贫、精准脱贫作为当前工作重点,让脱贫群众不再返贫。按照目前的建设进度,2018年就能结束陈塘镇冬营地不通公路的历史。

（五）夏尔巴人的宗教信仰

陈塘镇夏尔巴人信仰藏传佛教和苯教，在冬营地有一座藏传佛教寺院"卧塞确林"，有4名僧人。僧人平时居家劳动修行，每年藏历六月初四返回寺庙，带领夏尔巴人举行包括为往生亲人祈福的宗教仪式。苯教没有寺院，神职人员统称"洛本"，一共有48名，全部由"提给巴"群体中的男性担任，实行世袭制传承。

夏尔巴人从古到今形成了若干个信徒家庭与特定神职人员的固定供养制度，每逢信徒家有婚丧嫁娶、修房盖屋、禳灾避邪等活动时，"洛本"逢请必到，信徒则根据自家经济情况给"洛本"支付一定的报酬。除非"洛本"家没有儿子继承，否则这种供养关系不得改变。

每年藏历二月，陈塘镇夏尔巴人都会举行藏戏节，这是陈塘48名神职人员"洛本"的节日。每年的藏戏节"洛本"轮流出资，购买酒水和食物，供其他47名"洛本"吃喝，一次花费3000~4000元，持续2天时间。每48年轮回一次。届时，所有"洛本"都会集中在陈塘广场中，先念经，然后逐个上台表演法舞，每人大约表演15分钟，不评选名次。所有村民都会前去观看，村民可以喝"洛本"提供的酒，但是，藏嘎村和那塘村不信仰苯教的部分村民不能吃肉。

二、陈塘镇夏尔巴人社会发展中存在的问题

近年来陈塘镇社会发展迅速，2011年印度锡金邦"9·18"地震、2012年陈塘镇"2·8"风灾后，198户村民的民房得以在灾后重建；2015年尼泊尔"4·25"地震后，又有356户村民的住房问题被解决。灾后的建设使陈塘镇夏尔巴人的居住条件远远好于尼泊尔一方。

陈塘镇社会的快速发展提高了人们的生活品质，改变了当地的社会面貌，但在下一步的发展中，一些问题急需得到解决。

（一）耕地不足，收入少，贫困人口多，严重依赖政府救济

夏尔巴人已将冬营地和夏营地能开发的山地都开垦为田地，即使如此，耕地也远远不够，陈塘镇人均耕地面积0.43亩，其中又以萨里村最低，人均0.28亩。2014年，全镇人均口粮仅为140斤。为提高粮食产量，

镇政府给村民发放了钾肥和磷肥,提高了土地的亩产,2016 年,人均口粮增加到 353 斤。在粮食短缺的情况下,人们还消耗大量鸡爪谷酿酒,致使粮食更加不足。

陈塘镇是西藏精准扶贫工作的"硬骨头"。全镇扶贫户、扶贫低保户、低保户共计 343 户、1474 人,占镇总人口数的 72%。贫困原因是土地少、缺乏经济作物,现金收入来源单一。绝大多数夏尔巴人除了背东西赚钱外,主要依靠国家补贴,除粮食补贴外,陈塘镇政府每年还要给夏尔巴人发放草场补贴、林业补贴、边境补贴。

(二) 冬营地人口密度过大,给环境造成较大压力,发生自然灾害的可能性大

陈塘镇冬营地坐落在朋曲河西岸的高山山顶上,南边有一条山间溪流将其与尼泊尔吉玛唐卡隔开,西北面是分布着原始森林的石头山。休修玛、沃雪、萨里、比塘 4 个村的冬营地集中在这一片斜坡上,居住着 1767 人。夏尔巴人重男轻女,每家每户都要生出儿子才罢休,儿子长大后就要修房建屋另立门户,土地不够时,只能开辟山地和森林,对自然环境造成很大压力。此外,当地地震、风灾和水灾等自然灾害频繁,每年 11 月到次年 2 月是陈塘镇的风季,大风会使房屋受损;每年春夏时节暴发的山洪会冲毁冬营地的房屋和田地,暴涨的朋曲河水也会冲毁藏嘎村的田地和房屋。在"9·18"地震和"2·8"风灾中,有近 200 户人家受灾。2015 年 4—6 月间发生了 4 次较大的水灾,有近 30 户人家受灾,田地、房屋及牛、鸡等家畜家禽都被冲走了。如果这种房屋扩建势头再持续下去,环境压力继续增加,冬营地发生泥石流和滑坡的可能性也会增大。

(三) 面向尼泊尔的外贸窗口作用未能完全发挥

由于地处中尼边境,陈塘镇的边境贸易比较发达,但因为尼泊尔至陈塘镇不通公路,以人力背运为主,所以,贸易还停留在小商品批发零售阶段,无法进行大宗货物的交易。朋曲河东岸的藏嘎村是物资商品较为集中的集市,吸引着包括加德满都、桑库瓦萨巴县、索鲁孔布县附近的青年人前来购物、玩耍,其中,尼泊尔七年级男学生占有一定比例。尼泊尔青年妇女也会来藏嘎村购买方便面等生活用品。

总的来说,陈塘镇夏尔巴人的精神面貌、衣物的整洁程度、勤劳程度

均不如尼泊尔一方。尼泊尔边民自尊心很强，虽然前来陈塘镇务工的青壮年男子衣着破烂，却不接受我国边民赠予的旧衣服和鞋袜，卫生习惯要好于我国边民。客观地说，陈塘镇作为展示我国社会主义社会的窗口，其作用未能完全发挥。

（四）夏尔巴人卫生状况堪忧，保洁意识急需提高

由于条件所限，陈塘镇夏尔巴人不讲究个人卫生，没有洗澡的习惯，儿童也从来不洗脸，脸上布满各种油污，即使当地政府以不洗脸就不发放补贴款来要求他们洗脸，也只能管3天，之后又我行我素了。外地人到陈塘镇首先要过跳蚤和虱子关，风油精、清凉油、花露水都不起作用。整个陈塘镇冬营地只有一个公共厕所，与当地派出所的厕所相对，粪便堆积如山，根本无法使用。

（五）公共活动场所短缺，民众文化生活匮乏

陈塘镇镇政府所在的冬营地人口密度过大，房屋集中，严重挤压了公共用地，公共活动场所只有一个呈正方形的广场，位于冬营地中央，大约500平方米，建有一座二层戏楼和一个篮球架子。此外，在冬营地南边还有一个被民房包围的长方形空地。除了小孩子外，夏尔巴人一般不愿意到广场中去活动，只是在每天晚饭后，习惯性地聚集到空地中，围站在一起聊天。虽然"村村通"工程建设使陈塘镇冬营地能接收到卫星广播电视信号，但并不是每家人都有电视机。陈塘镇没有群众喜闻乐见的文化娱乐活动，文化生活非常单调。

三、对策和建议

（一）发展旅游业和蜜蜂养殖业，增加夏尔巴人的现金收入，以买代种，解决粮食不足的问题

陈塘镇是日喀则海拔最低的地方，自然风光优美，与日喀则干燥寒冷的高原气候形成鲜明对比。全镇林草覆盖率为98%，野生动植物资源丰富，有高山瀑布、九眼温泉、夏尔巴夏营地错落有致的古老木屋、国家级非物质文化遗产陈塘夏尔巴歌舞、自治区级非物质文化遗产"芒羌"鸡

爪谷酒酿制技艺等，到陈塘镇后，还能通过中尼友谊桥到尼泊尔吉玛唐卡观光，旅游资源非常丰富。2013 年，最早发展旅游业的藏嘎村就接待了游客 23400 人次，实现产值 20 多万元，鸡爪谷糌粑、山鸡很受游客欢迎，目前，"萨陈公路"正在改造升级，2018 年就能全线贯通，将会吸引大量游客前来观光。镇政府可以一方面与定结县旅游局协商，做好旅游推介工作，另一方面引导村民修建客栈、饭馆等，县镇政府投资建好其他配套设施。鉴于陈塘镇野蜂蜜产量较高、销路畅通、夏尔巴人养蜂经验丰富等因素，可以大力发展蜜蜂养殖业，快速增加村民现金收入，使夏尔巴人能够有钱购买粮食，弥补口粮的不足，实现自给自足，顺利完成精准扶贫任务。

（二）将夏营地建设成永久性居住地，减轻陈塘镇冬营地的人口压力

与陈塘镇冬营地相比，夏营地土地宽广、人口稀少、房屋分散、风景优美，适合居住生活。目前，交通不便是限制其发展的主要障碍。应该在现有道路建设的基础上，投入资金，再修建一条从藏嘎村通往比塘村、沃雪村夏营地的乡村公路，修建一条从陈塘镇冬营地通往休修玛村夏营地的乡村公路，在朋曲河的东西两座山上架设溜索，方便村民运输物资，将比塘村夏营地、沃雪村夏营地、休修玛村夏营地改造成永久性居住地，分散陈塘镇冬营地的人口压力，起到防灾减灾的作用。

（三）合理规划建设项目，发展边境贸易，把陈塘镇打造成面向尼泊尔的重要口岸

目前，位于陈塘镇的中尼双边友谊桥、陈塘口岸国门、检验楼正在规划筹建中，尼泊尔方面也正在向陈塘方向修筑公路，经常有尼泊尔工程技术人员来藏嘎村活动。鉴于陈塘镇冬营地存在人口密集、没有空闲土地的现实困难，应将陈塘镇下一步的发展重点放在经济基础较好、人口素质较高的藏嘎村和那塘村，参照樟木口岸的发展模式，在朋曲河东岸规划建设边贸交易市场、停车场、仓库、宾馆、饭店等基础设施，使陈塘镇成为日喀则的重要通商口岸之一，加强我国对尼泊尔的经济辐射力，用我国社会主义事业的新成就影响周边国家。

（四）扩大养鸡业，推行蔬菜大棚，改良经济林木，提高民众生活水平

夏尔巴人喜欢食用鸡肉，具有丰富的放养山鸡的经验，所饲养的山鸡味道鲜美，名声在外，价格很高，每只售价为250～280元。只要来陈塘的人都要慕名品尝山鸡，山鸡的社会需求量大，有较好的发展前景，可以因势利导，扩大养鸡规模，将其打造成陈塘镇的特色产业，通过向日喀则市的销售来增加群众收入。鉴于夏尔巴人以吃素为主，又有经营蔬菜大棚的经验，可以在全镇推广蔬菜大棚种植技术，让更多村民吃上辣椒、黄瓜、茄子等新鲜蔬菜，改善其饮食结构。可以组织林业技术人员对30年前汉族干部引进的老品种苹果树和梨树进行嫁接改良，移栽和推广休修玛村夏营地的野生猕猴桃树种，既可以满足村民的日常生活所需，又能为今后旅游业的发展提供充足的特色食材。

（五）改造和扩建现有公共厕所，充分利用太阳能，改善民众卫生条件

陈塘镇公共厕所数量严重不足，应该对广场中的公共厕所进行扩建，在冬营地南边的空地附近新建一座公共厕所，在尼泊尔边民和游客众多的藏嘎村建设两座公共厕所，解决燃眉之急。考虑到陈塘地处亚热带气候区，温暖湿润，可以适当发展沼气，建设清洁性厕所，解决当地棘手的公共厕所粪便处理问题。

陈塘镇无霜期年均200天左右，年均气温13.76℃，光照强烈，当地通往冬营地的上山道路上已经竖立了20多个太阳能路灯，经济条件较好的村民家里也备有250元一块的太阳能照明板，这说明陈塘镇具备使用太阳能的条件，可以以兴边富民和精准扶贫项目的形式，以中央财政转移支付的形式给每户人家免费安装太阳能热水器，解决当地群众洗澡难的问题。按照每户4000元的标准计算，免费安装太阳能热水器大约需要240万元专项经费。我们调查后发现，定结县县城的药店中售卖一种能够消灭跳蚤和虱子的特效药粉，效果非常明显，可以由镇政府卫生院引进这种特效药粉，发放给村民，开展集中整治工作，督促村民养成经常洗澡的习惯，标本兼治，提高夏尔巴人的个人卫生意识，减少疾病。

（六）改造和新建文化广场，设置健身器材，丰富民众文化生活

为改变夏尔巴人的单调生活，可以对陈塘镇冬营地的广场进行改造，按照夏尔巴人的行为习惯，将广场改造为举办大型公共文化活动的场所，增设篮球场。除重大节日在广场举行活动外，平时由妇联组织夏尔巴舞蹈广场舞，以传承民族文化。将冬营地的空地改造成日常娱乐场所，增加单双杠、秋千、乒乓球桌、象棋桌等体育运动器材，让每晚聚集在此的村民有事可做，丰富村民的文化生活。

总之，在党和国家的大力支持下，陈塘镇夏尔巴人的经济社会发展水平已不断提高。由于自然环境、物质条件及夏尔巴人是分布在中尼两国的跨境民族等因素，陈塘镇的发展势必会引起尼泊尔的关注，陈塘镇夏尔巴人的生活水平事关国家的形象和安全，希望国家继续加大对陈塘镇的政策调控和经济投入，早日将其建成西藏有影响力的通商口岸。

西藏自媒体发展与网络舆情转变调研[①]

陈航行　王旭瑞[②]

一、引言

在大众传媒时代，即报纸、广播、电视时代，西藏自治区的媒介发展明显落后于内地。进入 21 世纪，国家大规模地、持续地实施援藏工程，西藏搭上了互联网传播的快车。特别是到了移动媒体即智能手机时代，西藏自治区可谓实现了"弯道超车"，已经跨进全国移动传播的前列。

据新华社消息，2016 年西藏自治区所有行政村实现移动通信信号全覆盖，668 个乡镇通光缆率达 100%；移动电话用户总数达到 308.5 万户，普及率从"十一五"末的 70 部/百人增长到 97 部/百人。[③] 而 2017 年 1 月公布的《第 39 次中国互联网络发展状况统计报告》显示，截至 2016 年 12 月，西藏自治区的网民数量达到 149 万人，互联网普及率为 46.1%，网络普及率超过了四川、湖南、安徽、云南、广西、甘肃、贵州等 10 个省区。[④] 中国西藏新闻网的消息则称，西藏自治区通信管理局负责人介绍说，截至 2014 年年底，西藏互联网用户高达 217 万户，普及率已经超过 70%。[⑤] 这些数据充分而有力地证明，西藏多数公众已经开始享用快捷互联的网络信息，西藏迈进了网络传播的快车道。

[①] 基金项目：本调研报告系西藏民族大学 2011 西藏文化传承发展协同创新中心 2017 年招标课题"西藏网络舆情研判引导与社会治理问题研究"（课题编号：XT - ZB201701）的阶段性成果。

[②] 作者简介：陈航行，西藏民族大学新闻传播学院副教授，主要研究方向为新闻评论、网络舆情传播；王旭瑞，陕西省社会科学院社会学研究所副研究员，主要研究方向为人类学、质性社会学。

[③] 刘洪明：《我区电话普及率达每百人 97 部》，见《西藏日报》2016 年 1 月 9 日。

[④] 中国互联网信息中心（CNNIC）：《第 39 次中国互联网络发展状况统计报告》，2017 年 1 月。

[⑤] 黄兴、王军：《西藏超七成民众使用互联网》，见新华网 2015 年 2 月 8 日。

伴随移动传播的普及，西藏自治区的网络舆情出现了什么样的变化？西藏公众借助自媒体，如何表达他们的意愿、诉求？我们带着这些问题，采取质性调查和量化调查相结合的方法，自2014年以来多次踏入西藏，赴拉萨、日喀则等地进村入户调查，发放调查问卷，进行深度访谈；与拉萨、日喀则等地企事业有关人员座谈，开展焦点小组活动；与西藏日报社、中国西藏新闻网的记者和编辑座谈、交流；赴北京中国西藏网考察调研，对记者、编辑和总编辑等20余人进行深度访谈；利用计算机进行舆情软件监测分析，开展网络数字挖掘、统计，等等。

本文的有关论断，是以"西藏新媒体与社会公众关系调查"数据为基础，与西藏民族大学数据分析中心提供的各类数据、"拉萨市青少年新媒体使用状况调查"①和"西藏自治区50岁以上公众文化程度专项调查"②的统计结果进行比照，结合焦点小组访谈、个案深度访谈等获得的生活感受、社会体验、意愿表达等质性资料，进行归类整理分析，同时参考相关专家学者的有关论述，综合做出的评估。

这些问卷调查，主要采用偶遇抽样为主、类型抽样为辅的随机抽样法，调查地点以拉萨、日喀则为主，分别为"西藏新媒体与社会公众关系调查""拉萨市青少年新媒体使用状况调查"和"西藏自治区50岁以上公众文化程度专项调查"，分别发放问卷210份、300份、160份，收回有效问卷184份、286份、142份。调查对象包括在西藏自治区生活和工作的农牧民、工商个体户、专业技术人员、干部、学生、僧尼、警察和军人等，年龄最小的14周岁，最大的87周岁。（见图1、图2）其中核心调查"西藏新媒体与社会公众关系调查"的受访对象平均年龄为30.54岁，藏族群众占到受访总人数的91.3%。

网络统计数据，主要包括西藏民族大学数据分析中心提供的各类数据与笔者从中国西藏网、西藏日报微信公众号等获得的数据，包括点击率、转发量、跟帖数量等。

笔者认为，量化调查与质性调查能够进行有效的互补，可以避免或纠

---

① "拉萨市青少年新媒体使用状况调查研究"是2013年西藏民族学院大学生创新性实验训练项目，主持人丁国杰，指导老师金石。笔者与丁国杰充分沟通，资料互用。

② 这是笔者2016年进行的一项专项调查，调查对象涉及拉萨、山南、日喀则、那曲、林芝、昌都六个地市。

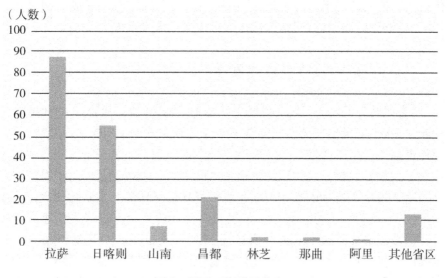

图 1　调查对象地区分布

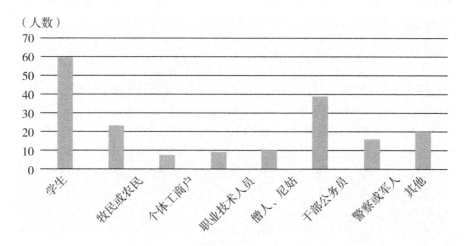

图 2　被调查者的职业身份构成

正结论的偏颇性。统计结果表明,智能手机已经成为西藏公众获取新闻信息和发布网络意愿的第一选择。毫无疑问,移动网络是当前西藏社会信息传播和舆论表达的最主要渠道。① 由移动网络和固定网络形成的网络舆情环境，是观察西藏社会舆情最便捷、最直观的重要场所之一。

二、西藏地区的自媒体发展

"自媒体"（we media）的概念是谢恩·鲍曼和克里斯·威利斯两位学者在2003年提出来的，它强调不同于传统的由媒体组织机构掌控的大众传媒形态发生了改变，一种表达公民个人愿望、由公民个人书写的媒体形成了。彭兰教授指出，网络传播技术的发展不仅改变了信息传播的方式和手段，提高了传播的效率，而且也使得普通平民参与大众化信息传播成为可能。② 的确，互联网技术的发展，使得普通大众不仅仅是信息的接受者、消费者，而且逐渐成为信息的生产者、发布者。尤其是 Web 2.0 技术推广以来，广大网络用户的主体性得以凸显，博客、播客、维客、微信等纷纷出现，个体的声音得到了重视和传播，个体的积极性被调动起来，能够表达公民个人见解、展示公民个人记录的自媒体，在互联网的母体中孕育和诞生了。

（一）自媒体时代的来临

网络信息技术的不断发展，召唤和催生了自媒体时代的到来。一般学者认为，TCP/IP 协议的确立，是互联网技术史上的第一次飞跃；WWW 的技术构想，是互联网技术发展的第二次飞跃；进入 20 世纪 90 年代以后，互联网的发展迈入高速成长期，SNS 应用、P2P 技术、IM 即时通信、BT 下载等纷纷登场，互联网信息传播深入到人类生活的各个方面。

伴随博客的出现，个人日记、照片、评论等可以发布，个人的所见、所闻、所感有了表达的舞台，出版"我的日报"成为可能，可以表达公民声音的"自媒体"诞生了。个体的创造力被激发出来，公民个人的话语权具有了与传统媒体机构角力的空间平台。

但是，由于博客写作的门槛较高，电脑的携带不够方便，这种自媒体

---

① 陈航行：《西藏公众使用新媒体意愿调查及其分析》，载《西藏民族大学学报（社会科学版）》2016年第3期。

② 彭兰：《网络传播概论》（第三版），中国人民大学出版社2012年版，第20页。

的普及受到了限制。大规模的自媒体内容的生产和传播，则主要是借助了移动互联网的技术优势，它是伴随智能手机的出现而被广大公众接受的。2009年年初，中国移动、中国电信、中国联通的第三代移动通信3G牌照发放下来，智能手机如雨后春笋般遍布于祖国的大江南北，雪域高原西藏自治区也不例外。WCDMA 技术、TD-SCDMA 技术、UCWEB 浏览、WiFi 技术等得到广泛应用，微博、微信等几乎成为了移动用户须臾不离的信息传播方式。可以说，微博的出现促进了自媒体的成长，而微信的普及则使自媒体的概念在中国大为兴盛。①

据互联网数据中心（DCCI）发布的数据显示，2010年6月，我国互联网完成历史性一跃，用户生产的内容流量超过了网站专业制作的内容流量，即博客、论坛、SNS、微博、问答等应用流量超过了新闻、搜索、电子商务等流量的总和。② 这意味着网民已经成为互联网信息传播中一种主要的力量，UGC（user generated content）即用户生产内容的方式已经冲击和动摇了原来自上而下的、由少数机构集中控制主导信息的互联网体系；用户生产信息、记录新闻、选择应用、设置议题等，使得其主体地位被凸显出来，用户"当家作主"的时代——自媒体时代已经悄然来临。

（二）西藏公众对于自媒体的希望和憧憬

随着互联网的出现，国家大规模地、持续地实施援藏工程，西藏的网络媒体发展进入了快车道。据西藏自治区通信管理局负责人介绍，截至2014年年底，西藏互联网用户高达217万户，普及率已经超过70%。③ 与固定电话用户相比，西藏的移动手机用户近年来发展更快。公开资料显示，截至2014年1月，移动电话用户数超过265.57万，西藏平均每百人手机拥有量达88.6部。④ 2017年1月，《第39次中国互联网络发展状况统计报告》显示，截至2016年12月，西藏自治区的网民数量达到149万人，互联网普及率为46.1%，网络普及率已经超过了四川、湖南、安徽、

---

① 胡泳：《自媒体的探索与冒险》，载《南方传媒研究（第47辑）》，南方日报出版社2014年版，第21、23页。
② 新华网：《Adworld 2010 夏引领营销生态向2.0迁徙》，2010-07-26. http：//news. xinhuanet. com/internet/2010-07/26/c_12374274. htm.
③ 黄兴、王军：《西藏超七成民众使用互联网》，见新华社网2015年2月8日。
④ 玉珍：《我区互联网用户逾200万户》，见《西藏日报》2014年3月20日。

云南、广西、甘肃、贵州等10个省区，在我国西部地区名列前茅。

本课题组成员赴拉萨、日喀则、山南、林芝等地开展的"西藏新媒体与社会公众关系调查"，以及相关深度访谈、田野调查等质性调查，有足够的数据证实西藏公众目前已经形成对手机的严重依赖。

（1）当前他们获取新闻信息的渠道选择第一位是手机，占被调查人数的61.95%；获取新闻信息的第二渠道选择是电视，占59.29%；获取新闻信息的第三渠道选择是电脑，占36.28%。（见图3）

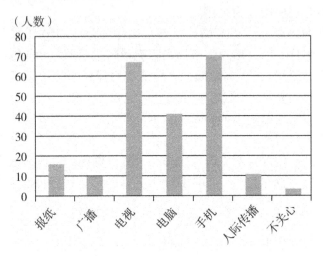

图3 获取新闻信息的渠道

（2）手机用户每天触摸手机的时间，平均4小时以上的人数占被调查人数的31.68%，2～4小时的人数占被调查人数的24.75%，两者合并即每天触摸手机2小时以上者达56.43%，而这个比例明显高出每天使用电脑上网2小时以上者12个百分点。使用和依赖手机的情况在青少年当中更为普遍。拉萨市青少年使用手机上网的人数超出使用电脑上网人数达7个百分点，他们在宿舍、教室、车站，都更喜欢选择手机上网。

（3）除了获取信息、聊天之外，西藏公众使用手机购物已成时尚潮流。从2012年起，西藏的人均移动支付占总支付比例的比值已经连续多年蝉联全国冠军。移动支付已超越现金支付和银行卡支付，成为当下最流行的支付方式。根据支付宝2016年度全民账单来看，西藏的移动支付渗透率以90%的占比,排名全国第一。① 西藏公众使用手机高端品牌也明显高于内地。像 iPhone 5、iPhone 6 当年刚刚进入中国市场,内地许多人还在为其高昂价格而犹豫不决时,西藏的用户市场已经打开了。据购买者反映,这些高端手机支持藏文输入,这是它们受到西藏用户青睐的原因之一。

在"您认为手机能否成为自媒体?"的调查选项中,西藏公众92.35%被调查者给予了肯定回答,他们对于以手机为代表的自媒体表现出特别喜爱和热切期望。

在另一项调查中,有51%的西藏公众认为,手机将成为未来最有影响力的媒体,电脑的影响力次之,电视的影响力再次之。他们普遍认为,广播和报纸的影响力特别微弱。(见图4)

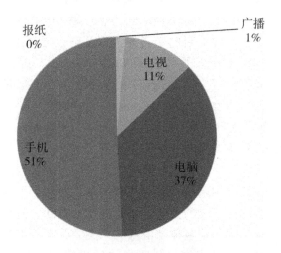

图4 未来最有影响力媒体

手机由于人人可以使用,被西藏公众看作能够实现信息交流、分享的自媒体。他们认为,手机可以拍照,把自己看到的生活情景通过图片发送进行交流、沟通;可以用文字记录自己的所见所闻,做现实生活的记录者;可以在微博、微信或新闻后面跟帖留言,表达自己的意见和想法;可以交友、聊天,可以参与社区活动,特别是能够进行语音交流、视频交

---

① 李海霞:《西藏移动支付群体规模不断扩大》,见中国西藏新闻网,2017-11-30, http://tibet.cn/finance/news/1512003847618.shtml。

流，给生活交往带来极大方便，等等。

有些公众认为，作为自媒体的个人化生产主要表现形式是微博和微信，内容来源广泛，信息量丰富，意见表达多样化，可以弥补传统媒体的许多不足，更能贴近和反映大众的社会生活实际，也能照顾藏族群众的宗教文化需要和风俗习惯，等等。

简言之，自媒体填补了被主流媒体常常"忽略"的一些现象和问题，而这些内容在民众看来却是日常生活中特别有情趣、有价值的信息。他们在自我编织的意义之网中，似乎找到了价值和尊严。

（三）数字公民的形成和崛起

互联网中网民个体力量的强大，正是由于网络适应了个人发展的需要，满足了公民个性表达和交流互动的愿望，特别是 P2P（peer to peer）即点对点技术应用，实现了用户之间的直接互联、直接交换和内容共享。这种技术、构架和思想暗合了互联网的元思维——"非中心化"的对等联网，使得人人能够交互传播。[①] 而网民作为独立个体能够自由表达，也使得传播回归到西方语言"Communication"的根源"共有和交流"的本意当中。[②] 也就是在这种情况下，数字公民（digital citizen）或曰传媒公民（media citizen）[③] 诞生并成长起来了。

数字公民或传媒公民，是指在网络已经媒体化的社会里，具有公民的权利和义务观念，即利用网络接受和消费信息，又利用网络生产和发布信息的使用者。它不同于传统的受众。原来的受众概念，立足点和着眼点仍然是传者本位，突出的是传者控制信息的采集、筛选和播放的权力，而数字公民强调随着互联网的发展，公民个体的平等权利和自由权利得到张扬，他以受者和传者的双重角色活跃在网络世界，完全打破了传统媒体的单向传播模式，自主化、个性化传播成为时代的特征。

数字公民的形成和崛起存在一个历史的发展过程。它与自媒体的诞生发展是相辅相成的。自媒体是数字公民生产和传播内容的载体，是个人自

---

① 郑智斌：《试论网络时代的个人传播》，载《江西社会科学》2008 年第 8 期，第 238 页。
② 顾明毅：《中国网民社交媒体传播需求研究》，世界图书出版公司广东有限公司 2014 年版，第 5 页。
③ 陈航行：《陕西新媒体发展与公众关系调查研究》，西北大学 2011 年硕士学位论文。

发进行的个人与个人、个人与群体之间交流信息的工具；数字公民是操作和使用自媒体的主人，是开发和运用自媒体的施动者。①

（1）在我国，"数字公民"诞生于20世纪90年代中后期。随着互联网站和BBS（电子公告板）在中国的落地生根，我国最早的一批网民开始了ID（internet identification，网络身份）交流、对话，自媒体的雏形开始出现，最初的"数字公民"由此孕育而生。

（2）21世纪初，"数字公民"队伍不断发展。随着P2P、Web 2.0等技术的推广应用，网络的每一个节点都具有了信息通信的功能，博客、播客、维客（WiKi）等随之诞生，自媒体进入了快速成长期，"数字公民"的队伍壮大了。

（3）除了技术条件以外，"数字公民"自我意识的觉醒也是一个重要因素。这些网络登录使用者，大多具备一定的文化技术知识，关心社会生活和新闻信息，对于一些公共事务能够表达自己的意见、主张和立场，即争取和实践着每一个公民的基本权利与义务。

（4）国家法律制度的跟进。2004年，我国第一次把"尊重和保障人权"写进《中华人民共和国宪法》，这是国家对公民权利的高度回应和庄严承诺。后来，国务院又颁布实施了《政府信息公开条例》，公民依法享有了知情权等权利。也正是从2004年前后起，我国"数字公民"的影响力在一系列热点事件中得到彰显，像孙志刚案、刘涌案、宝马彩票案、华南虎事件、表哥杨达才事件、"7·23"动车事件等，"数字公民"以发表意见、提供信息等形式，发挥舆论监督力量，参与社会公共事务，总体上对热点问题的解决和社会发展起到了积极的推动作用。②

（5）2009年后，智能手机的出现使得自媒体普及化，"数字公民"迅速崛起。"媒介即信息"，智能手机融合了报纸、广播、电视、电脑等功能且携带方便而成为个人化的信息工具，极大地拓展了草根阶层的话语空间和舞台，使得人人都可以成为表达和传播个人意见信息的"数字公民"。

3G手机即智能手机的普及，使得西藏青年和祖国内地的青年一样，成为以手机为代表的自媒体的主力军。他们常常关注被主流媒体"忽略"

---

① 陈航行：《陕西新媒体发展与公众关系调查研究》，西北大学2011年硕士学位论文。
② 陈航行：《陕西新媒体发展与公众关系调查研究》，西北大学2011年硕士学位论文。

的一些话题，如教育、物价、养生、防骗等话题；对社会事件尤其是一些突发事件敢于发表评论，敢于提意见，如对 2014 年尼木县 "8·10" 特大交通事故后交管部门出台的 "三限" 规定进行热议，提出合理建议，表现出较强的社会管理参与意识。① 2015 年 4 月，藏族 "80 后" 新人结婚照在微信朋友圈走红，虽然说发布这组照片的主人公来自四川省，但是，多数照片的拍摄地却与西藏自治区密切有关，这是他们前往拉萨市的途中拍摄的。他们是藏族青年，拉萨是他们心目中的 "圣城"，转经筒、牦牛、碉楼和游牧场景等藏族文化元素成为照片在网络走红的重要原因。② 他们向往现代生活，但是对传统文化也充满怀念；他们生活在西藏自治区之外，而信息生产、传播的风景内容却来自自治区之内，手机互联网的传播已经解构了地域的内外之分，内外的界限已经在互联网世界模糊或者说消失。至于西藏大学美女歌手的藏语视频《喜欢你》在网络走红，是实实在在发端于西藏自治区内的自媒体传播。但是视频一旦进入网络，它就没有了内外之分，短短几天点击量超过千万人次，它的传播交流就跨出了自治区，甚至跨出了国门。"虽然大家（可能）听不懂藏语，但是都会被音乐感染"，音乐消除了语言隔膜、地理隔膜、心理隔膜和文化隔膜，传播正能量和娱乐化诉求已经成为时代的潮流。

（四）自媒体中的极端声音

自媒体的出现使得每一个人都可以是信息的生产者、发布者，使得互联网成为人人都可以参与和使用的公共空间。然而，由于网络用户素质的差异和责任感的不同，自媒体生产和发布的信息也出现了一定程度的质的区别。特别是由于以十四世达赖为首的分裂集团与西方反华势力的网络渗透，信息倒灌现象比较严重。从负面的影响因素来看，自媒体传播中存在以下几点不足之处。

（1）自媒体中存在散布虚假信息的现象。个别用户缺乏社会责任感，或者缺乏专业知识，对事件或问题知之半解，仅凭印象就发布信息造成了

---

① 张玉荣：《西藏青年微信传播与舆论引导方式解析》，载《西藏民族学院学报（哲学社会科学版）》2015 年第 2 期，第 78 - 79 页。

② 藏族 "80 后" 新人结婚照走红，2015 - 04 - 10，中国青年网，http：//picture. youth. cn/qtdb/201504/t20150410_6572268. htm.

错误传播；有些人甚至故意混淆黑白，制造或散布谣言，扰乱信息市场。

（2）有些用户盲目跟风或者无目的围观，缺乏独立判断力。网络中的热点事件容易引起自媒体的关注，各式各样的信息会扑面而来，有些用户的独立判断力较弱，见到帖子就转或者点赞，"刷屏"的目的只是为了满足存在感。

（3）好奇或猎奇心理驱使，一些用户在自媒体中传播涉嫌性色或低级趣味的内容。有少数人以为自由就是不受任何的约束和限制，在自媒体传播中滥用自由，对一些涉嫌性色或低级趣味的图片、视频等信息特别好奇，以侥幸心理随意传播，污染网络信息环境。

自媒体传播除了存在这些与国内其他省市区的共性问题之外，在西藏社会还存在一种特殊的问题需要关注，这就是"各族人民同以十四世达赖集团为代表的分裂势力之间的特殊矛盾"。"西藏处于反对分裂祖国斗争的第一线，互联网已经成为我们与十四世达赖集团进行意识形态斗争的主要战场"。[1] 我们需要特别警惕极个别的自媒体中的极端声音，防止十四世达赖追随者以各种方式进行的分裂渗透活动，坚定不移地维护民族团结和捍卫祖国统一。

三、西藏地方网站普遍受到冷落

进入信息社会的重要标志是互联网的出现。为了促进西藏自治区的信息化发展，中央政府在援助互联网基础设施建设项目中投入了大量人力、物力和财力，创办了中国西藏信息中心网，后来更名为"中国西藏网 www.tibet.cn"。西藏地方政府和企事业单位也相继建成了"中国西藏新闻网 www.chinatibetnews.com""西藏在线 www.tibetonline.net""中国西藏之声网 www.vtibet.com"[2]，以及"西藏自治区政府网 www.xizang.gov.cn"等。这些网站基本都使用藏语、汉语等两种或两种以上文字发布信息。

---

[1] 新华网、西藏网信办主任欧阳方兴：《坚守涉藏舆论斗争主战场》，2015-07-23，http://news.xinhuanet.com/local/2015-07/23/c_128052242.htm.

[2] 赵靳秋：《西藏藏语传媒的发展与变迁 1951—2012》，中国传媒大学出版社 2013 年版。

（一）西藏多数公众不喜欢地方网站而喜爱全国门户网站

笔者在调查中发现，西藏多数公众不喜欢浏览与西藏社会生活密切相关的地方信息网站。在"您是否经常浏览有关西藏社会生活信息的网站"选项中，有70.79%的被调查者选择了否定式；另外，在接触与西藏有关的信息网站多项选择中，有13.27%的受访者表示经常看"西藏新闻网"，有6.19%的受访者回答主要浏览"中国西藏网"，有21.24%的受访者承认登录过拉萨晚报网、西藏之声网、西藏旅游网、西藏就业网等。（见图5）

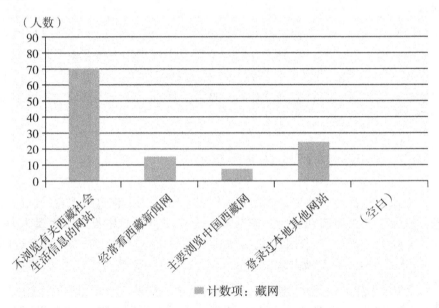

图5 对西藏网站的态度

对于全国性新闻信息网站，西藏公众表现出了极大的兴趣。（见图6）百度、腾讯网、搜狐网和新浪网是他们浏览频率最高的网站，使用率分别是59.80%、51.96%、34.31%和27.45%。它们因为信息量丰富、搜索方便、服务周到等原因，成为网民们的优先选择对象。央视网、人民网、新华网则是浏览频率中屈于第二梯队的门户网站，它们是国家级别的新闻类专门网站，以其权威性赢得了用户的信任。

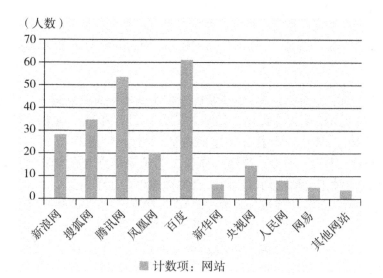

图6　对全国性网站的态度

为什么广大公众对于与西藏社会生活密切相关的新闻信息网站比较冷漠呢？笔者在调查中有意识地专门访谈、讨论了这个问题，被调查者给出了自己的理由，归纳起来大概有如下几个原因：

一是西藏公众的生活节奏，与内地相比总体上比较缓慢，生活相对闲适、安逸。二是互联网不是局域网，它的传播是超区域的。国内的几大门户网站，它们的信息量极为丰富，传播沟通便捷迅速，网民们几乎可以"随心所欲"地使用、享受，即西藏公众的大部分网络需求得到了满足。三是涉藏主要网站功能单一，双向交流不够活跃，网民们评价"各类会议新闻太多，干巴巴的没有意思"。四是对处于西藏传统文化核心地位的藏传佛教的认识和报道存在局限，媒体对宗教问题过于敏感和狭隘，存在着"回避、弱化乃至排斥宗教话题的现象"，往往造成信息的遮蔽和对公众知情权的忽视。①

简言之，由于这些地方网站对网民的主体性照顾不够，信息相对单一化，缺乏充分地交流和协商，黏合力明显不足，公众就渐渐地对其"敬

---

① 袁爱中、王阳：《少数民族宗教信息传播的价值、问题及对策分析》，见《第二届中亚传播论坛论文集》，2015年。

而远之"。

（二）主流媒体"忽略"的内容，往往成为自媒体感兴趣的话题

在传统的主流媒体中，会议新闻占据了多数版面或频道，而且会议新闻报道高度抽象化、程式化，如某年某月某日，在某个地方举行了一场"重要会议"，某某领导发表"重要讲话"，做出"重要指示""特别强调""再次强调"，等等。这样久而久之，长年累月地在重复使用，受众渐渐地对这种报道形成刻板印象，自然而然地产生了逆反心理。

与这种会议新闻报道相联系的，是长期奉行的"报喜不报忧"的思维模式。少数民族地区的社会生活是丰富多彩的，有阳光也可能有风雪。新闻报道坚持"正面报道"是应该的，但是对"正面报道"作用的理解有偏差。认为"正面报道"就是成绩、成就的报道，就是好人好事的报道，是政府领导有方、指挥得当的结果，老百姓就是受惠者，要不断地感激、感动、感谢。这样不断地重复，到处都是幸福美好的生活，新闻报道中充斥着赐恩、感恩的思维定势，新闻宣传的越多，"国际上就越不相信，国家形象就越受损"。①

正是由于传统主流媒体的新闻报道充斥着大量老生常谈、缺乏特色的会议报道，呈现着"报喜不报忧"、赐恩感恩的思维定势，以至于越来越脱离受众，报道的吸引力、影响力就越来越低。

应该说，随着互联网的兴盛，信息生产、发布、分享越来越方便，特别是移动媒体的出现，更是受到广大公众的喜爱。在双向传播已经成为社会潮流的时代，传统媒体如果还抱着单向传播的思维模式，写稿的原则是"唯上是从"，写稿的目的是"为了讨得上级喜欢"，抱着"我的稿件就是给领导看的，不是给普通受众看的"的态度，长期以老大自居，只能是处处碰壁，被广大受众厌烦、抛弃。即使是一些传统媒体使用了电脑、互联网，但是只要以传者自居的思维没有改变，对于"人人都是自媒体"的现实视而不见，依然我行我素，其传媒影响力、传播力的下降以至衰落是必然的。

---

① 南长森：《西北地区少数民族新闻传播与国家认同研究》，陕西师范大学出版社2014年版，第188页。

正如党和国家领导人对于一些媒体转型、融合不到位的境况，曾一针见血地提出批评：有些媒体是"＋互联网"而不是"互联网＋"，还没有做到"你中有我，我中有你"，更没有实现媒体融合的"你就是我，我就是你"。①

自媒体是一种不同于传统的由大众媒体组织机构掌握的传媒形态，是由公民个人书写、表达公民个人愿望的媒体。它是"以我为本"或"从我出发"的信息传播活动，受"我"的认知体验、利益需要、愿望倾向、兴趣爱好制约和支配的信息传播。②

它扎根于群众之中，不必"唯上是从"，主流媒体"忽视"的内容，往往成为它感兴趣的东西。作为自媒体，"我的新闻我做主"，它关注自己身边的事情，关注生活中的柴米油盐，关注酥油灯、唐卡、哈达、转经，关注祥云、瑞雪、圣山、圣湖等。有学者指出，西藏社会具有非常浓郁的宗教情节，特殊的历史发展过程产生了其特殊的社会文化现象。由于人们无法正确认识宗教存在的必然性及其社会功能的多样性，甚至认为宗教有神论是消极的、负面的事物，于是在高度敏感、层层顾虑的心态下，一些主流媒体出于"鸵鸟心态"主动回避宗教话题。这种做法"与改革开放后各种宗教生活迅速恢复，甚至膨胀的社会现实形成了巨大反差，与针对达赖集团的反分裂斗争需要不相适应"③。

与主流媒体"忽略"或回避的做法不同，自媒体对于宗教现象、民俗现象等进行了全方位、多层次的展示。自媒体打破了传统媒体的话语垄断，改变了过去的"自上而下"单向广播（broadcast）形式，在几乎人人拥有手机、"人人都是自媒体"的情况下，双向互动形成了交织的网播（intercast），普通公众获得了一定的话语自主权。自媒体可以基于自身的兴趣、利益和愿望，确定什么是新闻，什么不是新闻；也可以有选择性地确定传播什么，不传播什么。在这里，耳提面命失去了作用，强制灌输没有了效果，他们可以自我设置议题，进行信息的交流、分享和共享，乐此

---

① 陈航行：《"互联网＋"背景下"国家认同"报道模式的突破》，载《新闻知识》2017第3期，第14页。

② 杨保军：《民众新闻观念的实质及其可能影响》，载《编辑之友》2015年第10期，第6页。

③ 袁爱中、王阳：《少数民族宗教传播的价值、问题及对策分析》，载《新闻论坛》2015年第5期，第101页。

不疲地经营着自我编织的意义之网。

四、线上的沉默与线下的活跃

（一）浏览网络信息，大多数人不发言，是"沉默的大多数"

网络传播发展非常迅速，一方面是网络技术突飞猛进，有线网络、无线网络实现了全球范围的传播覆盖，活跃的传媒人员和意见领袖将各种信息、意见遍布于世界的各个角落；另一方面，许多网民和手机用户浏览信息时不发言、不表态，始终处于沉默状态，属于"沉默的大多数"。这种状况在西藏自治区表现得更为明显。

对此，我们在社会调查问卷中专门设计了一道问题："您是否在网络新闻后面发表过跟帖，或表达过意见？"调查结果表明，我们在西藏收集到的调查问卷中，有83.49%的被调查者表示自己"没有在网络新闻后面发表过跟帖"。也就是说，八成以上的西藏公众没有在网络上参与过有关新闻事件的讨论，他们只是浏览信息，不直接表达自己的意见和态度。内地网民在浏览新闻信息时也存在着"沉默的大多数"，如陕西公众大约有65.94%的被调查者承认自己"没有在网络新闻后面发表过跟帖"，即接近2/3的陕西网民不参与有关新闻事件的意见表达。① 而西藏公众的沉默者人数超出陕西17个百分点以上。

对于网民们保持沉默的原因，可以从多个角度去解释，主要是社会经验、文化背景、制度结构等因素长期积淀的结果。网民个人的社会经验的形成不可能凭空产生。人类学家阿尔弗雷德·舒茨（Alfred Schuetz）认为："个体通常习惯性地以一系列背景性预期为校验标准去理解世界。……无论个体的日常生活看上去是否具体、明晰和自然，实际上，这些事实早已被建构出来。背景性预期则是自出生即开始习得的……它不仅具有社会性起源，而且由社会支持、控制、维系并制度化。"② 西藏特殊的社会文化环境，藏传佛教的洗染，网民们养成了个人谨慎发言的习惯；网络管理过程中的敏感词限制，普通网民的舆论意见表达往往"力不从心"

---

① 陈航行：《陕西新媒体发展与公众关系调查研究》，西北大学2011年硕士学位论文。
② ［英］奈杰尔·拉波特、乔安娜·奥弗林：《社会文化人类学的关键概念》，鲍雯妍、张亚辉译，华夏出版社2005年版。

等，都在无形中影响和制约着公众网络表达和交流的积极性。

西藏公众浏览新闻信息时不跟帖、不发言、不表态的"沉默的大多数"现象，也与他们的文化程度有着重要的联系。

调查数据显示，西藏中老年公众的文化程度普遍偏低。在一项针对50岁以上中老年人文化程度状况的调查中，涉及69个受访家庭中的142位中老年人，其中"小学及以下文化程度"的人数高达99人，占到被调查对象的69.72%。这种文化程度偏低的情况，也决定了多数中老年公众在使用电脑获取信息时存在着难以克服的困难。在他们当中，使用手机的人数倒不少，文化程度较高的人可以使用智能手机获取多种多样的信息；而文化程度较低的手机用户，基本上还停留在使用手机通话功能的层面。这种情况下，这些中老年公众对于"网络新闻"基本是沉默状态。我们在访谈中还发现，西藏的中老年公众在获取新闻信息时主要依赖于传统媒体，还有部分老年公众承认，他们主要是通过与亲人、朋友等聊天的方式，即依靠人际传播来获得新闻信息的。

对于28岁至50岁的中壮年公众来说，他们是生产和消费社会信息特别活跃的群体。他们的身份构成比较复杂，接受文化教育的程度也存在不同的情况，他们获取新闻信息的渠道比较多样化，几乎涉及了所有的媒体形式。从调查的数据来看，手机、电视、电脑是他们获取新闻信息的三大渠道。文化程度较低的中年公众，对于电视的依赖性较强；文化程度较高的中年公众，对于电脑有着特殊的偏好。这正如"知沟理论"所讲的，不同社会地位和知识层次的人，他们获取信息和知识的速度、多寡存在着差异，并且随着时间的推移，两者之间的"知沟"会不断变宽，差距不断扩大。电脑的信息存储、发送、交换、处理等功能远远强大于电视，拥有知识水准较高或信息获取能力较强的人，就能够比知识水准较低的人获得更多、更丰富的信息资源。[①] 媒体的接受和使用习惯不同，反过来会造成知识能力和经济地位的差异扩大，从而使得社会分层程度加深，甚至成为导致社会分层固化的主要原因。

对于西藏青少年公众来说，他们接受新闻信息的主要渠道是手机和电脑。以拉萨市青少年媒体使用情况为例，选择经常使用手机媒体的人数高达88%，选择使用电脑网络媒体的人数为81%，这两项媒体的使用率均

---

① 郭庆光：《传播学教程》，中国人民大学出版社1999年版，第231、233页。

远远高于电视媒体50个百分点。

总体来看,西藏公众的受教育程度明显低于内地,这是他们在"网络新闻"后面没有表态的重要原因。相当多的西藏公众使用手机时不喜欢文字留言,但是在熟人圈子里却喜欢留下声音,语音对话成为他们表情达意的重要方式。这从一个侧面说明,"沉默的大多数"的"沉默",是一个相对的概念,需要辩证地看待。

(二)广场式舆论与茶馆式舆论的游离

对于媒介的使用和接受情况,西藏公众的年龄分层差异特别明显。他们的生活观念和行为习惯等,也存在着较大差别。

笔者在调查中发现,西藏老年人几乎每天都要到寺庙转经,"转经"早已成为他们每日生活的一部分;中年人工作较忙,城里的到单位上班,农村的常常外出打工挣钱,闲暇时则喜欢喝酒,有的人也喜欢去野外休闲,或者打麻将;青年人则喜欢上网、玩手机、追求时尚。笔者在西藏听到这样的顺口溜:"年轻人泡网吧,中年人泡酒吧,老年人转经堂。"或许这种说法有些以偏概全,但是,从一个侧面呈现了西藏部分公众的真实生活面貌。

在调查过程中,我们看到一些主流网站的新闻报道点击率很高,但是新闻后面常常没有评论,或者只有少量的一些跟帖。我们对于这些网络跟帖进行分析,发现它们的内容经常呈现出"同质化"现象,即舆论的表达似乎是"千篇一律",就像简单地举手或者机械地操作一样,难以找出公众应该具有的千差万别、五彩缤纷的特色。或者说,出于一些人为因素的原因,我们看到的网络舆论出现了"偏色"。特别是,随着新型传播形式的不断翻新,随着网络"圈子文化"的出现,以及某种莫名其妙的隔阂感,公众的舆论表达在某些方面变得更具隐蔽性。可以说,2017年的涉藏网络舆情如同全国网络舆情一样在一些公共议题方面呈现出"广场式舆论"与"茶馆式舆论"游离、背离的特点,即"在微博、论坛、新闻跟帖公开的'广场式舆论'中,网民公开意见的尖锐性逐渐弱化,意见言论各方表现比较一致,多为拥护者声音或其他常态化表达。与此同时,舆论对公共议题的'吐槽'下沉到QQ群、微信群等私密社群,公众对敏感话题多用影射（隐喻、象征）或将某些字眼符号化的方式予以表达"①。这是不能不引起我们注意和深思的问题。

的确，以十四世达赖为首的分裂集团和西方反华势力的反宣渗透极为猖獗，他们通过多种渠道散布传言造成信息倒灌。西藏作为边疆民族地区，它的舆情呈现出多样性、复杂性、敏感性，但是，这绝不意味着处理网络舆情的方法只有封、堵、删，而是应该区别对待，严格区分不同性质的矛盾，善于发现、鉴别、保护和尊重真实的民意。

五、真正的民意与疏通、协商的可能

互联网的出现，使得社情民意有了新的表达渠道和平台。特别是自媒体的亮相，使得人人都有了表情达意的"武器"。然而，互联网是纷繁复杂、光怪陆离的，网络上众声喧哗、鱼龙混杂。为此，政府部门出台了各种政策，采取了多种措施，实施网络舆情治理。

从目前的情况看，全国网络舆情治理取得了比较显著的成效。色情淫秽网站和节目受到打击，一些低级趣味视频或图像被删除，极端言论得到了严格控制，网络上"正义的力量"得到伸张。与此同时，我们也看到由于某些部门简单地实行"封、堵、删"，造成了网络舆论的"偏色"，即前文所述的一些地方网站对网民主体性照顾不够，习惯于以传者自居，唯"上"是从，与网民缺乏充分的交流和协商，公众就渐渐地"冷落"了这些地方网站；多数人上网不发言、不说话，成为"沉默的大多数"，形成了"广场式舆论"与"茶馆式舆论"的游离、背离，等等。

两种舆论的游离，或者说两者之间形成的张力，必须引起我们足够的重视。这种游离，使我们看到的网络"舆情"或者大数据，与实际的民意、真实的民意之间存在着比较明显的距离。可以说，网络上反映的"社情民意"已经发生了转变。

（一）舆情不等于民意

通常人们普遍认为，舆情是"舆论情况"的简称。它是指在一定的

---

① 清博舆情：《2017年上半年网络舆情分析研究报告》，见 http://yuqing.gsdata.cn/2017-07-18。

社会空间内，围绕某些社会事件的发生、发展和变化，作为主体的民众对作为客体的社会管理者、企业、个人和其他各类组织，以及政治、社会、道德等方面的现象、问题所表达的情绪、意见和态度。一般情况下，我们所指的"舆论"（或舆情），是大众就共同关心的问题或感兴趣的现象"公开"地表达、陈述意见。意见是表达态度的主要方式，是构成舆论的外在因素，被称作舆论的主体。① 也有学者称之为"显舆论"。

网络舆情是社会舆情在互联网空间的映射，是社会舆情的重要反映。它以网络为载体，以事件为核心，是广大网民情感、态度、意见、观点的直接表达，是能够看见、获取和计算的信息表达方式。显然，那些能够获取和计算的网络舆论，就是一种"显舆论"。平常所说的"舆情治理"，就是针对"显舆论"而言的。

严格地讲，舆论（舆情）与民意既有联系，又有区别。童兵教授认为，民意又称民心、公意、公众意见，是社会上大多数成员对公共事务所持有的大体相近的意见、情感和行为倾向的总称，是整个社会普遍意志和意识的集中展现。民意一旦形成，就相对稳定，它是内在的、深沉的、厚实的、有力量和威慑性的。我们必须敬畏民意和尊重民意。② 而一般的舆论，却是外在的、表层性的、经常变化的。舆论虽然是民意的外显，但是由于一些明文规定禁止，或者内部规则限制，或者生活经验的教训，对于一些问题和现象不可能公开议论或讨论，更不允许公开出版和传播，因此，外显的舆论只能是部分的民意，是被修改、嫁接或操弄的民意。

民意可以用语言符号表达，也可以用目光、沉默或某种动作等非语言符号表达。民意可以是外在的、公开的广场式舆论，也可以是亲属圈、朋友圈、邻里圈的封闭式的茶馆房的私聊。前一种是外在的舞台，常常带有表演、作秀的成分；后一种是熟人环境，彼此信任而有一种安全感，倾诉、宣泄、交流比较真实、自然，不必矫揉造作，更接近于内心的真实世界，这往往才是真实的民意。

（二）从热点事件的"井喷"舆论中发现民意

由于民意是内在的、非表层的意志和态度，它往往沉淀在意识的深

---

① 刘建明：《舆论学概论》，中国传媒大学出版社2009年版，第30页。
② 童兵：《"民意中国"的破题》，载《南京社会科学》2014年第3期，第10页。

层,是民众的所思、所盼、所喜、所忧,在一定的环境和条件下才会表现出来。如果条件不具备,它就处于蛰伏、隐蔽的状态,要发现、获取是比较困难的。一旦条件具备,环境允许,它就会从后台走向前台,从隐蔽走向公开,爆发出令人震撼的力量。

每当热点事件发生时,或者是公众认为有价值的事件出现时,信息的阅读量、点击率或跟帖数量往往就会出现"井喷"。在西藏自治区,宗教事务活动长期以来是人们关注的基本话题。有关藏传佛教重大事务活动的报道、著名活佛的个人言行、宗教活动场所发生的新闻以及相关的民俗、节日活动,等等,都会在微博、微信、论坛、QQ 群等自媒体圈子中引起热议。自媒体的发展已经与宗教传播密切结合,使得民族宗教问题与网络舆情深刻勾连。2017 年西藏民族宗教问题的舆情总体比较平稳,正面评价占据主导地位,负面评价较少,特别是藏传佛教活佛查询系统对一些"假活佛"再度曝光,打击了损害藏传佛教名誉的害群之马,赢得了广大僧俗受众的高度肯定,形成了一定的舆论热点。另外,当前在祖国之外的世界各地大约生活着 20 万藏胞,他们中的许多人是被裹挟、不由自主地流落或出生于境外。作为下层群众的境外藏胞,他们的生活状况、人生经历到底怎样,自然会引起许多不明就里的人们的好奇。2017 年年初,国家主席习近平对瑞士联邦进行国事访问,两国关系出现了"从未有过的亲近"。在此前后,瑞士移民局出台政策,要求"流亡藏人"在其身份证件上的国籍统一标注为"中国"。瑞士移民局的做法,立刻引起全世界的关注,这是 50 多年来西方国家第一次明确表示"流亡藏人"的国籍须认同中国。因此,包括西藏同胞在内的中国网民,2017 年对于境外藏胞的关注出现"井喷",对于瑞士政府的做法的关注度(转载量、参与评论数之和)名列当年涉藏新闻的首位!从这里,我们可以看到民众的所思所想,看到深层的民意,他们祝愿祖国强大,他们渴望民族团结、亲人团聚、社会和谐。

重要时政同样是包括藏族同胞在内的广大人民群众关心的热点话题。像 2017 年的"两会时刻",中国西藏网的《"两会"主席台就座学问大:有人能坐几十年,有人刚坐一小时》的图片新闻报道,以 288 万的点击量高居今年阅读排行榜首位。这组图片报道介绍了一些政治常识,重点介绍了帕巴拉·格列朗杰活佛从 19 岁起一直在全国政协和人大担任副国级领导的情况,增强了人们对于历史的了解。另外,中国西藏网近些年创下点击量之最的新闻,发生在2015年5月,中央召开了统战工作会议,一位记者根据会议内容写了一篇《十四世达赖喇嘛能否成为统战对象》的报道,很快被各大网站和"今日头条"转载,短短几天之内单篇点击量超过320万人次。同样是会议报道,采访写作时心怀受众,以受众的心理喜好、愿望诉求为参照系,从传者自居变为受众导向,就能写出令受众喜爱的新闻。随着报道角度的转换,随着写作方法的变化,原来以为的常规新闻,就会产生非同寻常的传播效果。

还有,2017年6月至8月,印度军队悍然越过锡金段边境线进入中国境内,印度的做法激起了全中国人民的愤慨。中印边境问题成为网络舆情关注的热点,舆论关注度出现"井喷"。这个热点事件的背后,是民意对祖国领土完整的关注,是理性声音的克制、容忍,是从和平建设出发的大局意识和大国情怀的流露,是对传统文化和睦邻友好合作关系的敬畏、期盼。

(三)民意与舆论之间:疏通、协商的可能

互联网开辟了前所未有的时代。传统主流媒体的信息单向传播模式被彻底打破,传者与受者的双向互动交流变得日益重要,个人的兴趣、价值和权利得到尊重和彰显。民意借助自媒体得到了一定程度的张扬。然而,在复杂的现实面前,网络舆论与民意出现了某种情形的背离,由于特殊历史造成的"抓辫子、扣帽子、打棍子"的阴影在部分人心里挥之不去,受某种潜在因素的影响,民意的表达还时隐时现。

但是,我们应该看到,中国社会的转型,即从计划经济转向市场经济,从传统农业社会、工业社会转向信息社会,从人治社会转向法治社会,从臣民社会转向公民社会,是历史发展的必然趋势。正如马克思论述的未来共产主义社会是"人的自由而全面的发展"。互联网技术的发展,造就了数字公民的崛起,"推动自由、平等、民主、人权等思想的传播,并加强了对公平和正义的全民话语解析",并促使他们参与到社会经济政治活动的改革之中去。①党的十七大报告庄严提出,党的十八大、十九大报告郑重重申:切实尊重和保障人权。保障人民的知情权、

---

① 顾明毅:《中国网民社交媒体传播需求研究》,世界图书出版公司广东有限公司2014年版。

参与权、表达权、监督权。让权力在阳光下运行。这些表述的实现，需要广大人民群众畅所欲言，需要数字公民的参与和支持，需要互联网发挥公共领域交流平台的作用。也就是说，我们应该疏通民意的表达渠道，使之成为真正反映公众意志和信念的舆论，从而促进社会民主协商和公平正义的实现。

2016年4月19日，习近平总书记在全国网络安全和信息化工作座谈会上指出："网民大多数是普通群众，来自四面八方，各自经历不同，观点和想法肯定是五花八门的，不能要求他们对所有问题都看得那么准、说得那么对。要多一些包容和耐心，对建设性意见要及时吸纳，对困难要及时帮助，对不了解情况的要及时宣介，对模糊认识要及时廓清，对怨气怨言要及时化解，对错误看法要及时引导和纠正，让互联网成为我们同群众交流沟通的新平台，成为了解群众、贴近群众、为群众排忧解难的新途径，成为发扬人民民主、接受人民监督的新渠道。"① 习近平总书记提出的"七要"方针，为我们做好民意与舆论之间的疏通、协商工作指明了方向。

网络舆情是社会现实状况的反映和表达，"任何一个热点事件，其背后隐藏的诉求都是来自现实社会，因而应对网络舆情，最根本的（方法）还是解决现实社会中的问题"②。以习近平总书记为核心的党中央强力持续推进反腐败斗争，一大批贪官污吏落马，广大人民群众拍手称快，这是赢得人心、汇聚民心的重大举措；同时，不断加强民生发展，积极实施惠民政策，政府的公信力和威望在逐渐重新树立。但是，我们也要看到有些地方政府工作还存在一些问题，还有不尽如人意的方面。这就要求我们采取实事求是的态度，注意网络舆情引导。对于自媒体中暴露的问题，我们应该及时公开事实真相，不可捂着、掖着；自媒体也可能对事件了解得不全面、不客观，我们就要全面、客观、真实地公布事实全貌，及时消除误解。

首先，我们在网络舆情的治理中，要像党的十九大报告指出的那样，"加强人权法治保障，保证人民依法享有广泛权利和自由"。依靠法律、

---

① 习近平：《在网络安全和信息化工作座谈会上的讲话》，见《人民日报》2016年4月20日。
② 张春华：《网络舆情：社会学的阐释》，社会科学文献出版社2012年版，第210页。

法规保障宪法赋予的基本人权的落实，要"通过立法，确保言论自由、表达自由，开放社会公开表达的渠道"，使得民意能够得到彰显。"构建更多的表达宣泄、建言监督的渠道，让广大民众能公开安全地表达自己的声音，讲出自己的不满、痛苦和委屈。互联网技术为更多群众掌握之后，群众有了表达自己意愿和情绪的渠道，党委和政府则建构了社会公开表达意见、实现上下左右自由沟通的新格局，也有了便捷吸纳各种舆论场生成和流行的万千舆论的平台。"① 在这个方面，我们要做的工作很多，必须完善相应的法律法规体系，补齐权利保障的短板。

其次，我们要坚持用法律手段打击分裂势力的网络渗透活动。对于网络世界中的极端声音绝不能掉以轻心。西藏的特殊历史和区情，决定了反分裂斗争的艰巨性、复杂性。西藏实行民主改革是巨大的历史跨越，十四世达赖及其追随者以各种形式进行分裂、渗透活动。我们必须建立舆情监测分析机制，及时准确地搜集有关的极端声音和信息，认真进行分析、研判，严格区分敌我矛盾和人民内部矛盾，建立必要的和反馈灵敏的预警系统，严厉打击一切违法犯罪活动。

最后，我们要尊重、敬畏民意，畅通社情民意表达渠道，变"壅堵"为"疏导"，逐步建立多元协商机制。我们应该遵循网络媒体，特别是自媒体传播的规律，相信绝大多数网民不是"刁民"，他们是有感情、有仁爱之心、有辨别力、有判断力的数字公民。对待自媒体的态度应该以对话和引导为主。自媒体用户在社会信息生产和交换中获得了前所未有的主体地位。网民既是话语的生产者也是信息的消费者，呈现的是互为主体的特性。哈贝马斯指出，传统哲学将人类的生存活动看作主体对客体的征服和控制，忽视了主体与主体之间的关系，没有把客观世界、主观世界和社会世界有机地联系在一体，只有交往行为模式"把语言看作一种达成全面沟通的媒介"，在平等、自愿、真诚的言说情境中，参与者通过交往活动在三个世界的相互关系中达成共识。② 中国社会到了自媒体时代，主体间性（intersubjectivity）的实现初步具备了物质条件，使得"互构"

---

① 童兵：《论潜在舆论和潜在舆论场及其引导》，载《当代传播》2016年第35期，第14页。

② [德]哈贝马斯：《交往行为理论》，曹卫东译，上海人民出版社2004年版，第76、83页。

（coconfiguration）和"协商"（negotiation）成为可能，这也完全符合互联网的平等化、民主化的本质特征，而主体与主体之间的平等、对话交流正是信息时代发展的趋势。

  总之，网络舆情治理是争取人心的工程。习近平总书记说："人心向背是最大的政治。""宗教工作本质上是群众工作，要全面贯彻党的宗教信仰自由政策，依法管理宗教事务。""必须辩证看待宗教的社会作用，积极引导宗教与社会主义社会相适应。"① 自媒体的成长和崛起，满足了人们正当的表达需要和利益诉求，也为政府部门了解社情民意、制定政策方案提供了重要的参考依据。在网络舆情治理的过程中，我们一定要坚持以人为本的理念，"以人民群众利益为重，以人民期盼为念，着力解决好人民最关心最直接最现实的利益问题"，要改变单纯的、简单化的"控制"和"维稳"取向，积极主动地疏通民意表达的渠道，大力加强人权法治保障，使人民能够享有宪法赋予的权利和自由，认真、稳妥实施网络舆情引导工作，以真诚、宽容的态度与数字公民开展平等的对话交流协商，防止行政不作为和乱作为，旗帜鲜明地反对极端分子的分裂渗透活动，真心实意地与藏汉群众交朋友，为保障西藏的民族文化繁荣和社会可持续发展、为实现中华民族伟大复兴的中国梦而不懈奋斗。

---

① 习近平：《在中央统战工作会议上的讲话》，见《人民日报》2015年5月20日。

西藏乡镇基层公务员胜任力现状、问题与对策调研[①]

王建伟[②]

一、前言

(一) 调研背景

2015年6月,习近平总书记在贵州调研时强调,基础不牢,地动山摇。基层是我们党执政大厦的"地基",基层干部是这个地基中的"钢筋"。基层干部是加强基层基础工作的关键。基层干部处在改革发展稳定的第一线,处在经济社会建设的最前沿。作为一头连着党和政府、一头连着广大群众的桥梁和纽带,基层干部是密切干群关系的主要渠道,是解决实际问题的重要力量。关心和爱护基层干部,是做好基层工作的关键所在,是稳定基层干部队伍的重要途径,是提高基层干部素质的主要保障,是激发基层活力的根本动力。各级党组织要提高认识、强化责任,把真正重视、真情关怀、真心支持基层干部的各项任务落到实处,为推动"四个全面"战略布局夯实基础。2017年4月,习近平总书记对廖俊波同志先进事迹做出重要指示再次强调,各级党组织、领导干部要满腔热情地关心关爱基层干部,进一步激发广大党员、干部不忘初心、担当尽责、苦干实干、无私奉献的事业心责任感,以实际行动创造无愧于党和人民的一流业绩。

党的十八大以来中央出台系列改革措施,为基层干部做了不少"雪中送炭"的好事,包括全面实施公务员职务与职级并行、职级与待遇挂

---

① 基金项目:本调研报告系西藏民族大学2011西藏文化传承发展协同创新中心2017年招标课题"西藏基层公务员胜任力模型与职业发展研究"(课题编号:XT-ZB201709)的阶段性成果。

② 作者简介:王建伟,西藏民族大学管理学院讲师,主要研究方向为人力资源管理和社会保障。

钩制度，着力提高基层干部工资水平等，做到人往基层走、物往基层用、钱往基层花、劲往基层使，让基层干部在工作中有"劲头"、在政治上有"奔头"、在经济上有"甜头"，不让基层干部既辛苦又清苦，着力激发他们立足基层、扎实工作、干事创业、建功立业的热情。

然而，不可否认，由于长期面临繁重而又复杂的工作局面，基层干部队伍建设中也存在不少问题，自身能力与新形势的要求存在较大差距，基层干部能力素质与当前改革发展任务不匹配、不适应，付出与回报不对等，使得基层干部队伍不稳定，工作积极性不高。从总体来看，基层干部负担重、压力大、待遇低，面临社会不理解、群众不信任、上级不关心的多重困境，他们期盼工作有条件、干事有平台、发展有空间。基层干部特别是基层公务员的工作动力和工作能力体现的是党和政府的行政能力，影响的是党和政府的行政公信力。"要关心和爱护广大基层干部，为他们创造良好的工作和成长条件，保障他们的合理待遇，帮助他们深入改进作风，提高发展经济能力、改革创新能力、依法办事能力、化解矛盾能力、带领群众能力，引导他们扎根基层、爱岗敬业、争创一流。"增强公务员的本领和本事，切实解决其不会干、不能干、干不好的问题。

当前和今后一个时期，是西藏保持持续稳定和全面稳定、走向长治久安的关键阶段，是打赢脱贫攻坚战、全面建成小康社会的决战决胜阶段，是加紧生态功能区建设、增强自我发展能力的重要阶段。自治区党委政府带领全区人民深入贯彻落实习近平新时代中国特色社会主义思想，深入贯彻落实习近平总书记"治国必治边、治边先稳藏"的重要战略思想和"加强民族团结、建设美丽西藏"的重要指示，坚持"五位一体"总体布局和"四个全面"战略布局，坚持党的治藏方略，坚持依法治藏、富民兴藏、长期建藏、凝聚人心、夯实基础的重要原则，保持政策的连续性，把长足发展和长治久安作为总目标，把维护祖国统一、加强民族团结作为工作的着眼点和着力点，把改善民生、凝聚人心作为经济社会发展的出发点和落脚点，紧紧围绕改革发展稳定，攻坚克难补短板、开拓创新求突破、精准脱贫见实效、坚定信心奔小康，用长足发展和长治久安的新成就，致力于实现"两个一百年"奋斗目标，谱写好中华民族伟大复兴中国梦的西藏篇章，关键在党、关键在人。为此，西藏自治区 2017 年政府工作报告中明确提出，各级政府要忠于党、忠于人民，全心全意为人民谋福祉，聚精会神推进长足发展和长治久安，要做到绝对忠诚核心，提升行政效能，建设法治政府，加强作风建设，坚持廉洁从政，为基层公务员提出了明确的素质和胜任要求。

众所周知，西藏自治区自然地理环境特殊，平均海拔4000米以上，全区面积120.223万平方千米，常住人口总数为330.54万人（截至2016年年底），平均人口密度为每平方千米2.75人，是全国各省、自治区、市中人口数量最少、人口密度最低的地区。① 高海拔、地广人稀直接带来的影响是乡镇基层政府和公务员服务半径大、服务密度低、服务成本高，基层工作面临更加严峻的形势和复杂情况。为进一步充实基层力量，自2007年西藏自治区实行双向选择、自主择业的积极就业政策以来，十年间，从高校毕业生中公开招录31869名基层公务员充实到乡镇基层政权组织中。② 在此背景下，如何提升西藏乡镇基层政府的行政能力和公务员的胜任力，如何提高乡镇基层公务员的工作效能，如何促进乡镇基层公务员的职业发展，更好地体现组织关怀，如何更好地发挥乡镇基层公务员在西藏推进长治久安和长足发展中的基础性作用，就成为本次调查关注的重点。因此，在西藏推进持续稳定和全面稳定、走向长治久安，全面建成小康社会，不断增强自我发展能力的战略目标之下，基于乡镇基层公务员胜任能力的视角，着眼乡镇基层公务员的职业发展和乡镇基层政府行政能力提升，系统研究西藏乡镇基层公务员的胜任现状及存在的问题，探讨合理可行的应对措施，进而探求西藏基层公务员的职业发展路径，激发基层公务员立足基层、扎实工作、干事创业、建功立业的干劲和热情，推动"美丽西藏"建设，具有重大且深远的意义。

（二）调研思路与方法

1. 调研思路

胜任力和其职业发展之间理应存在一定的内在的逻辑关联，前者是后者的基础和先决条件，后者是前者的目标。胜任力模型的构建必须与工作任务绩效等工作实际紧密相连，而公务员具有明显层级和地域特征，其职

---

① 中国西藏新闻网：《西藏自治区"十三五"时期国民经济和社会发展规划纲要》，见 http://www.chinatibetnews.com/zw/qwfb/201604/t20160423_1194980.html#_Toc441106687，具体数字经计算得出。

② 数据来源于《西藏自治区历年高校毕业生公开考录公告》，经计算得出。

业发展特征和轨迹亦有别于一般的职业群体,因此,本调研将调研对象进一步聚焦于西藏乡镇基层公务员,以期提高胜任力模型的适用性与实效性,切实助力公务员职业发展。

基于以上梳理,本课题基于建设服务型政府的考虑,结合典型地区的实际案例,分析西藏乡镇基层公务员的职业要求、工作特征,围绕西藏乡镇基层公务员胜任力模型的构建开展系统、深入的研究,从学理上探求西藏乡镇基层公务员胜任力模型与其职业发展之间的作用机制,从实践上寻求提升西藏乡镇基层公务员胜任力的现实路径,促进西藏乡镇基层公务员职业发展,推动服务型政府建设。

2. 调研方法

本次调研采取文献研究、深度访谈、问卷调查和专家咨询相结合的方式。调研对象主要是西藏乡镇基层公务员。本次调研首先通过文献研究梳理公务员胜任力模型相关理论,分析西藏乡镇基层公务员胜任力总体状况,形成对事实的科学认识。其次通过对西藏乡镇基层公务员中的绩优者和绩效普通者进行访谈,提炼胜任力特征和行为描述,在绩效和影响绩效的胜任力特征间建立关系,为调研结果的可信性和有效性提供支持。再次通过问卷调查收集资料,采用统计软件对收集的数据进行处理。最后通过咨询专家了解西藏基层公务员的特殊性要求,征求专家对于西藏乡镇基层公务员胜任力模型的学理建议和政策研判,为课题研究提供智力支持。

二、调研内容

在西藏推进持续稳定和全面稳定、走向长治久安,全面建成小康社会,不断增强自我发展能力的战略目标之下,结合典型地区的实际案例,着眼于乡镇基层政府行政能力和乡镇基层公务员胜任能力双提升的视角,分析西藏乡镇基层公务员的职业要求、工作特征,系统研究西藏乡镇基层公务员的胜任现状及存在的问题,探讨合理可行的应对措施,旨在构建西藏乡镇基层公务员胜任力模型,从实践上寻求提升西藏乡镇基层公务员胜任力的现实路径。基本内容包括以下方面。

(一)西藏乡镇基层公务员胜任力基本情况

通过对样本乡镇的调研和相关数据的梳理,了解掌握西藏乡镇基层公务员胜任情况、组织和工作要求，编制问卷，通过问卷发放收集数据，并利用统计分析方法对数据进行分析整理，用数据呈现构建西藏乡镇基层公务员胜任力的基本情况。

（二）西藏乡镇基层公务员胜任力方面存在的问题及原因分析

基层公务员是维护西藏稳定、建成小康社会任务的最终承担者和完成者，其胜任力和能动性的有效发挥是成败的关键。然而不可否认，西藏乡镇基层公务员队伍在职业适应性方面，在岗位胜任方面仍与不断发展的现实要求存在一定的差距，因此，探求西藏乡镇基层公务员在胜任力方面存在的现实问题，并深入进行原因分析对于问题的解决大有裨益。

（三）西藏乡镇基层公务员胜任力提升方面的对策建议

通过深度访谈和问卷调查获取相关信息，在对相关信息进行深入研判的基础上，充分依托西藏基层的实际情况，结合专家咨询的意见，制定因地制宜、切实可行的提升西藏乡镇基层公务员胜任力的对策建议。

三、西藏乡镇基层公务员胜任力现状

在本次调研中，西藏乡镇基层公务员特指乡镇（城镇街道办事处）领导及其他从事基础工作岗位的公务人员。西藏乡镇基层公务员胜任力是指能够促成公务员高绩效工作的所有多元的个体特征与个体行为。

（一）调查样本的基本情况

本报告中所采用的数据来源于2017年9月在西藏拉萨、日喀则、山南、林芝、昌都、那曲6个地市的随机抽样访谈。调查一共发放访谈提纲60份，回收访谈结果60份，其中有效60份，有效率100%。从性别来看，男性45人，占75%，女性15人，占25%；从民族构成来看，藏族30人，汉族30人，分别占50%；从年龄分布来看，20～25岁9人，占15%，26～30岁21人，占35%，31～35岁27人，占45%，35岁以上3人，占5%；从教育程度看，高中3人，占5%，大专3人，占5%，本科 54 人，占 90%；从职级分布看，正科级 24 人，占 40%，副科级 12 人，占 20%，科员 24 人，占 40%；从参加工作年限来看，1～5 年的 27 人，占 45%，6～10 年的 21 人，占 35%，10 年以上的 12 人，占 20%。基本信息情况具体如表 1 所示。

表 1 调研对象基本信息

性别	比例	民族	比例	教育程度	比例
男	(45 人) 75%	藏族	(30 人) 50%	高中	(3 人) 5%
女	(15 人) 25%	汉族	(30 人) 50%	专科	(3 人) 5%
				本科及以上	(54 人) 90%
年龄	比例	参加工作年限	比例	职级	比例
20～25 岁	(9 人) 15%	1～5 年	(27 人) 45%	正科级	(24 人) 40%
26～30 岁	(21 人) 35%	6～10 年	(21 人) 35%	副科级	(12 人) 20%
31～35 岁	(27 人) 45%	10 年以上	(12 人) 20%	科员	(24 人) 40%
35 岁以上	(3 人) 5%				

（二）相关变量的描述性分析

为研究需要，对本报告中涉及的一些变量进行赋值，具体情况如表 2 所示。

表 2 变量赋值

变量名称	变量赋值
性别	男 = 1，女 = 2
年龄	20～25 岁 = 1，26～30 岁 = 2，31～35 岁 = 3，35 岁以上 = 4
民族	藏族 = 1，汉族 = 2
受教育程度	高中 = 1，专科 = 2，本科及以上 = 3
参加工作年限	1～5 年 = 1，6～10 年 = 2，10 年以上 = 3
职级	正科 = 1，副科 = 2，科员 = 3

各变量之间的独立样本 T-Test 和单因素方差分析结果表明：不同学历公务员在职级上不存在显著差异；公务员职级不因民族不同而存在显著差异；但男性和女性在职级上存在显著差异；不同工龄的公务员在职级上存在显著差异，工龄越长职级越高。

1. 西藏乡镇基层公务员的胜任力要素描述分析

调研中涉及的一个问题是："请您在下面列举的若干素质特征中，选择出您认为对胜任基层公务员工作至关重要的几项。"调研样本的选择情况，如表3所示。

表3　乡镇基层公务员胜任力要素描述性分析

胜任力要素名称	频数	比例	胜任力要素名称	频数	比例
责任意识	54	90%	政治鉴别能力	9	15%
政治意识	51	85%	民族自治地方政策法规知识	9	15%
大局意识	42	70%	身体健康、精力充沛	6	10%
民族团结意识	42	70%	调查研究能力	6	10%
合作意识	42	70%	心理调适能力	6	10%
实干精神	33	55%	环境适应能力	6	10%
廉洁自律	33	55%	多语言沟通能力	6	10%
为各民族群众服务意识	27	45%	密切联系群众能力	6	10%
牺牲奉献精神	21	35%	民族事务处理能力	6	10%
诚实守信	21	35%	民族文化及宗教知识	6	10%
危机意识	18	30%	情绪稳定	3	5%
决策能力	18	30%	依法行政能力	3	5%
学习能力	18	30%	改革创新能力	3	5%
文字处理能力	18	30%	组织协调能力	3	5%
应对突发事件能力	18	30%	成就动机	0	0%
执行能力	18	30%	公共服务能力	0	0%
锐意发展精神	9	15%	行政管理知识	0	0%

如表3所示，基层公务员对于责任意识、政治意识、大局意识、民族团结意识、合作意识、实干精神、廉洁自律、为各民族群众服务意识、牺牲奉献精神、诚实守信、危机意识、决策能力、学习能力、应对突发事件能力、文字处理能力、执行能力等较为看重。而调研前期预测可能会受到认同的，诸如锐意发展精神、成就动机、身体健康、情绪稳定性、多语言沟通能力、民族文化知识等素质特征，却并未得到基层公务员的接受和认可。依法行政能力、改革创新能力、组织协调能力、行政管理知识等素质鲜受关注。

对基层公务员认为对胜任工作至关重要的前十六项（选择比例在30%以上）素质特征的进一步差异性分析结果表明：

在对责任意识这一胜任特征的认识上，科员和科级领导（包括副科级、正科级）之间存在显著差异，相较于前者，后者表现出对"责任意识"这一特征的更多认同。

在责任意识、政治意识、大局意识这三个胜任特征上，女性公务员和男性公务员之间存在显著差异。相比于女性，男性公务员更加普遍地认为责任意识、政治意识、大局意识对胜任基层公务员的工作是重要的，对上述特征的认同程度更高。

在决策能力胜任特征上，正科级领导和科员之间存在显著差异，相较于科员，正科级领导对决策能力特征的重要性更加认同。

在学习能力、文字处理能力两个胜任特征上，男性公务员和女性公务员之间存在显著差异，相较于男性，女性公务员更认同学习能力和文字处理能力对胜任工作的重要性。

在应对突发事件能力和执行能力两个胜任特征上，科级领导（包括副科级、正科级）和科员之间存在显著差异。科级领导更加认同应对突发事件能力，而科员更加认同执行能力。

总之，在基层公务员胜任特征的判断上，不同职级、不同性别之间存在一定的差异。

2. 绩效较好的西藏乡镇基层公务员的胜任力特征描述分析

调研中涉及的一个问题是，"请您描述一下工作中接触到的最出色的同事具有怎样的特征"，针对样本地区的调研结果如表4所示。

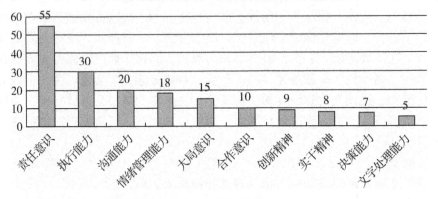

表4　工作最出色的同事（基层公务员）的主要特征　　（N=60）

3. 乡镇基层公务员特殊的胜任素质描述分析

调研中涉及的一个问题是，"在您看来，民族地区（西藏）基层公务员有哪些特别的素质要求？"针对样本地区的调研结果如表5所示。

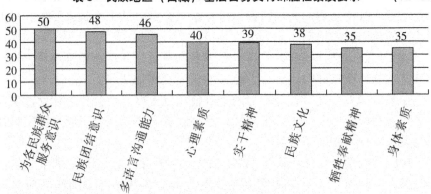

表5　民族地区（西藏）基层公务员特殊胜任素质要求　　（N=60）

4. 乡镇基层公务员职业发展影响因素描述分析

调研中涉及的一个问题是，"在您看来，什么因素会对您未来的职业发展（如职位晋升或工作权限扩大等）起到较大的影响"，针对样本地区的调研结果如表6所示。

表6 职业发展影响因素　　　　　　　　　　（N=60）

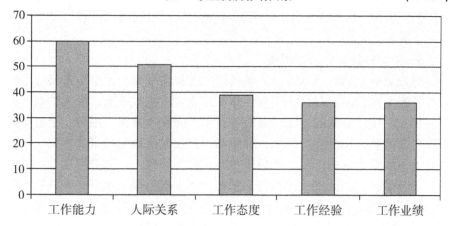

四、西藏乡镇基层公务员胜任力存在的问题及原因分析

（一）西藏乡镇基层公务员胜任力方面存在的问题分析

1. 为各民族群众服务的意识尤其是服务能力有待进一步提升

"公务员服务意识指的是公务员在依法为保障社会公众的权益实现而提供服务的行政行为过程中所具有的观念和信念。"基层公务员具有的服务意识应该是以服务理念为向导的，应该是一种努力做好为人民服务的服务信念和观念，而不再是传统行政文化下的服务意识。在调查中发现，西藏乡镇基层公务员服务意识、服务能力有待进一步提升。

2. 执行能力偏低

西藏地处我国西南边陲，经济社会欠发达，发展体系相对闭塞，基层公务员的执行力相对偏弱，具体表现在以下几个方面。首先，关于执行力建设的观念滞后。从调研的情况看，基层公务员在执行公共政策时通常都采用现有的传统的工作方式，很多公务员的政策执行意识不强，往往应付差事地简单应付上级下达的命令，没有真正履行到作为一名国家公务员的基本职责，没有认真贯彻和执行党的重要方针、政策。其次，执行力建设的体制机制缺失。由于长期受到计划经济时代管理思想的影响，西藏基层公务员在公共政策执行过程中，常常会习惯性地依赖于上级领导的权威、经验和直觉，在遇到信息失灵的情况下，随机制定出许多"非程序化"

的决策方案，严重扭曲和阻碍了公共政策执行的根本目的和真实用意。而基层公务员执行力偏低的问题势必会影响到服务型政府的建设以及地区经济社会的发展进程。

3. 调查研究能力有待提高

调查结果显示，样本地区乡镇基层公务员在平时虽然进行各种各样的调查研究工作，但很多调查研究工作并没有真正深入基层、深入群众。主要表现在：一是采取的方法较为简单，调查研究不够深入细致，上有政策下有对策的现象还存在。因此，导致调查研究时很难掌握真实情况，调查研究达不到真实目的。二是不善于观察和发现问题。一部分基层公务员已经习惯于传统工作方式，他们缺乏积极主动发现问题从而展开调查研究找出问题原因的能力。在基层已经习惯于上级安排调研任务时，只是为了完成上级安排的任务就去调研，而不是进行深层次的调研。

4. 创新能力有待提高

公务员的创新能力是用科学的思维方式，结合实际工作，创造性地执行行政事务的素质能力。行政管理活动中，信息瞬息万变，避免不了经常出现各种新情况、新问题，这就要求公务员以实事求是的原则，积极开展有效的创新思维和新设想、创造性地开展各项工作，促进行政事务的有效开展。但是样本地区调研结果显示：部分乡镇基层公务员的创新能力不够高、创新意识缺乏、实践经验与知识储备不够丰富。他们已经习惯于传统的工作方式，不能结合工作实际进行灵活的、科学的、综合的、实际的思维，从而造成他们思想上的僵化。因此，为提高公务员的创新能力需要进一步解放思想，转变思维模式。

5. 依法行政能力有待提高

基层公务员是各项公共行政管理活动、服务、政策的具体落实者，所以，基层公务员的依法行政能力最终直接影响到政府依法行政的良好形象。调查显示：样本地区部分基层公务员依法行政意识有待进一步加强和提高，法律意识比较淡薄，对相关的法律法规了解不够，宪法、行政法知识也比较缺乏。行政行为过程中，不善于灵活运用各种法律法规原则，有时候行使自己的权力不正确、不合理、不公正。公务员本来就能够在某种程度上抵制某些违法乱纪行为，但有部分公务员因法律素质偏低，对违法乱纪行为的态度是漠不关心。

6. 公务员的心理素质有待提高

健康的心理才有健康的行为。基层公务员是国家各项方针、政策的具体实施者和执行者，健康的心理素质有助于他们合理解决基层的各种矛盾、促进党和政府各项政策的有效执行。调查显示，目前相当一部分基层公务员经常出现心理失衡、头疼、失眠、焦虑等心理问题。在调查中发现，基层公务员的心理压力主要外显为以下几种情况：上班前不会感到愉悦，对工作没有创新的想法，在接受新任务时经常有心情紧张、情绪不安的感觉，在上级来检查的时候心里特别紧张、常常担忧被领导批评，对处理紧急事件时不确定、不知道该做什么，不定时的恐慌感等。

（二）西藏乡镇基层公务员胜任力方面存在问题的原因分析

1. 传统行政文化的影响和制约

不可回避的是，西藏地区的传统行政文化中依然存在较为浓厚的官僚主义氛围，这使得很多基层公务员对于一些根本性问题缺乏明确认识，如权力是谁赋予的，谁才是权力的主人，公务员代表谁行使权力等。部分公务员会认为他们的权力是上级领导赋予的，为此，应该只听领导命令指挥，领导安排干什么就干什么，不是全心全意为人民服务而是全心全意服从领导的命令，进而使得很多基层公务员无法正确处理和人民群众的关系，使得其服务意识淡薄、服务能力较低。在这种思想的影响下，全心全意为人民服务只变成了嘴上的口号而已，在迫不得已的情况下，很多基层公务员只用"形式主义"的做法，走形式做样子，没有全心全意为人民服务的坚定意识，宗旨意识不断淡化和薄弱，更多基层公务员越来越关心的是如何拥有更高的职位，如何更快地晋升。同时，在官本位思想影响下，基层公务员习惯于传统的、惯性的工作方式，不进行深入调查分析、安于现状，在思维方式上存在创新意识缺乏、思想僵化、保守封闭等现象，严重制约着基层公务员队伍的创新能力和调查研究能力。

2. 思想道德教育工作有待加强

首先，思想道德教育工作流于形式，教育与实践相脱离。具体表现为政治学习流于形式。政治理论学习上的形式主义导致了少数公务员对理论没有深刻的感受和认识。对一些人来说理论并没有真正入脑，而多是喊在嘴上，写在本上，落实不到实际行动上。这种现象又导致了有些干部缺乏科学的理论指导，缺乏立场坚定、态度明确的政治角度观察处理新情况和新问题，严重制约着基层公务员队伍的创新能力和调查研究能力的继续提高。其次，职业道德规范不够细化，对不道德行为缺乏有效的制约。受传统行政道德观念和社会价值取向的消极影响，以法制为基础的现代行政道德观念的发展必然受到某种程度上的阻碍。由于教育工作的力度不够，有些公务员经受不住日益复杂的行政环境带来的各种新考验，职业道德逐渐淡薄，行政责任感与使命感逐渐淡化，制约了基层公务员队伍的创新能力和调查研究能力的继续提高，公务员思想道德素质教育工作达不到实际效果。

3. 依法行政观念淡薄

公务员依法行政能力如何直接决定着政府的管理能力水平，影响着执政成效，是实现人民意志的重要保证。目前，党和政府一再强调必须将公共权力纳入法制轨道，切实提高公务员依法行政能力，尊重、维护和保障人民合法权益。但因部分基层公务员的依法行政观念淡薄、法律素质不高、依法行政能力较弱而引发的各类社会问题越来越多，稍有不慎，便会将小问题和小矛盾拖成大问题和大矛盾，破坏法律的权威，也损害了人民群众的根本利益，影响了政府的良好形象。这些问题不从根本上解决，那么，提高他们的依法行政能力、建立一个法治政府就会变成一句空话。

4. 对健康心理素质的认识不足、压力不断增大

首先，对公务员健康心理素质的认识不足。在基层绝大多数公务员不想表达自己的需要和情感，他们认为心理素质问题完全是由个人性格上的脆弱、能力上的欠缺而造成的，对有些心理问题他们已经习惯于克制、忍耐，觉得没法改进。还有一部分公务员对健康的心理素质在生活工作中的重要性认识不足，甚至回避谈论心理素质问题，回避表达自己遇到的心理问题，试着掩饰自己的心理压力，根本不想跟同事分享，也不主动去找出原因。其次，基层公务员工作压力在不断增大。从基层公务员工作内容的角度看，乡镇基层工作复杂、范围广，用一位乡长的话说，就是"只要您能想得到的都与我不无关系"。经济发展、民生改善、精准扶贫、招商引资、项目建设、农田水利、安全生产、教育卫生社会事业、财务、维稳、党建、民宗、政协、统战、日常行政事务……还有上级临时安排的各种学习活动……单拿一个精准扶贫工作来说，就包括对贫困户进行精准识别，精准帮扶，对扶贫项目进行管理，整理撰写扶贫资料，上报相关资料和数据，扶贫工作宣传，等等。总之，基层公务员面临的挑战越来越多、

日益复杂，对他们的素质要求也越来越高。本来适度的压力对他们来说应该是个动力，这些压力有利于使他们适应新环境，但是这种压力长期存在或过分强烈，反而得不到及时调节，一旦超过了个体的应付和适应能力，就会产生心理方面的不良后果，甚至导致各类心理疾病。

五、提升西藏乡镇基层公务员胜任力的对策建议

（一）转变基层公务员思想观念

从官本位、关系本位到"权为民所用"的转变。增强公仆意识，要实现服务理念上由"官本位"到"为人民服务"价值取向的转变。要深刻认识政府为人民群众服务是一种责任，坚持以"全心全意为人民服务、权为民所用"的服务意识成为公务员的核心价值观。在履行公共服务职能的过程中，人民群众的根本利益放在第一，要努力做到解放思想、树立执政为民理念、甘当人民公仆，将人民群众的满意度作为公务员行政事务工作成效的根本标准。作为最直接为人民服务的基层公务员一定要全心全意为人民服务、积极听取群众的建议和意见、与民众同心，同时，身兼"公民与公仆"的角色，他们既是公务员又是公民。总之，通过转变基层公务员的传统行政文化观念，使得他们从思想意识上正确认识自己的职责，真正认识到自己为人民服务的"公仆"身份，从而强化其为人民服务的意识、继续促进其服务意识和服务能力的提升。

（二）强化责任意识，提高调查研究能力

首先，强化责任意识、提升自觉性。要提高基层公务员的调查研究能力，就必须提升他们对履行好职责的思想认识，鼓励和激发他们的责任意识和自觉性，引导他们充分认识调查研究的重要性。将责任意识真正内化为每一个基层公务员的自觉行为，激励他们深入群众、深入实际，加强对具体现实情况的调查研究，鼓励他们向人民群众和实践学习。把调查研究工作作为基层公务员工作的重要内容之一，增强提高调查研究能力的自觉性和主动性。同时，各基层组织要建立和完善各种有效组织方法，为基层公务员调查研究提供良好的条件，促进调查研究工作的顺利开展，确保已取得的调研成果得到应用并给予表彰，调动基层公务员调查研究的积极性。此外，要锻炼基层公务员的基层调查研究能力，鼓励基层公务员到农

村现场进行实地调研，向乡镇和村组的干部了解情况、跟人民群众进行面对面访谈，鼓励群众说真话、报实数，尽力掌握真实情况。

（三）培养创新意识、提升创新能力

首先，激发公务员的创新意识。基层公务员要大胆面对各种各样的挑战，引导其在面对新的情况时，善于使用新的思维和新的方法去解决问题。在遇到问题时，要善于独立思考，用创新的思维重新审视问题发生的经过和因果关系，在对策建议上要善于思考，结合实际，创新研究。高度重视、不断培养创造性的思维方式，放弃过去长期以来存在的静态思想和僵化思维，重视动态积极思维。其次，树立科学创新态度。科学态度是创新能力培养的基础和根本，公务员要有强大的鉴别能力，善于吸收那些有利于工作和社会发展的传统，大胆地放弃那些不利于工作和社会发展的落后思想。在工作过程中不能一味肯定或接受现有的观点和理论，一定要有合理的否定精神。创新的过程中当然会遇到各种各样的阻碍，因为创新是对原有状态的更新和改变，这必将打破固有模式的平衡点。所以，创新过程中公务员必须具备积极的主观能动性，如果没有创新的主观能动性，创新活动就不会产生。

（四）进一步培养和提高依法行政和依法办事能力

依法行政是依法执政的重要实现形式，是进一步加强和改善党的领导和执政能力建设的重要条件，也是政府自身建设中很迫切的重大问题。从基层公务员做起，加强公务员队伍的依法行政和依法办事能力是加快法治政府建设的重要保证。首先，进一步强化法治观念、增强法律意识。通过法制宣传和教育，树立法律至上、执政为民、法律面前人人平等的观念，充分认识有权必有责、"权、责"统一的观念。公务员的权力来源于人民，所以，他们必须在法律赋予的职权范围内履行职责，敢于承担起与权力对等的责任。基层公务员作为公务员队伍的主体，必须以守法为荣，要带头尊重和遵守法律，以违法为耻，不能超越宪法和法律，应当维护法律的权威，做遵守法律的模范。同时，基层公务员要加强自我训练，认真学习法律知识，参与各种法律实践，注重在实际工作中逐渐培养用法律手段解决实际问题和用法律思维思考问题的能力。还要继续增强法律权威观念，鼓励和引导基层公务员积极遵守和尊重法律、维护法律权威。

(五)进一步提高公务员的心理素质

首先,正确认识心理健康问题。鼓励基层公务员自觉培养心理健康意识,鼓励和引导他们正确对待自我,接受现实,做好现在的工作。在正确对待自己的过去和现状的基础上积极乐观地对待自我,敢于面对失败和挫折,能够看到自己的价值。通过开展心理健康知识讲座或宣传等活动,帮助他们正确认识和正确应对各种心理问题和自身的不良心理状况,让他们初步了解有关心理问题、心理疾病的相关知识。让基层公务员体会到保持健康的心理素质对工作、身体和生活的重要性。积极引导他们如何客观对待现实的工作条件和工作地位,正确认识权力和金钱的关系,正确行使手中的权力以及各种利益关系问题。还要正确引导他们如何合适地处理上下级之间、同事之间的关系,如何快速促进身心素质健康等实际问题。其次,正确看待压力且适当调节。有效地调节压力是健全自我意识、积极乐观地对待自己、培养自己乐观的生活态度的重要途径。基层公务员要学会自我鼓励,即遭受挫折时,敢于面对困难,拿出勇气来面对一切压力,鼓励自己不断努力,直到成功。要学会交流沟通,即遭受挫折或心里不愉快时通过跟别人交谈能舒解心理压力,也能增强自信心。应对工作压力的最好办法就是集中精力,安排好每天的工作,保证每天的工作当日完成。除此之外,压力过大的时候学会以正确的态度看待压力,遇到日常工作的奖惩不公、觉得岗位不适应等情况的时候要学会以客观理性思维正确面对。同时,还可以用跟同事、跟家人交流或进行心理咨询等方式来主动寻求心理援助,积极应对压力,及时把消极情绪释放出来,使自己拥有一个健康积极的良好心理状态。

关于西藏公共图书馆服务体系建设现状调研[①]

冯云 孔繁秀 丹增卓玛[②]

一、前言

公共图书馆服务体系是指某个地区的公共图书馆通过独立或合作方式提供的服务总和,其目的是保障普遍均等服务、实现信息公平。[③] 构建城乡全覆盖的公共图书馆服务体系是实现公共文化服务均等化、保障公民基本文化权益的重要途径。[④] "十三五"时期是加快推进西藏公共文化服务体系建设的重要机遇期,"基本建成覆盖城乡、便捷高效和保基本、促公平的现代公共文化服务体系,基本满足城镇居民就近便捷享受公共文化服务的需求"[⑤] 已经成为西藏"十三五"发展的重要目标。如何进一步发挥公共图书馆在公共文化服务体系建设中的作用,促进普惠性、保基本、均等化、可持续的现代公共文化服务体系的构建,切实保障西藏各族群众基本文化权益,已成当务之急。

由于地理、经济与历史等诸多原因,西藏公共图书馆服务体系建设相对滞后。21世纪以来,在党中央的关怀、对口支援省市的援助以及西藏自治区的不断努力之下,西藏公共图书馆事业取得了前所未有的发展。图

[①] 基金项目:本调研报告系西藏民族大学2011协同创新中心2017年招标课题"西藏公共图书馆服务体系建设与发展研究"(课题编号:XT-ZB201712)的阶段性成果。

[②] 作者简介:冯云,西藏民族大学图书馆馆员,主要研究方向为民族地区公共图书馆发展、区域公共图书馆服务体系;孔繁秀,西藏民族大学图书馆研究馆员,主要研究方向为藏学文献;丹增卓玛,西藏自治区图书馆副研究馆员,主要研究方向为西藏公共图书馆服务。

[③] 于良芝、邱冠华、许晓霞:《走进普遍均等服务时代:近年来我国公共图书馆服务体系构建研究》,载《中国图书馆学报》2014年第3期,第31—40页。

[④] 程焕文:《全面履行政府的图书馆责任 充分保障市民的图书馆权利》,载《图书馆论坛》2015年第8期,第6—8页。

[⑤] 西藏:《完善设施,提升公共文化吸引力》,2017-12-01,http://www.tibet.cn/culture/news/150042880566.shtml。

书馆数量不断增多，基础设施建设有所加强。然而，在当前构建普遍、均等西藏公共文化服务体系的背景下，作为重要组成部分的公共图书馆服务体系建设现状如何？其在保障西藏各族民众基本文化权益中所发挥的效能如何？现有公共图书馆服务体系所提供的公共产品与服务是否能够满足藏族聚居区民众的基本文化需求？这些都是值得当前亟待关注和解决的问题。

二、调研目的与方法

（一）调研目的

本调研目的在于对西藏公共图书馆服务体系建设现状进行客观分析，对西藏公共图书馆服务体系建设模式、服务效能以及现存问题等进行较为全面的剖析；以切实满足藏族聚居区各族民众的基本文化需求为根本出发点和落脚点，从西藏地理、人口分布以及多元化需求出发，探索适合西藏经济社会发展客观需要的公共图书馆服务体系构建路径，促进西藏公共图书馆体系运行与管理机制的创新，充分发挥公共图书馆在保障西藏地区各族民众基本文化权益中的基础性作用。

（二）调研过程与方法

本文采用实地调研与访谈相结合的方法，对西藏拉萨、山南、林芝等市的公共图书馆、县（区）图书馆、乡镇综合文化站、农家书屋与寺庙书屋等进行了走访调研，对当前西藏地区公共图书馆设置情况、总分馆体系、文化信息资源共享工程、数字图书馆等建设情况进行实地考察。此外，通过公开出版的统计资料收集了西藏公共图书馆财政拨款、机构数量、藏书量、图书外借册数与总流通人次等相关统计数据。通过对实地考察与统计数据的分析，客观分析当前西藏公共图书馆服务体系建设的不足。最后，在借鉴国内外公共图书馆服务体系建设有益经验和做法的基础上，提出优化西藏公共图书馆服务体系构建的对策与建议，为构建普遍均等、城乡全覆盖的西藏公共文化服务体系提供决策指导，以期加快西藏地区公共图书馆服务体系建设，促进全国公共图书馆服务体系协调均衡发展。

三、西藏公共图书馆服务体系的构建与发展

(一) 西藏自治区概况

西藏自治区地处中国西南部的青藏高原,平均海拔4000米以上,面积120多万平方千米,约占中国陆地总面积的1/8。现行行政区划为拉萨、日喀则、林芝、昌都、山南、那曲6个地级市及阿里地区,另有74个县(区)以及694个乡镇等。截至2015年,全区常住总人口数为323.97万人,平均人口密度为全国人口密度的六十分之一,是中国人口最少、密度最小的省区。城乡人口分布差异较大,城镇人口89.87万人,比重为27.74%;乡村人口234.10万人,比重为72.26%,人口分布多集中于农牧区。① 西藏是我国民族自治区中民族成分单一度最高的地区,也是少数民族人口比重最大的一个自治区。藏族和其他少数民族人口占91.83%,其中藏族人口271.64万人,占总人口的90.48%,另外有门巴族、珞巴族、回族、纳西族等45个民族以及未识别民族成分的僜人、夏尔巴人。2016年,西藏自治区GDP达1148亿元。②

(二) 西藏公共图书馆建设的成就

近年来,西藏自治区把覆盖全区、惠及全民的公共文化服务体系建设作为文化工作的重中之重,公共图书馆建设取得了显著成效,具体体现在如下几个方面。

1. 公共图书馆数量日益增多

随着国家和西藏自治区政府对公共图书馆建设财政拨款不断增加,西藏公共图书馆设置数量日益增多。截至2015年年底,公共图书馆财政拨款共计6932万元,比2014年的1820万元增加了2.8倍,创历年来投入经费新高,为公共图书馆服务体系建设提供了较为充足的经费保障。(见表1、图1)21世纪以来,西藏自治区下拨专项资金对原有公共图书馆进行了改建和扩建,并在公共图书馆缺失的地市新建图书馆。其中,2002

---

① 《西藏年鉴》编辑委员会:《西藏年鉴(2016)》,西藏人民出版社2016年版。
② 《2016年全国31省市GDP排行榜》,2017-12-11,http://www.askci.com/news/paihang/20170203/15140389430.shtml。

年建成的昌都市图书馆分别在2013年、2016年进行了两次改扩建；2005年建成的林芝市图书馆也在近期实现了新馆舍的扩建；山南市图书馆是西藏自治区"十二五"规划首批重点建设项目之一，2014年12月竣工，2016年4月13日开始进入试运行阶段；那曲图书馆于2014年建成，日喀则市图书馆于2016年11月完成竣工，目前两馆正处于开放使用的筹备阶段。

表1 1995—2015年西藏自治区公共图书馆财政拨款情况 单位：万元

年份	1995	2000	2005	2010	2013	2014	2015
财政拨款	72	111	336	1145	1718	1820	6932

数据来源：根据《中国民族统计年鉴2016》相关数据整理。

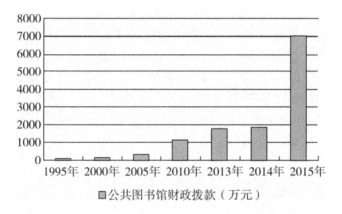

图1 1995—2015年西藏自治区公共图书馆财政拨款趋势

据统计，截至2016年年底，西藏自治区公共图书馆数量共计79个①，相较2012年全区仅有的4所公共图书馆，在数量上有了较大的提升。（见表2）当前，西藏除拥有1个自治区（省）级公共图书馆之外，山南、林芝、昌都、那曲、阿里5个地市也建立了公共图书馆，初步实现了公共图书馆的省、地（市）的覆盖。"十二五"以来，农家书屋和寺庙书屋作为

---

① 中国图书馆学会、国家图书馆：《中国图书馆年鉴（2016）》，国家图书馆出版社2017年版，第422页。

公共图书馆服务体系的重要补充形式,也得到了较快的发展。截至目前,西藏全区有5465个行政村建立了农家书屋,1787个寺庙设立了寺庙书屋,为公共图书馆服务延伸到城乡基层提供了可能性。此外,西藏还在74个县设有综合文化活动中心,692个乡镇设有综合文化站,增强了公共文化覆盖的能力。

表2　1995—2015年西藏自治区公共图书馆机构个数　　　单位:个

年份	1995	2000	2005	2010	2013	2014	2015
公共图书馆机构数(个)	18	1	4	4	78	78	79

数据来源:根据《中国民族统计年鉴2016》相关数据整理。

2. 馆藏资源日益丰富,特色资源建设不断加强

近几年来,随着西藏对公共图书馆馆藏资源建设的不断重视,藏书量有了较快增长,馆藏资源建设有了较大改观。如表3所示,新增藏量购置费从1995年的14万元增长到2015年的1176万元,增长了83倍。总藏书量由1995年的51万册增加到2015年的162万册,增长了2倍多。人均拥有藏书量也从1995年的0.21册增加到2015年的0.50册,人均新增藏书量为0.122册,位居全国第一。

表3　1995—2015年西藏自治区公共图书馆藏书量

	1995	2000	2005	2010	2013	2014	2015
总藏书量(万册)	51	60	42	53	100	125	162
人均拥有藏书量(册)	0.21	0.23	0.15	0.18	0.32	0.39	0.50
新购图书册数(册)	—	—	2	2	3	36	39
新增藏量购置费(万元)	14	16	43	119	147	176	1176

数据来源:根据《中国图书馆年鉴2016》相关数据整理。

在不断丰富馆藏资源建设的同时,西藏自治区图书馆加强了民族特色和地方特色资源的挖掘、整理和保护,有效提升了公共文化资源的供给能力。西藏自治区通过征集和访求等方式,搜集了大量散落在民间和寺庙的藏文古籍,并对这些藏文古籍进行整理和出版,取得了良好的社会效益。为了加强特色资源建设,西藏自治区图书馆积极申报地方特色资源建设项目,先后制作了《西藏藏戏资源专题库》《西藏民间舞蹈》《格萨尔史诗多媒体资源库》《西藏红色歌舞》《藏医药文化多媒体资源库》《西藏抗英历史文化多媒体资源库》《藏族传统手工技艺之唐卡多媒体资源库》《西藏民主改革第一村——克松村》《藏族传统手工技艺之铸造多媒体资源库》《藏族十明学专题资源总库之声明学系列讲座》《藏族手工技艺大全之藏纸、藏墨、雕刻印版文化专题片》《天籁之音——藏北格萨尔艺人独家说唱音频资源库》《西藏自治区国家级非遗传承人系列专题片》13个地方特色文化专题资源建设项目。截至目前,除了《藏医药文化多媒体资源库》项目外,其他12个地方特色文化专题资源建设项目已全部建设完成。其中《藏族传统手工技艺之唐卡多媒体资源库》《藏族传统手工技艺之铸造多媒体资源库》《天籁之音——藏北格萨尔艺人独家说唱音频资源库》《西藏抗英历史文化多媒体资源库》《西藏民主改革第一村——克松村》已上报国家中心并通过验收。为了加强汉藏文化交流交往交融,西藏自治区分中心建设地方特色文化资源的同时,在"全国文化信息资源共享工程藏语资源建设中心"的统一规划与协调下,积极申报并开展优秀汉语文化资源的卫藏语译制工作,以加强汉藏文化交流与交融。

3. 免费开放全面实施

2011年1月26日,文化部、财政部联合出台了《关于推进全国美术馆、公共图书馆、文化馆(站)免费开放工作的意见》①,决定将公共图书馆向社会免费开放。在全国免费开放的推动下,西藏开始全面实施"三馆"免费开放。中央和自治区政府每年安排免费开放资金5000余万元,专门用于公共图书馆、博物馆等各级各类公共文化设施的免费开放。2013年,西藏自治区专门制定了《西藏自治区公共文化服务基层设施免

---

① 中央政府门户网站:《关于推进全国美术馆、公共图书馆、文化馆(站)免费开放工作的通知》,2016-05-15,http://www.gov.cnzwgk2011-02/14/content_1803021.htm。

费开放工作准则（试行）》，提出推进包括公共图书馆在内的基础文化设施实施免费开放的主要措施，进一步规范和加强了免费开放工作。2016年，国家对西藏73个县图书馆专门下拨了免费开放经费，初步实现了县级图书馆的免费开放。在免费开放实施过程中，公共图书馆图书外借册数、总流通人次均有了较为显著的增长（见表4），公共文化服务数量、质量有了明显提高。

表4　2000—2015年西藏自治区公共图书馆服务情况

年份	2000	2005	2010	2013	2014	2015
图书外借册数（万册）	11	4	4	9	9	7
总流通人次（万人次）	2	2	3	11	17	20

数据来源：根据《中国文化文物统计年鉴（2016）》相关统计数据整理。

4. 全面推进阅读推广服务，着力打造"书香"品牌

为了增强民众的阅读意识，西藏图书馆积极探索阅读推广的新思维与新途径，着力打造"书香"品牌。2013年，西藏图书馆专门成立了阅读推广委员会，启动了"共享阅读，分享知识"的品牌活动，编制"阅读·快乐·成长"和"亲子阅读"宣传手册，以专家讲座、学生互动与分享等形式指导青少年在寒假期间共享阅读。此外，不断创新服务形式，专门针对4~8岁少儿阅读群体打造了"阿佳讲故事"阅读推广品牌活动。针对青年阅读群体举办了"共享阅读——寒假青少年读一本好书"和"阅读推广走进中学校园"等系列阅读推广活动。针对大众阅读群体，2015年西藏图书馆举办"西图讲坛"，邀请法律、艺术、民俗、翻译等领域著名专家、作家主讲，深受当地民众喜爱。此外，林芝图书馆的"林芝讲坛"和超级读者评选活动也在阅读推广服务方面取得了良好成效。

5. 延伸服务的初步探索

近年来，西藏自治区图书馆尝试通过设置总分馆和馆外服务点的方式，积极探索延伸服务的方式，不断拓宽服务覆盖范围。西藏图书馆将服务延伸到街区，不仅在拉萨市便民警务站设立"便民书窗"，为广大市民提供免费开放的阅读平台，而且与社会力量寻求合作，在德洛咖啡吧、中学、监狱、咖啡屋等地设置图书服务点，利用环境空间资源为更多社区读者提供免费借阅服务。此外，还在自治区文化厅和群艺馆、驻藏部队等处设立流动图书车，探索军民共建合作模式。① 昌都图书馆从 2011 年起，积极探索延伸服务实践，相继设立军营书屋、机关书屋和便民书窗，并向地委党校、学校、福利院等开展图书捐赠活动，在驻地部队建立图书阅览室，一定程度上扩大了公共图书馆的服务半径和受众群体。

6. 公共数字文化建设逐步推进

在全国文化信息资源共享工程、数字图书馆推广工程和公共电子阅览室建设计划等公共数字文化惠民工程的推动下，自治区公共图书馆的数字资源建设和数字文化服务显著提升。近年来，国家加强了对西藏公共数字文化建设的投入，2016 年，文化部投入用于西藏公共数字文化建设的专项资金已达 2982 万元，为西藏公共数字文化平台建设提供了资金保障。② 截至目前，西藏已建成文化信息资源共享工程服务站点 1 个省级分中心、3 个地市级支中心、74 个县级支中心、697 个乡镇基层服务点，基本实现村级基层服务点全覆盖，西藏共享工程五级服务网络基本建成。③ 农村数字文化驿站建设项目覆盖了山南、林芝、拉萨市共计 1276 个村落，其中山南、林芝两市实现公共数字文化服务工程全覆盖。

四、西藏公共图书馆服务体系构建的现状与问题

尽管西藏公共图书馆服务体系建设取得了初步的成果，但是，公共图书馆服务体系总体效能偏低，在保障民众基本文化权益中还存在一些不足，主要体现在如下几个方面。

（一）经费投入相对不足

当前西藏自治区公共文化服务建设主要依靠中央财政转移支付资金，

---

① 晓勇：《西藏图书馆不断延伸阅读平台》，见《西藏日报（汉）》2015 年 4 月 17 日，见 http：//kns.cnki.net/kns/detail/detail.aspx？FileName = XZRB201504170013&DbName = CCND2015.

② 《西藏自治区大力加强数字文化建设》，2017 - 12 - 02，http：//www.xizang.gov.cn/xwzx/shfz/201702/t20170207_119834.html

③ 《西藏共享工程五级服务网络基本建成》，2017 - 12 - 01，http：//www.xizang.gov.cn/xwzx/shfz/201704/t20170418_126060.html

但由于西藏长期以来经济发展较为落后,属于我国典型的贫困地区,自治区财政投入能力比较有限,难以满足公共图书馆服务体系建设的需要。据《中国图书馆年鉴》统计,截至2015年年底,西藏公共图书馆财政拨款仅为6932万元,仍然是全国31个省市财政拨款最少的地区,不仅落后于西部地区其他省份(甘肃22858万元,新疆21635万元,宁夏12731万元,青海9340万元),更是难以企及东部沿海发达省份(位于第一位的广东省投入达到127501万元,西藏仅为其5%)。[①] 从全国范围来看,与全国以及西部其他省份相比,西藏公共图书馆服务体系建设专项投入水平较低,直接影响了公共图书馆服务体系构建的完备性。

(二)城乡、区域公共文化服务不均衡

公共图书馆服务在城乡、区域中呈现出典型的非均衡性,主要体现在城乡二元体制结构下的城镇与乡村发展水平的差异,以及农牧区、边境地区、高寒地区公共图书馆覆盖的欠缺。一方面,公共图书馆设置以经济行政中心为主,公共文化资源多集中于城市中心,而地广人稀的地域特征使得公共图书馆服务半径相对较大,广大农牧区公共图书馆资源与服务覆盖程度较低。另一方面,由于西藏地理环境较为复杂,偏远农牧区和高寒地区由于经济的落后和交通的不便,公共图书馆设施不完善,成为图书馆服务覆盖的盲区。城乡、区域的不均衡严重阻碍了西藏各族人民平等自由地获取公共图书馆资源与服务,也严重影响了民众基本文化权利的有效保障。

(三)总体服务效能偏低

总体来讲,当前西藏公共图书馆体系服务效能偏低,尚未充分发挥公共图书馆在促进信息公平、保障民众基本文化权益方面的作用,主要表现为:

其一,公共图书馆设置总量偏少,覆盖率相对较低。虽然公共图书馆财政投入增加,但近年来公共图书馆数量并未出现明显增长。公共图书馆设置仅覆盖到地市级,乡村和广大农牧区仍是公共图书馆服务覆盖的盲

---

① 中国图书馆学会、国家图书馆:《中国图书馆年鉴2016》,国家图书馆出版社2017年版,第428页。

区。据实地调研发现，当前73个县图书馆基础设施简陋，大多仅仅设立一间图书室和一间电子阅览室，藏书量较少，所提供的公共文化服务有限，实际上并不能界定为严格意义上的图书馆。

其二，公共图书馆所提供的公共文化资源与服务总量偏少，同质性的文化资源对当地民众缺乏吸引力。从全国范围来看，当前所提供的基本公共服务主要指标与国家所规定的标准还存在较大差距。2015年，全国人均藏书量为0.6册，西藏地区为0.5册，尚未达到全国平均水平。2015年全国人均到馆人次为0.428次，西藏仅为0.062次；全国人均书刊外借均值为0.370次，西藏仅为0.020次。以上各项指标西藏均处于全国最低水平。在调研中发现，西藏基层民众普遍反映藏文类读物偏少，农牧区更希望多一些生产指导类和通俗易懂的读物，此外，藏族民众对藏传佛教、民间文化等读物也有着一定需求。在全国统一公共文化服务产品提供的主导下，提供的同质化资源与服务对当地民众尤其是藏族群体缺乏吸引力，更不能充分满足少数民族民众对于本民族文化传承的体验感和满足感。

其三，现有公共文化服务管理运行体制机制障碍。据调研，西藏城镇公共文化服务管理为典型的网格化管理模式，即借用"社区网格化服务管理"对社会服务进行统一管理。然而，作为西藏城镇公共文化服务重要组成部分的公共图书馆服务尚未被纳入，而仅仅由农家书屋、寺庙书屋承担部分功能，在一定程度上造成了对公共图书馆服务的忽视与回避。① 此外，虽然一些乡镇综合文化站承担着文化管理和社会服务的双重职责，综合文化站的图书室所承担的书刊借阅与公共图书馆职能有所重叠，但由于其功能单一，缺乏农村图书馆应有的专业化特性，不足以撑起公共图书馆服务体系的乡镇环节，更无法成为公共图书馆理论、理念、技术和方法的应用平台。

（四）人才队伍建设亟待完善

当前，人才紧缺成为制约西藏地区公共图书馆服务体系构建的主要瓶颈。据调研，西藏自治区图书馆人员编制55人，昌都图书馆12人，林芝图书馆5人；山南、那曲、日喀则3个新建的地市图书馆目前人员编制问

---

① 丹增卓玛：《西藏城镇社区公共图书服务体系建设现状与对策》，载《西藏民族大学学报（哲学社会科学版）》2015年第5期，第130–135页。

题尚未完全解决。虽然有些图书馆引进了"三区人才"和志愿者，但是由于缺乏必要的专业知识，难以充分发挥作用。而在一些基层文化站点，一些公共设施长期处于闲置状态，成为应付上级检查的"形象"和"面子"工程，造成了严重的资源浪费。基层农家书屋与寺庙书屋，尚未配备专职管理人员，大部分属于兼职，难以保证公共服务的正常提供。人才紧缺，也导致了公共图书馆服务与管理的落后。

（五）数字化建设较为缓慢

西藏公共图书馆数字化建设较为滞后，且突出表现为发展的不均衡。一些发展基础较好的大型公共图书馆较早引入了现代化技术设备，率先步入数字化建设行列，而在一些偏远农牧区，大部分图书管理工作还处于手工操作阶段，基层民众难以享受到数字化便捷服务。在所调研的西藏自治区城关区纳金乡塔玛村、山南地区琼结县下水乡唐布齐村以及乃东县昌珠镇克松村农家书屋都存在计算机设备配备极为不足的状况，自动化、网络化发展更是难以奢望。我国东南沿海地区，如深圳、广州随处可见的24小时自助图书馆，在西藏地区则成为罕见之物，仅有林芝图书馆引进了24小时自助图书馆设备。基层普遍存在的农家书屋与寺庙书屋，更是存在着数字化服务的供给问题。

（六）社会力量参与程度较低

受限于地区经济发展水平，社会组织发育不成熟，企业、民间组织等社会力量参与公共图书馆服务的程度较低，导致西藏公共图书馆服务体系建设尚停留于传统的政府主导的模式。政府迫于完成公共文化服务体系建设的任务，导致公共图书馆建设在较短时间内达到了一定的数量与规模，短期建设成效极为显著，然而，大多数图书馆建设缺乏后期的持续性支持，出现经费短缺、管理不善等情况，很多基层乡镇文化站、农家书屋成为"面子工程""僵尸工程"。

五、对策与建议

按照公共文化服务体系建设公益性、基本性、均等性、便利性的要求，从"以人为本"的核心理念出发，针对当前西藏公共图书馆服务体系建设所存在的问题，结合西藏地区经济社会发展的实际情况，本研究提出以下几点优化公共图书馆服务体系的对策与建议。

（一）坚持政府主导，资金投入主体的多元化，完善财政保障机制

为了缓解政府单独办馆的压力，在坚持政府主导的同时，探索多元化的融资渠道，推进政府从"传统的管理型向现代服务型"转型，化解政府单独投资的风险，从而使资金保障体系得到充实与完善。从国家来讲，考虑到西藏地区经济发展水平与其他地区的差异，在建立全国统一的现代公共文化服务体系的基础上，进行全国统筹管理，加大对口支援力度，增加对西藏贫困地区公共图书馆服务体系建设的专项资金扶持力度，减少地方财政分权压力带来的不均等。从当地政府来讲，应主动承担在公共图书馆服务体系建设中的核心主体作用，加大对公共图书馆建设的专项投入，分类指导、优化结构，提高公共图书馆财政投入的针对性和精准性。从公共图书馆来讲，应提供更多形式多样、内涵丰富的文化产品与服务，吸引更多投资主体参与建设，为政府与投资主体搭建好沟通的桥梁。

（二）推进制度创新，全面统筹基本公共服务均衡发展

针对西藏公共服务与资源分配的城乡不均衡现状，结合西藏地区特殊的地理位置和少数民族文化需求等特点，推进制度创新，以整体化的思路，以多元化的运行模式扩大公共图书馆服务覆盖范围，全面统筹基本公共服务均衡发展。

1. 探索并推广因地制宜的总分馆制

总分馆制是被国内外反复证明的提升服务效能的最佳途径，已经成为公共图书馆延伸服务、保障均等化的重要实践。西藏作为经济欠发达地区，应有图书馆运行的成本意识，努力以最低的成本取得最大的服务效能。然而，考虑到地处西部的西藏地区人口密度较低，其地理、经济、社会和文化发展等与东部地区存在着诸多差异，尤其是在县级及以下的公共图书馆设置不足，基层服务点建设较为滞后，缺乏必要的经费支撑和人力保障且行政管理体制尚未理顺的情况下，可借鉴西部地区公共图书馆服务体系建设的成功经验，考虑将农家书屋、寺庙书屋纳入总分馆体系，把建设重点放在如何建立覆盖广大城乡的基层"分点"上，探索适合西藏自

治区特殊情况的总分馆运行体制。① 按照整体化思路,加强基层服务点和流动图书馆建设,将服务向基层延伸,探索构建地市级馆为中心馆,县区图书馆为总馆,乡镇图书馆、农家书屋/寺庙书屋为分馆,图书流通车为补充的总分馆(点)制服务体系,提升服务效能。

2. 加强流动服务设施建设,拓展基层服务

开展流动服务,对于提升覆盖偏远地区和欠发达地区、惠及欠发达地区的公共图书馆服务有着显著作用。西藏有条件的公共图书馆配置流动图书车或有借阅功能的流动文化车以及 24 小时街区自助借还书机等作为公共图书馆服务体系布点的补充形式。西藏贫困与偏远地区,可借鉴"流动图书馆"模式,由财政每年下拨专款,由西藏自治区图书馆牵头,选定符合条件的县级图书馆设立流动图书馆分馆,将购书经费、工作人员人数、服务场所面积以及服务时间作为综合考量标准,凡是达到标准的县级公共图书馆均可申报建设流动图书馆分馆。②

3. 推进农牧区基层公共资源与服务整合

当前,西藏基层图书馆与综合文化站公共图书馆服务活动碎片化成为制约基层公共图书馆服务体系建设的主要原因,资源与服务的统一整合将有效提升基层公共文化服务效能。当前应按照"整体性治理"思路,尝试构建农家书屋、共享工程基层服务点、党员现代远程教育中心、乡村图书室、农家(寺庙)书屋五位一体的农牧区公共信息服务中心,以此解决公共图书馆与乡镇综合文化站管理体制之间的冲突,协调县区文化主管部门与乡镇政府之间的利益与权力,整合基层公共文化资源与服务,形成功能、资源、项目、人员整体化管理、全方位服务的基层公共图书馆服务体系。③

---

① 熊伟、索新全、陈碧红等:《西部地区公共图书馆"馆点线制"服务体系建设研究——以宝鸡市公共图书馆服务体系建设的制度设计为例》,载《中国图书馆学报》2013 年第 4 期,第 16-25 页。

② 王学熙:《公共图书馆服务体系建设的现状与对策》,载《图书馆理论与实践》2008 年第 2 期,第 82-87 页。

③ 王宏鑫:《基层现代公共图书馆服务体系建设的整体化状况分析》,载《图书与情报》2014 年第 5 期,第 70-74 页。

（三）公共服务精准化，实现需求与供给的有效对接，提升服务效能

公共服务效能提升的关键在于通过精准化公共产品的提供，实现需求与供给的有效对接。首先，公共图书馆在资源与服务的提供上，要符合西藏当地民众文化体验的需求，提供符合藏族文化品类的文化产品，如藏语言文字类的读物，在农牧区多提供养殖类、法律法规类读物，并将藏族群众喜闻乐见的非物质文化遗产资源纳入馆藏建设等。其次，积极探索公共图书馆服务内容与形式的创新。一方面，推动免费开放服务项目，及时向社会公示公共图书馆基本服务项目和开放时间，为老年人、未成年人等特殊群体提供适宜的资源和设施设备；另一方面，探索多种形式的阅读推广，提升广大藏族群众阅读的积极性。最后，建立公众满意度调查反馈机制，通过对广大农牧民文化需求的调研分析，切实了解民众对公共图书馆服务的公益性、平等性与丰富性的满意程度，按照公共服务精准化的要求，及时调整公共服务提供的内容与形式。

（四）加强人才队伍建设

针对西藏地区图书馆人才紧缺的现状，急需加强公共图书馆服务体系人才队伍建设。首先，加强图书馆学专业教育。在有条件的西藏高校增设图书馆学专业，加大本地区专业人才的培养与输出。据调研，西藏自治区的高校尚未设立专门的图书馆学本科教育，这导致了本地区图书馆学专业人才自我供给能力的不足。应针对西藏地区用户阅读习惯的特殊需求，开办具有西藏特色和地方特色的图书馆学教育，例如可在课程体系中增加藏文古籍保护与整理等。其次，依托国家所实施的少数民族高层次人才骨干计划、"三区"人才计划、对口教育支援计划、少数民族地区干部挂职等政策，为西藏地区图书馆事业向深度和广度发展提供强有力的人才和智力支撑。最后，运用多种方式加大培训、轮训力度，通过业务辅导和对外交流等形式，提升公共图书馆从业人员的业务素质和技术能力，以破解人才短缺的瓶颈。

（五）重视数字信息技术的应用，提升数字化服务能力

对于地广人稀的西藏地区来说，依靠数字化打通"最后一公里"，将

有效满足广大基层和农牧区民众文化信息需求，从而实现公共服务的"全覆盖"。当前，西藏公共图书馆服务体系应着力提升数字化服务能力。一方面，可借助全国文化信息资源共享工程服务点、数字图书馆推广工程和公共电子阅览室建设计划等数字文化惠民工程，将其与农家书屋、寺庙书屋、党员远程教育中心、农村数字电影放映工程、公共电子阅览室以及各基层流动图书馆服务点（停靠点）结合起来，建立固定设施、流动设施与数字文化相结合的集成服务网络体系，促进资源与服务共享。另一方面，在农牧区、偏远地区尝试卫星数字农家书屋试点推广，缓解公共文化资源供给的不足。西藏自治区的地理位置决定了农牧区的村落分散且远离中心城镇，可考虑加大数字农家书屋的设置与推广，建立卫星数字农家书屋可持续发展的保障机制，通过服务空间的远程化，实现放牧点、偏远居民、高寒地带居住点群众对公共服务的"全覆盖"，竭力消除空间距离造成的"文化孤岛"现象。①

（六）鼓励社会力量参与，增强发展活力

在坚持政府主导的同时，鼓励社会力量参与，构建政府主导、社会参与、市场配置的多元参与合作模式，以节约公共图书馆服务体系运行与管理成本，提高服务效能。一是要将购买公共文化服务资金列入各级政府财政预算，逐步加大现有财政资金向社会力量购买公共文化服务的投入力度，建立健全社会力量参与办馆的监管机制；二是要加大宣传，增强西藏民众对公共图书馆重要性的认识，吸引更加广泛的社会力量关注并主动参与公共图书馆服务体系的构建，提高公共文化服务的活力与生命力；三是要建立激励机制，调动社会力量参与公共图书馆建设的积极性；四是要建立健全由社会力量、公共图书馆服务对象以及第三方共同参与的评价机制，及时评估社会力量参与办馆的效能，有针对性地调整公共文化服务方向。

---

① 欧阳雪梅：《西藏公共文化服务体系建设的状况及对策研究——基于对西藏自治区五地市的调研分析》，载《西藏大学学报》2016年第4期，第117-126页。

六、结语

综上所述,当前西藏公共图书馆服务覆盖还存在许多"盲区",服务体系效能偏低,还存在体制机制上的障碍,基本公共服务质量和均等化水平与西藏近年来快速增长的经济、城镇化的发展以及人民日益增长的文化需求不相适应,与全国平均水平还存在差距。因此,西藏仍是我国构建普遍、均等公共文化服务体系的"短板",也是制约我国公共图书馆服务体系均衡协调发展的重点攻坚区域。当前亟需加强对西藏公共图书馆服务体系建设的专项投入,以西藏各族群众的基本文化需求为出发点和落脚点。考虑到西藏地区的特殊性,进一步完善公共图书馆服务体系建设,全面提升服务效能。对此,从服务提供的便捷性出发,应科学合理地进行公共图书馆的布局与设置;从提升公共服务效能出发,应充分考虑藏族聚居区民众特殊的文化需求,提供符合西藏民众文化审美的文化产品与服务;从增强民族文化自信与民族归属感出发,应充分考虑到公共图书馆服务体系建设在传承民族优秀传统文化中的重要作用;从增强发展活力出发,应广泛调动社会力量参与西藏公共图书馆服务体系的建设当中;从普遍均等公共文化服务体系构建的要求出发,西藏公共图书馆服务体系建设的重点应放在农牧区等基层,促进公共服务的"均衡化"。总之,建成覆盖城乡、便捷高效和保基本、促公平的现代公共图书馆服务体系,将有利于西藏各族群众共享经济文化发展成果,推动西藏公共文化服务体系实现跨越式发展!